校园外貌

王欢校长和孩子们在一起

和谐教育实施二十年暨卓立校长从教五十年庆典活动

教师军训

献给孩子的雨中彩虹

定位方向 全家同行——近郊健行活动

升旗仪式

史家小学阳光公益社正式成立

航天员进史家

发布"健康娃娃"

学生在书院读书

课程资源中心的丰富课程

国博课程

天文课程

友好校学生来校体验课程

红领巾电视台

金帆合唱团与维也纳童声合唱团

金帆舞蹈团

金鹏科技团

运动会上的亲子操

爸爸运动队

妈妈读书会组织选书活动

家长开设的"星期六课程"

专注

绽放

BRILLIANT EDUCATION
FOR CHINA DREAM

共享好教育
托起中国梦

国务院发展研究中心课题组◎著

中国发展出版社
CHINA DEVELOPMENT PRESS

图书在版编目（CIP）数据

共享好教育　托起中国梦／国务院发展研究中心课题组著．
北京：中国发展出版社，2014. 12
ISBN 978-7-5177-0270-2

Ⅰ. ①共⋯　Ⅱ. ①国⋯　Ⅲ. ①小学教育—研究—中国　Ⅳ. ①G62

中国版本图书馆 CIP 数据核字（2014）第 256704 号

书　　　　名：共享好教育　托起中国梦
著作责任者：国务院发展研究中心课题组
出 版 发 行：中国发展出版社
　　　　　　（北京市西城区百万庄大街 16 号 8 层　100037）
标 准 书 号：ISBN 978-7-5177-0270-2
经 　销　 者：各地新华书店
印 　刷　 者：北京市密东印刷有限公司
开　　　　本：700mm×1000mm　1/16
印　　　　张：20. 75
字　　　　数：315 千字
版　　　　次：2014 年 12 月第 1 版
印　　　　次：2014 年 12 月第 1 次印刷
定　　　　价：50. 00 元

联 系 电 话：（010）88919581　68990692
购 书 热 线：（010）68990682　68990686
网 络 订 购：http：//zgfzcbs. tmall. com//
网 购 电 话：（010）88333349　68990639
本 社 网 址：http：//www. develpress. com. cn
电 子 邮 件：370118561@ qq. com

共享好教育 托起中国梦
编委会

主　　编　韩　俊

副 主 编　王富慧　柏晶伟

特约编委（按姓氏笔画排序）

　　　　　王　伟　王　宾　金少良　赵姗

　　　　　陶平生　曾琼锐

编 写 者（按前后章节排序）

　　　　　第一章　佘　宇　单大圣

　　　　　第二章　陈　波　林晓宁

　　　　　第三章　江宜航

　　　　　第四章　孙　飞

　　　　　第五章　范思立

　　　　　第六章　单大圣　佘　宇

共享好教育　托起中国梦

国务院发展研究中心副主任　韩俊

　　教育关系国运兴衰、民族复兴和社会进步，寄托着亿万家庭对美好生活的期盼，是每个人成长成才、实现梦想追求的重要基础。发展教育事业在实现中国梦的伟大征程中具有特殊重要的作用。2014 年 9 月，习近平总书记到北京师范大学看望教师、学生时指出："今天的学生就是未来实现中华民族伟大复兴中国梦的主力军。"只有努力办好人民满意的教育，让今天的学生从小就受到好的教育，他们将来才有人生出彩的机会，才能实现个人的梦想和追求，才能汇聚起实现中国梦的强大力量。

　　基础教育是学生学习科学文化知识、巩固提高品德修养、培养求知创新兴趣、锻炼身心体魄的开端，对人的全面发展、适应社会需要、终身学习具有决定性意义，是教育事业的重中之重。新中国成立至今，特别是改革开放以来，经过全社会不懈努力，我国基础教育事业取得了历史性成就，城乡九年免费义务教育全面实现，学前教育加快发展，高中阶段教育基本普及，建成了世界上最大规模的基础教育体系，在一个具有 13 亿人口、发展很不平衡的国家初步解决了"有学上"的问题，受到了国际社会的广泛赞誉。当前，我国国情正发生深刻变化，中国经济正在从先前的高速增长向中高速增长转换，逐步进入经济发展的新常态，人民群众的民生需求不断升级，这些都对基础教育事业提出了新的更高要求。相比较而言，我国基础教育质量总体上还不高，还存在许多突出问题，比如应试教育严重，学生课业负担过重，教师失德行为频发，学校办学活力不足，区域、城乡、学校之间发展差距大，在人才培养过程中还存在许多违背党的教育方针和教育规律的行为，社会反映强烈。

提高基础教育质量，提供更好的教育服务，关键是要转变教育发展方式。在经济发展水平较低和教育极端落后的国情下，将基础教育工作重点集中在改善办学条件、提高普及水平、增强公平性上，走以数量增长和规模扩张为特征的外延式发展道路，优先解决"从无到有"的问题，是我国在特定历史条件下的必然选择，也是十分有效的政策导向。但是，教育提供的不是有形的物质产品，而是具有服务性质的实践活动。现代教育活动主要发生在学校，主要通过教师和学生的共同劳动，提高学生素质、促进学生全面发展，是非常复杂的服务过程，涉及课堂教学、社会实践、校园文化、学校管理等多个环节以及政府、学校、社会之间的多重关系，对教育的内容、形式和方法具有内在的规定，已经远远超出了外延式发展的范畴。因此，将工作重点集中到强化学校育人、改善学校管理，并按照素质教育要求，办好每一所学校，教好每一个学生，促进学生全面发展，走内涵式发展道路，进一步解决"从有到好"的问题，也是新时期基础教育改革发展的必然选择。

在中国基础教育发展历程中，一批中小学校和教育工作者坚持教育理想，坚持素质教育的办学方向，尊重教育规律和学生成长规律，把学校办出了特色，办出了水平，为推动基础教育内涵发展起了很好的示范作用，北京市东城区史家小学就是其中的优秀代表。多年来，史家小学以"一切为了孩子，一切为了明天"为出发点，全面贯彻党的教育方针，坚持教育为学生服务、为家长服务、为社会服务，坚持面向全体学生、对学生全方位负责，积极引导广大教师爱事业、爱学校、爱学生，扎实推进素质教育实施和创新人才培养，促进了学生全面发展，取得了丰硕的办学成果，展示了中国基础教育的良好风貌。更难能可贵的是，史家小学的教育工作者不仅具有丰富的教育实践经验，而且具有高度的理论自觉，他们把教育实践作为自己的研究对象，时刻思考"办什么样的教育，如何办教育"、"培养什么样的人，怎样培养人"、"建设什么样的学校，如何办好学校"等重大问题，逐步形成新的理论概括，鲜明地提出"和谐教育"的办学指导思想。他们用和谐教育思想阐释教育实践，不断赋予新的内涵，不断加以丰富发展，又用更加全面系统的思想指导新的教育实践。

史家小学倡导的和谐教育是在一所学校，对推动基础教育内涵发展，实现"更好的教育"的一种尝试。他们凭着对素质教育的深刻理解和执著追求，使党的教育方针和先进的教育理念，通过富有个性特色的教育实践活动得到充分有效的实现，很值得总结和思考。

"和谐"指不同事物之间相辅相成、互促互补、共同发展的统一协调关系。2002 年，党的十六大报告将"社会更加和谐"作为全面建设小康社会的六大目标之一，这是对社会主义社会关系作出的新的重大判断。早在 1992 年，史家小学就敏锐洞察到未来国家发展、社会进步对教育提出的新要求，率先提出和谐教育理念，强调要育和谐的人、和谐育人，从而将"和谐"上升到人的全面发展的高度，创造性地回答了"培养什么样的人，怎样培养人"的问题，很有前瞻性，也很有新意。他们提出的"和谐的人"，就是实现"人与社会、人与人、人与知识、人与自身、人与自然"的和谐，强化"责任、规则、创造、生命、尊重"五大基本意识，培养"认识社会、交往、学思知行、自主自律、体验和实践"五大核心能力；"和谐育人"就是在人才培养、教师队伍建设、学校管理、家校合作、教育家办学等育人环节尊重教育规律，推动各类要素协调发展，让学生在和谐的氛围中健康快乐成长。

国务院发展研究中心作为直接为党中央国务院决策服务的智库，在做好经济社会发展重大问题研究的同时，一直十分关注鲜活的实践经验和基层探索创新。我们较早就注意到了史家小学现象，为进一步挖掘其背后的理论价值，特别成立课题组对史家小学进行了全面深入的调研。

通过研究，我们感觉到，史家小学和谐教育理念和实践，具有重要的政策含义。他们在许多方面的创新，进一步丰富了素质教育的内涵，丰富了人才培养模式，丰富了现代学校制度的内涵，堪称素质教育探索与实践的典范。本书从基本理论、学生、教师、家长、校长等多个角度系统介绍了史家小学和谐教育理论和实践做法，并提出了我们的认识和思考。我们期望这本研究著作能够引起全社会对素质教育的重视，能够引导广大中小学校和教育工作者把注意力集中到夯实学校内涵、提高教育质量上来，也希望史家小学先进的教育理念和成功的教育实践能够被越来越多的学校学习和借鉴，营造广大中小学自觉遵循规律、自觉改革创新、自觉提高质量的生动局面，为人民群众提供更好的教育，为实现中华民族伟大复兴的中国梦培养出更多更优秀的人才。

2014 年 11 月

史家和谐教育的精神追求

史家小学校长　王欢

《共享好教育　托起中国梦》是史家教育的一次和谐呈现，更是和谐教育的一种史家表述。

这种呈现和表述是在国务院发展研究中心的鼎力支持下得以实现的，字里行间承载了当今社会有识之士对孩子成长的无限关爱。同时，他们对史家并通过史家对整个中国素质教育的深思精研、高瞻博观，为积聚优质的社会资源办好优质的时代教育作出了一次明确的引领和精准的导航。

史家小学始建于1939年。近20年来，学校以"和谐教育"为办学特色，在教育教学实践中形成了"人与社会、人与人、人与知识、人与自身、人与自然"为框架的和谐育人体系。史家和谐教育，是史家小学在70多年发展过程中积淀而成的师生员工共同拥有的观念、制度、活动、环境的外在集结，是历史与现实、共性与个性、理论与实践、科学与人文、质量与公平的内在统一。史家人坚定地认为，学校教育工作中所涉及的一切都要以孩子为出发点，不仅要关注孩子当下的成长，而且要奠基孩子明天的发展。由此，"为了孩子，为了明天"不仅是史家教育的主要精神，也成为史家教育的核心理念。

　　"为了孩子，为了明天"，就是要重视孩子当下及未来的生存、生活乃至生命状态。对于全体史家人来说，和谐教育的目的是"长其善，救其失"，内容是"给品德以力量"，途径是"关怀备至地、深思熟虑地、小心翼翼地去触摸孩子的心灵"，方法是"70%的等待加30%的唤醒"，效果是"儿童整个的身体和整个的心灵来到学校，而以更圆满发展的心灵和甚至更健全的身体离开学校"。"我们给后代留下什么样的世界，取决于我们给世界留下什么样的后代。"今天我们给予孩子的，正是明天他们给予世界的……温暖现在，拥抱未来，史家小学始终致力于"办好人民满意的教育"。

　　"办好人民满意的教育"，是全社会共同的教育追求，也是史家人集体的价值旨归。基于"面向和谐世界的中国教育典范"的办学目标，史家和谐教育将时刻遵循"三个促进"的发展方向，持续积累教育改革的实践成果，努力为我国教育事业的繁荣和发展提供现实经验。

　　一是以促进史家教育人本化为发展方向。当代教育有一个重要转向，即还原孩子的主体地位，关照孩子的个体幸福。过去，我们的教育一度过于偏重智育，而忽视了孩子作为生命主体的兴趣、个性及内在成长需求。当前，我们教育界乃至整个社会都在努力思考，如何通过恰当的教育尽可能地让孩子更多地体验成长的温暖与幸福，成就一生的健康和快乐。由此，关于史家和谐教育的思考核心应该是——如何让健康快乐成长的内涵投射到生命的本体上，基于个体自然属性，对其意义属性、价值属性和文化属性逐步确证、不断展开，进而有效促进生命的发展和完善。健康快乐一旦与生命过程相联系，就不再是个体成长过程中简单的向度和量度，而获得了人本化的超越性意义。在现代社会中，个体生命价值的实现离不开对他人的尊重、对社会的关注、对自然的热爱，离不开对整个宇宙生命深切的人文关怀。每一个个体生命只有在其他生命的美丽绽放中，才能够真正获得自身的健康快乐。因而，这种以人为本的"面向和谐世界"的健康和快乐，就成为孩子生命生长完善中具有决定性意义的建构要素。

　　二是以促进史家教育国际化为发展方向。史家小学具有良好的国际化教育传统。在国际舞台上，史家人以热情、文雅的美好形象展示着和谐教育的成果。近年来，史家小学与美国西德威尔友谊学校、比利时欧盟第二国际学校、加拿大约克郡女子中学、新加坡南洋学校等多所国际名校开展了友好校交流活动，并在拓展国际化交流范围、丰富国际化活动形式、构建国际化课程体系方面进行了积极探索。为了将当前的发展成果切实转化为学生的成长品质，史家教育国际化发展在观念统领上应该明确的重点是——如何通过国际交流与合作活动有效提升学生人文素养，培养既具有本土意识和国际视野、又懂得国际竞争与合作法则的和谐世界的未来公民。由此，在史家和谐教育的进一步发展中，将更加侧重于诠释国际化人才所应具备的人文素养的具体内涵及培养策略；更加侧重于引领史家孩子在国际交往中对于差异能够抱以宽容和理解的态度，并学会接纳、关心和尊重不同的文化形态和各民族的风俗习惯；更加侧重于培育史家孩子的本土情怀和世界意识，形成"地球村"和"世界公民"的概念，从而具有高度的国际责任感和使命感。

　　三是以促进史家教育品牌化为发展方向。品牌化发展，是史家教育矢志成为"中国教育典范"的必然要求。当前，史家教育的品牌化发展则与推进义务教育综合改革的社会需要紧密地结合在一起。在北京市东城区以"学校深度联盟、优质教育资源带、九年一贯制实验学校等方式"为途径推进义务教育"由优质资源共享转变为优质品牌共享"的"学区制"综合改革中，史家学区涉及"入盟入带一贯制"等多项改革任务，关乎学区内每一个家庭的教育向往和每一个孩子的人生选择。由此，为了让史家教育的优秀经验得到深度传播、核心精神得到深度解析、优质资源得到深度拓展、学区协作得到深度推进、实施效果得到深度体现，史家和谐教育就应该进一步发挥在义务教育综合改革中的先导、示范和激励作用，进一步成为展示史家形象、引领学区发展的一面旗帜，让史家学区切实成为学校精品特色发展的一块高地，以及学生健康快乐成长的一片热土。全体史家人畅想，在东城区群峰连绵的教育天地中，每一个孩子都各得其乐、健康成长，每一位教师都各尽其才、幸福工作，每一所学校都各美其美、美美与共。

用和谐奠基生命的底色，让生命闪耀和谐的辉光。全体史家人将继续通过创造性的办学实践，不断对和谐教育进行形成性、建构性和发展性阐释，不断体现史家小学与时俱进、追求卓越的办学品质，为"办好人民满意的教育"贡献越来越多的教育价值！

2014 年 11 月

目　录
CONTENTS

第三章　忠诚 职业 合作——关于教师团队的和谐教育观

第四章　尊重 理解 协同——关于家长的和谐教育观

第五章　平等 开放 活力——关于学校管理的和谐教育观

第六章　史家为镜论和谐——和谐教育理论的重要启示

附　录

第一章 和谐教育在史家

——史家和谐教育体系

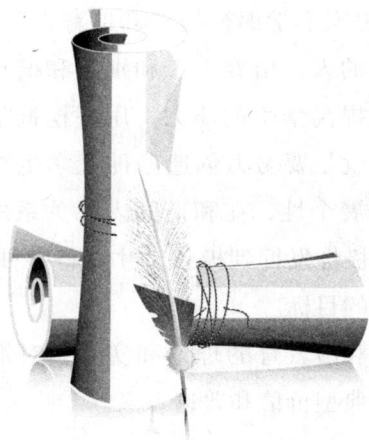

　　史家小学是我国最早倡行和谐教育的学校之一。在历届校长和教师的探索与追求下，史家小学的和谐教育在取得辉煌办学成果的同时，也积累了学校和谐发展的实践经验，更丰富了素质教育的深刻内涵。史家小学的和谐教育，就是以科学理论为指导，以社会发展需求与人的自身发展需求相和谐为宗旨，协调并整体优化各种教育因素，创设和谐的育人氛围，使受教育者在德智体美诸方面得到全面和谐的发展。

　　和谐教育之所以能够引领史家小学的快速发展，并且成为学校鲜明的办学特色，主要在于其教育理念的先进性和教育实践的自觉性。教育不是选择适合教育的学生，而是选择适合学生的教育。史家小学的实践证明，和谐的学校教育应当是重视全体学生全面素质提高的教育，不应当只重视一部分学生发展而忽视另一部分学生的发展，不应当只重视学生考试成绩的提高而忽视学生素质水平的提高，也不应当只重视学生共性的教育而忽视学生个性的教育①。史家小学倡行的"和谐育人"，就是要用和谐的方法培养人，培养和谐发展的人，培养善于和别人和谐相处的人；就是要精心雕塑学生的心灵，努力提高学生的能力，用心挖掘学生的潜力，培养与社会发展相适应的人才；就是要努力创造条件让学生在和谐的氛围中愉快学习，在和谐的乐园中发展个性，在和谐的人际关系中受到熏陶。只有通过和谐，才能将师生的积极性发挥到极致，才能将各种育人的资源充分利用，才能真正实现素质教育的目标。

　　可以说，史家小学和谐教育的理论和实践，对素质教育的发展起到了显著的标杆作用，具有典型价值和普遍意义。

---

　　① 陶西平："让和谐教育成为和谐社会的有力支柱"，《和谐教育：史家小学的教育理念》，中国发展出版社 2012 年版，第 I～III 页。

第一节 史家和谐教育理念的产生和发展

一、酝酿与萌芽阶段（1949～1991 年）

史家小学的办学传统是和谐教育理念的实践基础和思想源泉。史家小学建校于 1939 年，由当时的史家胡同短期小学、内务府街短期小学和私立三基小学合并而成。1939～1949 年十年间，它只是一所普通小学。新中国成立后，在历任校长和全校教师的共同努力下，史家小学得到了平稳、快速发展。1949～1966 年，史家小学由一所普通小学跃入了全国先进行列。时任北京市教育局局长的孙国梁认为："史家小学是一般的校舍，一般的学生，却做出了不一般的成绩。"这是对史家小学 17 年工作的高度评价。此后，经历了"文化大革命"的政治风雨，以及改革开放后一系列的教育教学和课程改革，史家小学始终保持着优良的校风和传统，始终重视全面贯彻党的教育方针，始终注重培养学生的全面发展，干群关系、教师关系、师生关系等人际关系和谐，工作作风严谨。这既是史家小学后来提出并实施和谐教育的基础，又是提出并实施和谐教育的有利条件。

一方面，史家小学始终保持很高的办学水准，并通过多种途径培养学生的综合素质。史家小学的历任校长都非常重视教师队伍建设，把德才兼备作为合格教师的必备素质，严抓教育教学质量，勇于进行改革试验，并取得了显著成效。通过历任校长的不懈努力，史家小学积累了丰富的办学成果，汇聚了优秀的师资力量，为在更高起点上思考学校的未来发展夯实了基础。同时，历任校长也非常注重培养学生多方面的素质，扎扎实实地开展教育教学工作。在国家还没有实施素质教育之前，史家小学的教师就已经开始组织丰富多彩的课外活动，努力开展教学改革实验，探索多元化的育人途径和方法，培养学生的综合素质，为学生的特长发展与成才提供宽广的舞台。可见，和谐教育理念的提出，是有实践基础的，符合史家小学的办学特点和教育规律。

另一方面，史家小学始终保持严格规范的学校管理，校风正，学风佳，教风优。史家小学的校长、教师以身作则，用实际行动在学校里培养出正气正风，通过规范的学校管理形成了扎实严谨的教风与刻苦努力的学风。而且，史家小学历来以高度的责任心对待学生，关爱学生无微不至，真正为学生着想；教师有正确的学生观，为学生着想，学生才能理解教师的良苦用心，感受到"老师是为我好"，进而形成"师爱生，生尊师"的和谐氛围。从某种意义上说，师生群体共同创造了史家小学的好校风，反过来又使教师和学生潜移默化地受到熏陶，引起感情的共鸣与同化。可见，和谐教育理念的提出，是对史家小学优秀传统的总结和继承，是对史家小学教师精神气质的有效把握。

总之，正是史家小学一贯坚持的办学品质和优秀传统孕育了后来的和谐教育理念。从学校发展的规律来讲，任何一所学校的发展都需要长期的经验积累和文化积淀，进而逐步形成一定的办学传统和特色。经过几十年的沉积，史家小学已经形成和谐、爱生、敬业的校园文化。尤其是教师与教师、教师与学生、教师与家长之间形成了和谐的人际关系。学校原来在德育、教学等方面的实践更是为和谐教育提供了实践依据。可见，和谐教育理念的提出，是对史家小学丰富的教育教学和管理经验进行的系统化、规范化思考，是对学生素质、学校发展、教师成长等方面认识的归纳和总结，是对史家小学几十年发展历程的反思和提炼。

二、探索与发展阶段（1991~2010 年）

和谐教育理念深深根植于史家小学固有的传统文化，契合于学校原有的办学理念、对教育教学的理解和实践以及对学生素质培养的认识。正是在全面总结史家小学以往办学经验的基础上，1991 年卓立接任校长后，带领史家小学的教师逐步形成了和谐教育的观念，提高了实施和谐教育的自觉性，提出了把和谐教育作为实施素质教育的一种办学模式，使原有经验得到升华。而且，和谐教育理念的提出也经历了一个从不清晰到清晰、从不完善到完善的过程，并且还不断被赋予更多的内容。

1992 年，卓立校长明确提出史家小学的办学特色是"和谐教育"，提倡对学生实施素质教育。1995 年初步形成了和谐教育体系，正式提出和谐办学思想。1997 年出版的《为了孩子为了明天——北京史家小学校长卓立办学思想文集》明确指出，学生的和谐教育，不仅是德智体美劳全面发展的和谐，也是情感、意志、性格形成过程的和谐；不仅是某一时期的和谐，也是小学阶段全过程的和谐；不仅是教与学的和谐，也是教学内容与教学方法的和谐；不仅是校内各种教育的和谐，也是学校教育、家庭教育与社会教育的和谐。和谐教育就是要促使学生的思想素质、文化素质、身体素质、心理素质都得到发展。这个时期，卓立校长也很注重落实和谐教育理念，努力营造和谐的氛围，校长以身作则，要求教师之间在学校一定要有和谐的氛围、和谐的师生关系、和谐的家校关系。

2003 年，以《探索和谐教育》为代表的和谐教育系列丛书的出版，在史家小学和谐教育理念探索之路上具有里程碑的意义。可以说，这个时期对和谐教育的探索是比较深入的，不仅提出了实施和谐教育应当遵循的四大原则（即激励、民主、内化、协同），而且系统阐述了和谐教育的内涵、实施和谐教育的理论与途径。卓立校长在《探索和谐教育》一书中指出，实施和谐教育，力求做到五个和谐，即人与社会的和谐，为明天培养人才；人与人的和谐，尊重学生的人格；人与知识的和谐，让教学超越课堂；人与自身的和谐，重视学生的心理健康；人与自然的和谐，树立环境保护意识。和谐教育的培养目标是使学生具有优良的品德、灵活的知识、创造的能力、文雅的举止、健康的心理、健壮的体魄。教师对和谐教育理念由了解、认同，变成自觉的行动，最后成为一种习惯、并在方方面面的工作中得到贯彻。

"十一五"期间（2006～2010 年），以卓立校长申报的《小学实施和谐教育的途径和方法的研究》课题为标志，史家小学形成了系统科学的"和谐教育"理论体系。"和谐教育"被再次界定为："和谐教育是以科学理论为指导，以社会发展需求与人的自身发展需求相和谐为宗旨，协调并整体优化各种教育因素，创设和谐的育人氛围，使受教育者在德智体美诸方面得到全面和谐发展。它是实施素质教育的一种教育模式。"学校和谐教育的方向是用和谐的方法培养人，培养和谐发展的人，培养善于和别人和谐相处的人。这项课题对和谐教育在学校管理制度、教师队伍建设、课程建设、网络与社区环境建设、班队建设、后勤保障与校园文化等各项工作中的渗透进行了不同程度的研究。可以说，这既是对学校实施和谐教育的理论与实践经验的总结，又是对和谐教育理念的深入挖掘和实践探索。

三、完善与深化阶段（2010 年至今）

与史家小学其他优秀传统一样，和谐教育理念也需要有一个稳定的环境进行传承，并在继承的基础上不断拓展。2010 年王欢接任史家小学校长，并没有另起炉灶、急于提炼自己的办学思想，而是让和谐理念得以巩固和发展；不仅继承了和谐教育理念，而且把和谐教育理念系统化，并把和谐理念变成具体的目标，使教师的努力更加明确。

首先，梳理和谐教育的内涵和体系。和谐教育理念是开放的，随着社会的变迁和学校的发展肯定要融入新的内容。而且，随着办学规模的扩大，教师队伍也随之扩大，每年都有新教师加入史家小学，年轻教师的思想更加多元化。因此，学校发展的当务之急是凝神聚力，让和谐教育理念在每一位教师的行动中得以体现。王欢校长以史家小学制订"十二五"规划为契机，通过连续召开教师座谈会的方式，展开和谐教育大讨论，以深化教师对和谐教育的理解，进而推动教师创造性地把和谐教育理念融入教育教学实践。与此同时，和谐教育理念也随着教师的讨论甚至批判性思考而不断完善和深化。这一时期，以开展和谐教育大讨论和实施和谐教育现状调研为起点，史家小学系统总结并反思了和谐教育成果，全面审视并梳理了和谐教育理念，不断完善了和谐教育思想体系建设。学校组织层面，构建了和谐教育核心价值体系；教师个体层面，倡导教师把和谐教育理念固化为教育教学成果，并以此作为史家小学核心价值体系的延伸和具体呈现。

其次，提出"育和谐的人"的培养目标。基于对史家小学办学经验和特色的全面、系统研究，在国家教育目标的指导下，王欢校长带领史家小学的教师，明确提出用和谐奠基生命底色，提出了"育和谐的人"的培养目标。这一培养目标（及人才质量标准）为史家小学教育教学改革与创新的各个环节提供了方向，体现了史家小学的办学特色，以学生的素质发展为本位，为学校的发展服务。培养目标是评估学校办学质量的重要依据，是学校特色的具体体现，目标的科学化将有效地促进学校的发展。这一培养目标，细化了和谐的人所应具备的具体意识和能力，使得和谐教育理念更有可操作性，便于教师在教育教学工作中使和谐教育理念得到深化，也让史家小学的学生明确了学习的动力和成长的标尺。在培养目标的指导下，史家小学致力于学生身、心、智、趣的和谐发展。

　　总之，史家小学不断挖掘和谐育人的深刻内涵，以"和谐教育"为办学理念，以培养"和谐的人"为育人目标，以"人与社会、人与人、人与知识、人与自身、人与自然"的和谐为五大和谐支柱，强化学生五大基本意识（即责任、规则、创造、生命、尊重），培养学生五大核心能力（即认识社会、交往、学思知行、自主自律、体验和实践）。在此基础上，史家小学积极打造和谐教育的有效载体，以"大课程观"搭建和谐课程体系（即书本课程、行动课程、数字化课程、个性化课程、特色活动课程），继续推进五大金牌项目（即和谐育人公益项目、"超新星"项目、阳光e家、深度联盟项目、国际化和谐发展项目），建设五大资源基地（即课程资源中心、史家书院、史家科技馆、健康人格基地、史家传媒中心），使学生在丰富的实践体验中实现全面和谐发展，成就一个"和谐的人"。

第二节　史家和谐教育理论及实践体系面面观

一、史家和谐教育的价值谱系

1. 历史渊源

　　"和谐教育"、"和谐发展"的思想是早就存在的。"和谐教育"在国外的发展，可以追溯到古希腊时期。"和谐发展"一词最早出现在希腊语中，指健美体格和高尚道德的结合。柏拉图主张通过音乐教育和体育促进人的心灵和身体的和谐发展，形成高尚完美的品格。亚里士多德认为，人有植物、动物、理性三种灵魂，相应的有体育、德育、智育三方面教育，其目的就是使体、德、智得到和谐发展。文艺复兴时期，人文主义者从人性论出发反对中世纪教会对儿童本性的压抑，认为应该通过教育使人的身心得到和谐的发展。17 世纪，夸美纽斯主张各学科教育以培养人的和谐为目的。18～19 世纪，法国启蒙思想家发展了人文主义教育思想，卢梭要求培养身心协调发展的自然人，裴斯泰洛齐要求按照自然的法则全面和谐地发展人的一切天赋力量。此外，英国空想社会主义者欧文提出了全面发展教育的观点，德国教育家第斯多惠提出了在自然适应性原则和文化适应性原则支配下的全人教育的理想，英国教育家斯宾塞提出了智育、德育和体育并重及教育为完美生活做准备的主张，等等。马克思主义的和谐教育思想着眼于人的全面发展，强调体力与脑力的协调发展、才能与品质的多方面发展，以及个人发展与社会发展的统一。20 世纪，苏联著名教育家苏霍姆林斯基认为，学校教育过程包括德育、智育、体育、美育、劳动教育，旨在培养受教育者全面发展的和谐的个性。可以发现，西方的和谐教育思想是与一个重要的教育观念即自然适应说相联系的，它有两种解释，一种是夸美纽斯提出的自然适应性原则，一种是卢梭提出的自然教育理论①。可见，西方和谐教育思想大多从个人需要出发来论证人与自然、人与人、人与社会的和谐②。

和谐教育思想在我国的发展，可以追溯到春秋时期。孔子强调把知、仁、勇三者统一起来，通过"六艺"教学使学习者成为"成人"、"君子"乃至"圣人"。西汉董仲舒继承孔子仁智统一的思想，对仁智协调发展做出了明确论述。明代王守仁在前人思想的基础上提出了教育就是要使受教育者的知、情、意、行得到协调统一发展的和谐教育思想。近代王国维以传统和谐教育思想为基础，吸收了近代心理学知识，提出了把教育之事分为智育、德育、美育的观点。此外，蔡元培的"五育并举"和陶行知的"手脑双全"等主张，都含有和谐发展的教育思想。新中国成立以后，基于马克思主义关于人的全面发展学说，对和谐教育的认识产生了新的飞跃：要

---

① 金法、董学胜、宋辉：《河南省构建和谐教育概论》，河南大学出版社 2007 年版，第 8 ～ 15 页。

② 金钟明、张彦杰：《和谐教育文化底蕴与学校实践》，上海教育出版社 2010 年版，第 99 ～ 100 页。

推动社会的发展，必须重视个人的发展，也只有重视社会的发展，才能促进人的发展，所以个人的发展必须和社会的发展保持协调一致。而教育是个人发展的基础和前提，这必然要求教育的发展需要与社会的发展协调一致。正是从这一认识出发，我国十分注重实施全面发展的教育，并十分注重教育事业本身的和谐发展，包括史家小学在内的不少学校都在实践和发展着"和谐教育"的办学特色。总的来说，我国的和谐教育思想更多从社会的需要出发，来论证人与社会的和谐，进而论证人与人、人与自然等的和谐。

2. 现实依据

和谐育人理念是科学发展观"以人为本"核心思想在教育事业中的鲜明体现。党的十八大报告把教育放到"在改善民生和创新管理中加强社会建设"的首要位置，指出"教育是民族振兴的基石"。这就明确了教育不仅要传授知识、培养能力，还必须切实地把社会主义核心价值体系融入教育全过程，并转化为学生的自觉追求。十八大报告还明确指出"把立德树人作为教育的根本任务"。因此，必须明确"立什么德，树什么人；怎样立德，怎样树人"。史家小学的和谐教育正是通过树立社会主义核心价值观、通过立德来树人。在以"富强、民主、文明、和谐；自由、平等、公正、法制；爱国、敬业、诚信、友善"的社会主义核心价值观来建构学生内心世界的同时，还着力培养学生热爱祖国的"为民德"，尊重自然和他人、自尊自强的"为人德"，诚信负责的"立身德"，努力把每个学生培养成为德智体美全面发展的社会主义建设者和接班人，培养成为具有社会责任感、创新精神、实践能力的有用之才。从这个意义上讲，史家小学的和谐教育实际上是推进素质教育并依托其辐射效应让每个孩子都能成人成才的一种办学模式。

此外，从西方三百余年现代教育的发展，一直到我国百余年现代教育的发生、发展过程来看，有学者认为其间教育领域的基本矛盾可以归结为四对：一是，人的自由发展与人的社会化之间的矛盾；二是，统一的基本素养要求（在德智体美各方面与智育中的人文与自然科学的各个方面）与个性差异之间的矛盾；三是，书本知识与实践经验关系之间的矛盾；四是，教师本位和学生本位之间的矛盾①。这也就决定了和谐教育需要解决以下四个问题：一是，以教学领域的教与学关系为主的诸教育活动与学生身心发展关系的和谐；二是，德智体美劳各个方面的和谐；三是，以师生关系为主的学校人际关系的和谐；四是，以学校与家庭教育关系为主的学校、家庭和社会三方关系的和谐。

可以说，史家小学根据自身的条件探索出了自己的经验和做法，尽力做到追求人的自身需要与社会需要的统一，调控教育系统结构中的诸多要素，为学生身心健康的发展创设和谐教育的环境，促进学生素质的全面发展。具体包括：建立了完整的教育体系，把校内教育和家庭教育、社会教育构成了一个紧密联系的完整体系；创造性地形成了和谐教育的整体课程框架，为学生提供丰富多彩的精神生活，包括课内的教学和教育活动，也包括了课外的实践活动；在课堂教学中，努力建立融洽的师生关系，帮助每一个孩子树立自信心和上进心，等等。

3. 具体内涵

在史家小学 20 余年的和谐教育中，以"一个基础、两个向度、三个层次、四个立面、五个支柱"为主要内容的教育价值体系已经基本形成。"一个基础"是指，始终强调基础教育的基础性，把"为了孩子健康快乐成长"确定为史家教育的价值基础。"两个向度"是指，史家教育中所涉及的一切都以孩子为出发点，不仅关注孩子当下的成长，而且奠基孩子明天的发展。"为了孩子，为了明天"已经成为史家小学和谐教育的核心价值。"三个层次"是指，史家小学十分重视基础教育对于孩子的生存、生活和生命发展的奠基作用。教育"要让孩子掌握生存的能力，端正生活的态度，促使生命的完善"。"四个立面"是指，史家教育把"身心智趣"和谐发展作为孩子健康快乐成长的内在规定。"身"是身体条件，"心"是心理基础，"智"是理性支撑，"趣"是感性依托。而且，"身心智趣"四个方面在教育过程中缺一不可，它们互相联系、整体建构，互相作用、整体发展，共同生发出孩子生命成长中的健康快乐。"五个支柱"是指，史家小学以"人与社

---

① 金钟明、张彦杰：《和谐教育文化底蕴与学校实践》，上海教育出版社 2010 年版；高正华：《和谐：教育的追求与理念》，吉林大学出版社 2007 年版。

会、人与人、人与知识、人与自身、人与自然"的和谐关系为理论支柱，在"和谐史家"的价值教育中全方位托举起"史家和谐"的教育价值。

史家小学以"一切为了孩子，一切为了明天"为办学指导思想，强调基础教育的基础性，把小学生应该具备的基本能力集纳聚焦为文化传承、习惯养成、交流表达、视野开拓、创新创造五个方面，并着眼于人与社会、人与人、人与知识、人与自身、人与自然的和谐关系，优化并协调各种教育因素，使之在辩证统一中不断创造教育的整体效应，持续推动每个学生的全面和谐发展与健康快乐成长。

"人与社会的和谐"的含义是：教育是面向未来的事业，肩负着培养适合时代发展要求的人的重任。因此，教育必须追求人与社会的和谐，既使人的成长符合社会发展需求，又使人的个体特质及其潜能得到充分发展。为了促进人与社会的和谐，史家小学注重对学生责任意识和认识社会能力的培养。

"人与人的和谐"的含义是：人就其本质而言是一种关系性的存在，人与人的和谐发展是使人成为人的关键。教育作为一种培养人的活动，在心灵与心灵的沟通、灵魂与灵魂的交融、人格与人格的对话中实现人与人的和谐。为了促进人与人的和谐，史家小学注重对学生规则意识和交往能力的培养。

"人与知识的和谐"的含义是：学生在学习过程中有着客观存在的认知规律。教育不仅仅是知识的传授，还要让学生学会学习，学会动手，学会动脑，学会生存，学会和别人共同生活。温家宝总理给学校的题词——"学思知行"，便深刻揭示了这一认知规律。为了促进人与知识的和谐，史家小学注重对学生创造意识和学思知行能力的培养。

"人与自身的和谐"的含义是：教育的世界是生命的世界，促进生命的成长和完善是教育的出发点和落脚点。怀着对生命的敬畏和尊崇，史家小学不断寻求教育的本真，实现着人与自身生命的和谐。遵循学生身心发展规律，培养学生健全人格，实现人的生命的知情意行的统一是史家小学的不懈追求。为了促进人与自身的和谐，史家小学注重对学生生命意识和自主自律能力的培养。

"人与自然的和谐"的含义是：自然是人类文明的根基。人对自然不能只是单纯的利益索取,还应存在着道德的关怀与尊重。尊重大自然、热爱大自然,保持人与自然环境的和谐是和谐教育的重要组成部分。为了促进人与自然的和谐,史家小学注重对学生尊重意识以及体验和实践能力的发展培养。

二、史家和谐教育的实践体系

多年来,史家小学不断推进和谐教育。基于"人与社会、人与人、人与知识、人与自身、人与自然"五大和谐关系,史家小学不断拓展和谐教育实践体系,并以此建构了学校发展整体框架。如下图所示:

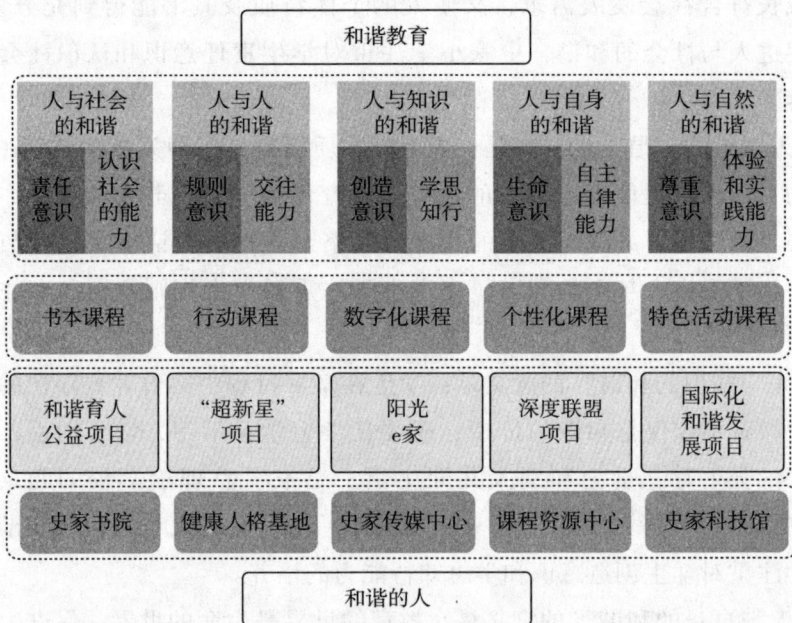

史家小学以"和谐教育"为办学理念,以培养"和谐的人"为育人目标,以"人与社会、人与人、人与知识、人与自身、人与自然"的和谐为五大和谐支柱,强化学生五大基本意识,即"责任、规则、创造、生命、尊重"意识,培养学生五大核心能力,即"认识社会、交往、学思知行、自主自律、体验和实践"能力。在此基础上,我们积极打造和谐教育的有

效载体，以"大课程"观搭建和谐课程体系，即"书本课程、行动课程、数字化课程、个性化课程、特色活动课程"五大课程，继续推进五大金牌项目，即"和谐育人公益项目、'超新星'项目、阳光 E 家、深度联盟项目、国际化和谐发展项目"，建设五大资源基地，即"史家书院"、"健康人格基地"、"史家传媒"、"课程资源中心"、"史家科技馆"，使全体学生在丰富的实践体验中实现全面和谐发展，成就一个"和谐的人"。总之，史家和谐教育体系尤如一粒鲜活饱满的种子，深深植根于每一个孩子的幼小心灵中，伴其一生，惠其一生。同时，史家和谐教育体系还致力于为每一位具有拔尖创新潜质的学生提供适切的个性化教育，使每一位拔尖创新人才都能够找到适于其张扬独特个性、绽放生命光彩的一面。全体史家人畅想，通过不断完善史家和谐教育体系，让史家人秉承中华五千年文化、携手世界五大洲文明，促进全体学生的健康快乐成长。

1. 五大金牌项目

"五大金牌项目"让和谐教育理念的实施有了更具体的方向和途径。有了"五大金牌项目"，实施和谐教育的目标更明确，途径更具体，方法也更多元，育人环境也进一步提升。

"和谐育人公益项目"具体指：学校倡导学生的成才与成人同步，依托我国第一个由民政部认定的小学生公益社团"史家小学阳光公益社"开展系列阳光公益活动，积极探索公益文化建设，重点培养学生学会关心、学会奉献、学会感恩的公益精神。

"和谐教育超新星项目"具体指：学校的拔尖创新人才培养工作被命名为"超新星"计划。"超新星"是一种未爆发能量的天体，一旦爆发它的能量将超过太阳。史家小学视每一个孩子为"超新星"，教育就是帮助他们储藏能量，促进爆发。学校注重学生的个体差异，帮助学生制定个人发展规划，开展学生成长系列指导，为学生发展奠定基础，为拔尖人才开通特色通道。

"'阳光 e 家'和谐发展项目"具体指：学校通过大信息概念搭设平台，统筹各种教育资源，面向未来和谐发展。未来的史家依托现代化、智能化的"阳光管理"，整合多元化、信息化的"阳光资源"，开展国际化、特色化的"阳光课堂",打造追求卓越、不断成长的"阳光教师",形成有效沟通、密切合作的"阳光家长",培养乐于学习、多才多艺的"阳光少年",最终呈现出闪耀着七彩阳光的"阳光校园"。

"史家深度联盟建设项目"具体指:学校充分发挥优质教育资源的辐射作用,成立东城区小学课程资源中心,构建"区域共享的优质课程体系"。并且,积极探索"理念联通、机制联运、课程联建、科教联合、活动联办、师生联动、品牌联创、效应联升"的实施途径,不断激发优质资源校的新生能源,激活薄弱校的再生系统,为形成东城教育群峰连绵的大教育景观,促进优质教育均衡发展做出积极的努力。

"国际化和谐教育发展项目"具体指:学校积极促进与国际著名学校、著名企业、著名城市的深度交往,进行国际课程的本土化研发和校本课程的国际化研发,让史家小学有能力分享、理解世界的优质教育资源,拿得出成果与世界分享。

2. 五大资源基地

"五大基地"建设是史家小学办学理念的重要体现。基地建成以后整合了学校各方面的资源和原有的办学成果,以便为更好地实现"育和谐的人"奠定基础。史家小学认为,学校为孩子提供的资源一定是必需的、负责任的,不是随意的、断裂的。学校以基地为载体,探索多元化的育人途径,为学生的发展提供优质服务。通过创设五大资源基地,发展孩子的自主性和多元性,学校为孩子健康快乐成长提供了理想的载体。

史家书院:上承传统书院文化之古风,下启基础人文教育之新风,融书法、绘画、诵读等经典传习于一体,致力于孩子"灵魂的铸造"。

史家青少年健康人格教育基地:由专业团训教师开展现代健康人格知识、中医知识、国学知识等方面的团体辅导,致力于孩子"人格的培养"。

史家传媒中心:依托"综合实践校本课程史家传媒"的课题研究开展,借助中国传媒大学的专业技术支持,利用"史小教育在线"的传播实践平台,致力于孩子"素质的拓展"。

史家课程资源中心:创新设计17个富有特色的资源教室,立体建构生存、生活、生命课程体系,对应开展安全、情趣、素养梯度教育,整合关注多领域、多学科、多层次的行动体验，致力于孩子"境界的开阔"。

史家科技馆：又叫"造梦空间"，宇宙的浩瀚、物种的繁盛、科技的奇妙交织融会、相映生辉，是科学与人文联袂、历史与未来贯通的成长乐园，致力于孩子"生命的升华"。

总之，史家小学和谐教育是一个历史与现实、共性与个性、理论与实践相统一的科学体系，也是一个不断创新、不断发展、不断深化的开放体系。史家小学通过创造性的办学实践，不断对和谐教育进行形成性、建构性和发展性阐释，不断体现史家小学与时俱进、追求卓越的办学品质。

第三节　解读史家和谐教育理论精髓

一、如何理解史家的和谐教育

史家小学的和谐教育理念，其核心思想可以概括为"以责任之心，和谐之念，育未来之才"。史家小学认为，和谐不仅是学校育人目标，是学校育人方法，更是学校育人的文化，目标、方法和文化共同构成学生和谐成长的环境。学生只有在和谐的环境中才能成长为和谐的人，和谐的环境需要有责任心的学校来营造，需要有责任心的老师来落实，需要有责任心的学校和老师共同努力帮助改善学生在学校以外的家庭环境、社会环境，只有学校、家庭和社会共同努力，才能为学生的成长创造出一个良好的环境，才能实现教好学生、培育人才、促进学生健康成长的教育目标。

"和谐"的本义，是指事物各方面关系的协调统一。简单来说，就是 A 要正确认识自己，还要正确认识 B 和 C；要正确认识 A 与 B 之间的关系，也要正确认识 A 和 C 之间的关系，还要正确认识 B 与 C 之间的关系，更要正确认识 A、B 和 C 之间的关系。具体到基础教育（小学教育），富有多重含义。

含义 1：和谐体现出学校、家庭、学生各教育主体之间的相互尊重、理解和包容。学校、家庭和学生是学校教育最重要的主体。家长把学生托付给学校，学校接受这种信任和托付对学生开展教育活动，学生在学校接受来自于老师的教育。家长、老师和学生之间的关系虽然存在托付和被托付、教育和受教育的基本关系，但三者之间还应该体现出一种平等的关系。基于以上两种关系的平衡，也就是和谐的具体的体现，家长和学校不仅是托付和被托付关系，也要认识到自己在教育活动中的主动性、重要性。学校、家庭、学生之间的关系能否协调、统一，能否产生积极作用，其实需要各主体之间重新认识。因此，家长对老师的教育活动要能充分尊重、理解和包容，老师对家长的教育活动也要能充分肯定、理解和认同。同时，学生需要在家长和老师两个方面看到教育的一致性，避免引起学生内心的不平和和冲突。这些就是家长、学校和学生三个教育主体的和谐。

含义2：和谐体现出各教育主体内部各类型群体之间的包容和共进。对于学生来说，家长和老师看到学生的差异，认识到学生差异在学生成长过程中的客观性和不可避免性，那么针对各类型的学生开展教育活动，实现学生群体的包容和进步，这就是学生群体的和谐体现。对于老师来说，老师各有自己的特长和兴趣，各有自己的教育优势和方法，学生和老师之间的关系不只存在唯一的模式和方法，而是存在多种多样的形式和内容，学校对老师的看法更应该体现对老师个性的尊重，为老师开展有针对性的教育活动提供尽可能大的帮助和支持，实现各类型老师个人价值的实现，这就是老师群体的和谐体现。对于家长来说，老师需要学会面对各种类型的家庭和各种性格的家长，不仅能够扩展学校教育的资源，也要帮助增进和改善学生成长的家庭环境，这就是家长群体的和谐体现。

含义3：和谐体现为教学、教研、项目、活动中的团队、合作和互助精神。在教学过程中，新老师接受师傅的帮助，师傅和徒弟之间是一种互助精神；在教研的过程中，相同学科的所有老师共同参与，一起解决问题，这是同事之间的合作精神；在学校的各项活动或项目中，不仅老师之间相互配合，还要教会学生共同合作，这是一种集体的团队精神。这些都是具体参与者相互之间和谐关系的体现，不仅是一种教育的环境，也是一种教育的方法，更是培养学生以后做人做事所要具备的基本素质。

含义4：每个孩子心里都有一颗充满生命力的种子，和谐环境能帮助种子健康成长。学生的成长如同种子的成长，需要土壤、阳光、水分、营养等各方面条件适宜才能健康发育。每一个小学生都是一颗充满生命力的种子，他们充满好奇心、旺盛的精力和求知的欲望，是一颗颗自身条件十分优秀的种子。在这种情况下，外界条件对学生的成长起了十分重要的作用。外界条件复杂和多样，但对于小学生来说，学校和家庭构成了学生成长最主要的环境，学校和家庭环境是否和谐、是否适宜成为学生在小学阶段最关键的因素。这也回到了史家小学和谐教育的核心思想——"以责任之心，和谐之念，育未来之才"。为让学生这颗充满生命力的种子健康发育，学校要营造和谐的环境，老师要落实具体教育方法，并且帮助改善学生在学校以外的家庭环境和社会环境，使这颗充满生命力的种子在和谐的环境中，由充满责任心的老师、家长和社会共同培育成有用的人才。

可以说，这四种含义具有十分丰富的内在联系。其中，含义 1 是和谐教育理念核心思想的应有之义，含义 2 是和谐教育理念核心思想在各教育主体内部的具体内涵，含义 3 是和谐教育理念核心思想的表现形式，含义 4 是和谐教育理念核心思想的最终目标。

总之，理解"和谐教育"，一定要回归到育"人"本身。从这个意义上说，和谐教育不是分数，而是幸福；不是训练，而是创新；不是约束，而是唤醒。和谐教育理念不过分关注学生短期的成绩，而考虑学生长远的需要。和谐教育理念提升的是学校整体水平，重视每个学科的发展，面向全体学生而不是个别学生。史家小学认为，和谐教育通过知识技能的掌握、智慧的增长、德行的完善，让人在活动中达到自由的境界，从而获得愉悦的幸福感受，这是教育本体价值的体现。人的需要是丰富的，满足人的需要的教育内容也应该是丰富多彩的。和谐教育的各个方面不但能适应未来的社会生活，而且能满足人自身的需要，具有个人享用价值。

二、对史家和谐教育的基本判断

坚持以人为本、全面实施素质教育是我国教育改革发展的战略主题，是贯彻党的教育方针的时代要求，其核心是解决好培养什么人、怎样培养人的重大问题，重点是面向全体学生、促进学生全面发展，着力提高学生服务国家、服务人民的社会责任感、勇于探索的创新精神和善于解决问题的实践能力。教育的根本任务是培养人，明确教育培养人的方向、目标、内容和方法是做好教育工作的根本问题。

史家小学的和谐教育，充分体现了育人为本，即把促进学生"全面和谐发展"、"健康快乐成长"、"身心智趣发展"作为学校一切工作的出发点和落脚点；较好地回答了培养什么人的问题，即用和谐奠基生命的底色、培养德智体美全面发展的"和谐的人"，确定五大意识、五大能力为学生素质的重要方面，是用现在的教育培养明天的人才；较好地回答了怎样培养人的问题，即以学生为主体，充分尊重学生的主体地位，发挥他们的主动性，关心每个学生，聚焦"文化传承、习惯养成、交流表达、视野开拓、创新创造"五个方面，为每个学生提供适合的教育，促进每个学生主动地、灵活多样地发展。

史家小学的和谐教育，准确把握了教育本质，明确了学校培养目标，并把和谐教育理念渗透在教育途径与方法之中，进而培育出学校文化。这些具体体现在史家小学"一切为了孩子，一切为了明天"的办学理念之中，体现在"人与社会、人与人、人与知识、人与自身、人与自然"的"五大和谐"阐释之中，体现在"育和谐的人"的培养目标之中。可以说，史家小学的和谐教育理念内蕴丰厚，涵盖了学校教育管理、教育教学、家校合作、育人途径等方面的指导思想。

当前，我国基础教育已经进入了新的发展阶段，从过去主要强调"办学规模扩张"转为更加关注"学校内涵式发展"，这就要求工作重点也要相应集中到强化学校人才培养环节、提高学校教育质量上来，努力做到"办好每一所学校、教好每一个学生"。可以说，史家小学的和谐教育对此做出了较好的诠释。从内在逻辑关系来看，人才培养是学校的根本任务，教师队伍建设是提高学校人才培养水平的基础，学校管理是激发学校教师活力的保障，家校合作则分别是实现学校这一组织（或系统）良好运行、推动全方位育人的内外环境。围绕着人才培养、教师队伍、家校合作、学校管理这四个方面，史家小学展现出了与众不同、颇具针对性的和谐教育观。

首先，健康、阳光、自主是关于学生的和谐教育观。人才培养是学校的根本任务。从国家素质教育的基本要求出发，结合学校多年来的不断探索、积累和文化传承，史家小学提出培养和谐的人这一教育目标，通过营造出适合学生成长的和谐教育环境，让学生树立起健康、阳光、自主的形象，使学生终身受益。以学生为主体，教好学生，培育人才，促进学生健康成长是史家小学一切教育教学活动的出发点和落脚点。史家小学认为，对于小学教育来说，学校的责任就是要为学生全面发展提供一个坚实和可持续的基础。一个健康的学生才有全面发展和未来可持续发展的可能，因此，实现学生健康成长是小学教育重要价值的体现。史家小学通过丰富的教育内容，让每个学生都能找到自己的兴趣点，使学生不仅能全面发展，而且也能发挥自己的特长，实现学生自主学习。培养和谐的人，课程建设是载体。史家小学认为，教育不仅局限于知识的传承与教授，更重要的是为学生后续发展夯实基础，使学生具备自主发展的潜能。通过科学的课程规划和建设，史家小学以丰富的课程为媒介，既完成了对学生知识体系的构建，又培养了学生自主学习和终身发展的潜力。

其次，忠诚、职业、合作是关于教师团队的和谐教育观。教师队伍建设是提高学校人才培养水平的基础。史家小学在长期发展过程中，涌现出了一批忠诚、职业、合作的优秀教师团队，为和谐教育模式做出了积极的贡献。史家小学的教师是忠诚的。对一般学校的教师来讲，学校是"职场"，但对史家小学的教师们来说，学校是"家园"。史家小学是一个让教师感受到温暖、追寻人生价值的地方。因此，史家小学的教师"人在史小，心在史小，情在史小"，史家小学的教师是职业的。除了对教育满腔忠诚之外，史家小学的教师在和谐教育理念的涵养下往往一身正气。每位教师的性格不同，但只要走进学校，教师就会说职业的话，办职业的事。追求卓越，追求完美，已经成为史家小学教师自觉的精神追求。史家小学形成了一支合作的优秀教师团队。忠诚、职业教育出无数名师，但史家小学并不仅仅是为了锻造名师，而是要给予每位教师发展的机会，从而打造"名师团队"。实施和谐教师理念过程中，史家小学形成了较好的"团队精神"，即每一位教师除了专业知识以外，还有优秀的团队合作能力，对于教师而言，这种合作能力与专业知识一样重要。在集体中，每一位教师都有自己的地位和价值，要想得到别人的帮助，必须先帮助别人；每一位教师都把对同事的支持视为最优先的事，懂得取胜要靠大家协调合作的道理。

再次，尊重、理解、协同是关于家长的和谐教育观。家校合作是实现学校这一组织（或系统）良好运行、推动全方位育人的内外环境。作为和谐教育的践行者，史家小学的家校合作是一种协同教育，学校和家长是一种平等的伙伴关系，在相互尊重和相互理解中形成合力，不断提高教育水平。尊重，是史家小学形成良好家校关系的基础。一方面，学校尊重家长，把家长看作是合作伙伴，在日常的家校相处特别是在处理一些特殊问题的过程中，把平等的理念作为尊重家长的基石，在尊重家长的前提下达到教育效果；另一方面，家长也尊重老师，以一种信任的态度与老师交流和配合，当与学校的教育理念发生冲突和矛盾时，将尊重对方作为协商解决问题的前提。长此以往，学校和家长对彼此的信任感不断增强，在无形中形成了良好的家校关系。理解，是史家小学实现家校良性互动的抓手。在相互尊重的前提下，史家小学的老师和家长经常站在对方的角度上考虑问题，真正实现了相互理解，通过共同协商实现家校良性互动。这种良性互动不是光靠生硬的说教，也不仅仅依赖于一次沟通或一次活动，而是在学校耐心细致的每一次工作中得到体现，在家长的每一次主动沟通中得到加深。协同，是史家小学提升家校合作水平的关键。尊重和理解为学校和家长之间的高水平合作奠定了基石，学校不仅仅将家长看成是支持者，家长也不单纯把学校当作管理者，家庭与学校成为互相关联、相互依存的统一整体，双方在沟通协商中不断提高家校合作水平，通过集体行动共促孩子健康成长。

最后，平等、开放、活力是关于学校管理层的和谐教育观。学校管理是激发学校教师活力的保障。史家小学的管理层认为，教师是教育发展的第一资源，也是课改成功的第一资源，是学校最大的财富。根据学校的发展，史家小学确立"人人都是规划主体"的理念，人人参与规划的制定；与此同时，学校引领教师制定与学校发展目标相一致的个人发展规划，使教师的前途与学校的发展相结合，教师个人目标与学校目标相结合，并把教师个人追求融入史家小学长远发展之中。史家小学的管理层认为，和谐教育的实施有赖于学校管理的开放。作为一个系统，学校与周围环境之间不断地进行着物质、能量和信息的交换和传递，从而获得生存和发展。因此，学校是一个开放的系统，而不是一个封闭的系统。学校系统内外方方面面存在着依存和共生关系，这就决定了学校对社会以及内部的全面、全方位开放，这就要求学校管理层应具备社会意识、全球意识、超前意识和大教育意识，以宽阔、长远的眼光来看待和认识学校教育发展的现实和未来，采取开放的、有效的学校管理，实现教育家办大教育。史家小学的管理层认为，先进的教育理念转化为现实的教育实践，最终要靠教师来完成，必须激发教师的活力。教师是提高办学水平的关键，因此，在学校管理中，要充分发挥教师的价值，发掘教师的潜能，发展教师的个性，最大限度地调动教师的积极性、主动性、创造性。对学生来说，教师是活生生的个体，这就要求教师必须热忱、充满活力，才能让良好的情感、端正的态度、正确的价值观深入人心，起到好的教育效果；对学校来说，教师必须积极进取、乐观向上、追求卓越，才能达到高质量的办学目标，才能维护好学校的尊严、风范和精神面貌。

　　总之，史家小学的和谐教育符合教育发展的基本规律，符合我国义务教育内涵式发展目标，是现阶段我国素质教育探索与实践的典范。和谐教育是先进的教育理念，深刻回答了培养什么人的问题，丰富了素质教育的内涵；是科学的教育方法，深刻回答了怎样培养人的问题，丰富了人才培养的观念和模式；是有效的管理实践，深刻回答了如何办好一所学校，构建政府、学校、家庭、社会之间新型关系等问题，丰富了现代学校制度的内容。

第二章　健康　阳光　自主

——关于学生的和谐教育观

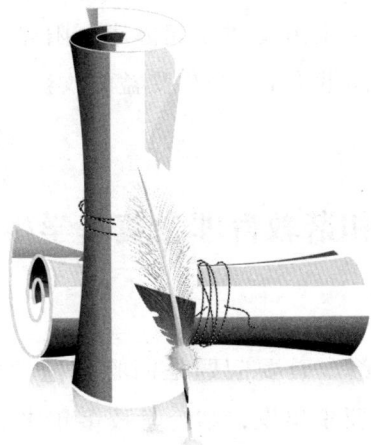

以学生为主体，教好学生，培育人才，促进学生健康成长是学校一切教育教学活动的出发点和落脚点①。史家小学提出培养和谐的人这一教育目标，正是要让学生健康快乐成长，让学生在小学阶段为未来成才打下优良的基础。为实现这一教育目标，史家小学通过提供丰富的教育内容，让每个学生都能够找到自己的兴趣点，使学生不仅能够全面发展，而且能够发挥自己的特长，实现自主学习。同时，史家小学采用多种教育方法，让各种类型的学生在成长过程中都能够得到有针对性的引导，帮助学生健康快乐地成长。意大利著名的教育家蒙台梭利曾指出："环境对个体生命的影响作用越强，个体的生命就会变得越发充满活力和强劲旺盛。但是，环境有正反两方面的作用，它既能有助于生命的成长，也能将生命窒息。所以，从生物学的观点来看，儿童成长的环境必须最有利于其个性的发展，即教育应该为之提供积极的帮助。"② 多年来，史家小学为学生营造出适合他们成长的和谐教育环境，学生由此树立起健康、阳光、自主的形象，这些正是学校实施和谐教育理念带给学生终生受益的收获。

第一节　和谐教育理念奠基学生健康成才

一个学校的教育理念，首要问题是回答要把学生培养成什么样的人。从国家素质教育的基本要求出发，结合学校多年来的不断探索、积累和文化传承，史家人认识到素质教育的基本要求是让学生全面发展，而学生的

---

① "教育部长：学生健康成长是工作的出发点和落脚点"，http：//www. fujian. gov. cn/ywzgyw/201008/t20100805_ 270137. htm（2014/6/18）。

② 玛利亚·蒙台梭利：《蒙台梭利早期教育法》，中国发展出版社 2006 年第二版。

全面发展更多体现在教育培养学生的长远目标中。对于小学教育，学校的责任是要为学生全面发展提供一个坚实和可持续的基础，这个基础就包含健康。一个健康的学生才有全面发展和未来可持续发展的可能。所以，实现学生健康成长成为小学教育重要价值的体现。

一、学生的健康成长来自于和谐

1946 年世界卫生组织（WHO）成立时是这样定义健康的："健康，是指一个人在身体、精神和社会等方面都处于良好的状态。"健康不仅指一个人的身体没有出现疾病或不舒适现象，还指一个人在心理上和社会上均处于良好的状态。因此，健康包括生理、心理和社会适应性三个方面。当人们将对学生的关心集中在生理健康上时，往往就忽视了学生的心理健康，并且很少会意识到学生在与同学、老师相处时所表现出的社会适应性也是健康的一个重要组成部分。

学生生理、心理和社会适应性三个方面的健康呈现相互影响的关系。生理健康出现问题，比较容易导致心理健康问题的出现，对社会适应性也将产生影响。心理健康出现问题，长期积累也容易导致生理健康问题；另一方面，心理健康问题也可由社会适应性出现问题引起。社会适应性是指人要适应社会环境，单个人对社会环境的影响是有限的，更多情况下是人的生理和心理要适应社会环境，做与社会环境相适宜的事情。

在生理、心理和社会适应性三个方面中，对个人来说，保持生理健康，是在个人能力和行为范围内最容易实现的，心理健康和社会适应性则要更多外部力量的干预。例如，保持心理健康，个人调节很重要，但在个人调节无法实现时，则需要通过与之关系密切的人，如家长、老师、朋友等通过各种方式来帮助进行调整。同时，良好的心理干预以及营造和谐的人际关系，不仅能够消除心理健康问题，对生理健康问题也有好处。

心理健康其实取决于人内心的和谐。心理学家认为[①]，人的心理健康包括七个方面：智力正常、情绪健康、意志健全、行为协调、人际关系适应、

---

① 关于心理健康的解释摘自百度百科。

反应适度、心理特点符合年龄。在这七个方面中，内心和谐的人必能做到情绪稳定、意志健全、行为协调、反应适度，对待他人不会有过激的言行，也因此能够拥有良好的人际关系，让他人感觉到这是一个智力正常、心理特点符合年龄的人的正常行为。

对于小学阶段的学生来说，他们的心理健康体现在下面几个方面①。

①智力发育正常，与实际年龄相称。

②情绪稳定，有悲哀、困惑、失败、挫折等，但不会影响太长时间。

③能正确认识自己，对未来充满信心。

④有良好的人际关系，知道尊重人，待人友善、宽容。

⑤稳定、协调的个性，有一定的自我控制能力。

⑥能正确面对挫折和失败。

学生在小学阶段，要在健康的三个方面均得到有效的保障。学校教育的重要责任是弥补学生在个人发展和家庭教育中的薄弱环节，利用学校特有的教育方法和教育优势实现学生健康成长。学校老师对学生的引导和同学朋友间的良好关系是学校的教育优势，是学生个人和家庭无法达到的，也是对学生心理健康最有利的教育环境。因此，学校教育要培养健康的学生，先要认识到学校教育的特点，进而认识到在学校先把学生培养成内心和谐的人，实现学生的心理健康，这才是学校培养健康快乐学生最基础也是最根本的一个要求。

二、"和谐的人"凝练史家育人目标

"和谐"一词在中国源远流长。先秦儒家以人为出发点，将人的和谐发展作为教育的终极理想。其中，"太和"观认为，和谐包含着四个方面的内容：自然的和谐、人与自然的和谐、人与人的和谐、人自我身心内外的和谐等②。关于人自我身心内外的和谐发展，主要是欲求与社会规范的一致、

---

① 关于小学阶段学生心理健康的解释改编自百度百科。

② 金钟明、张彦杰：《和谐教育文化底蕴与学校实践》，上海教育出版社2010年版。

知识与行为的统一、内在道德品质与外在行为方式的统一①。在西方，古希腊的先哲们，例如苏格拉底、柏拉图、亚里士多德，以及 17 世纪捷克伟大的教育家夸美纽斯，18 世纪法国启蒙学者、教育家卢梭，19 世纪瑞士教育家裴斯泰格齐等也都围绕着学生个体的发展进行了和谐教育的研究②。而无论是阐述人的和谐发展，还是研究学生个体的发展，其基础都是人内心的和谐。

几十年来，通过对"培养和谐的人"教育目标的研究和探索，史家小学提出，一个和谐的人必须做到"五个和谐"，即人与自身的和谐、人与人的和谐、人与知识的和谐、人与自然的和谐以及人与社会的和谐。

在五个和谐中，人与自身的和谐是最基础，也是最根本的。没有对生命的敬畏，没有知情意行的统一，对他人、对社会、对自然、对知识的认识就会出现偏差，也就难以实现自身与他人、与社会、与自然、与知识的和谐统一。同时，人与自身的和谐也要求人的生理和心理能够和谐统一。无论自身身体是健康还是疾病，天赋条件是超群还是一般，都能够接纳自我，既不妄自尊大，亦不消极自卑，尊重自身生命的价值，按照自己的能力来做适当的事情，以适应的方式来体现自己的存在和价值。

三、以和谐教育观念实现学生健康成才

（一）身心智趣全面发展

史家小学把"身心智趣"的和谐发展作为学生健康快乐成长的内在规定。"身"是生理条件，"心"是心理基础，"智"是理性支撑，"趣"是感性依托。"身心智趣"四个方面在教育过程中缺一不可，它们互相联系、整体建构，互相作用、整体发展，共同生发出学生生命成长中的健康快乐。

立足学生"身心智趣"发展，学校在各种活动中增进学生生命成长中的健康快乐。如，关注学生成长的生理条件，在奥体中心举行万人亲子运

---

① 李丽丽：《先秦儒家和和谐教育思想研究》，黑龙江大学出版社 2012 年版。

② 金法、董学胜、宋辉：《河南省构建和谐教育概论》，河南大学出版社 2007 年版，第 8 ~ 15 页。

动会；关注学生成长的心理基础，在史家画苑为特殊学生举办个人画展；关注学生成长的理性支撑，在甘肃酒泉让学生们零距离感受火箭激燃、飞船问天的科技震撼；关注学生成长的感性依托，在国内外舞台上让学生们尽情挥洒艺术才华，等等。

（二）珍爱生命，热爱生活，促进生命发展

小学教育是基础性教育，要为学生未来的发展打下坚实的基础，小学教育"要让学生掌握生存的能力，热爱生活，促使生命的完善"。

1. 珍爱生命，学会生存

生存是人类的一种本能的需求。求生存和求发展的本能，促使人类社会的不断前行。学校课程对有关人类生存的基本知识和基本技能的关注，是使得学生"学会生存"的基础。例如，在史家小学高年级部有"楼顶农场"，通过还原人类最原始的生存状态，让学生了解千年来人类的生产和生存技能。学校设置"安全体验教室"，分别展示自身安全、校园安全、交通安全、家庭安全、野外安全、火灾自救、地震自救和应急救护方面的知识要点与必备技能，让学生懂得如何立足于变化多端的生存环境。

2. 热爱生活，学会生活

无论是杜威的"教育即生活"，还是陶行知的"生活即教育"，这些学说都在强调学生生活与课程的重要关系。在史家小学，贴近生活的学校课程设置使得学生获得当下生活的情感体验，同时为未来生活储存能量。例如，学校课程中有诸多来自现实生活的课程设计，如茶艺、家艺、陶艺、布艺、厨艺、木工，这些丰富的生活课并非单纯追求课程形式的花哨与热闹，其真正意义在于培养学生的生活情趣和生活态度，更重要的是让学生在与同伴或家人的互动中懂得了当下及未来生活的意义和价值。

3. 促进自我完善，学会生命发展

促使生命的成长与完善是课程的最大价值。人的生命是完整的，生命是知识、情感、意志和行动的统一体。学生通过在学校学习，不仅有知识的发展，也有知情意行的全面发展。在史家小学，通过实施以"五大和谐支柱"、"五大基本意识"、"五大核心能力"、"五大特色课程"、"五大金牌

项目"、"五大资源基地"为框架的"种子计划",在每位学生的身上播撒健康快乐的生命种子。

（三）实现成长、成才

对于社会及国家而言,教育是要"让每个学生都能成为有用之才"。学生很少有能自然长成为人才的。"长成"是自然的一种状态,外界环境没有针对要实现的目标进行设计和改变,缺少主动的干预。而"成长",在很大程度上与教育的干预有着重要的联系,蕴含着无限的机遇和可能。学校教育应先还原学生的成长空间,让教育尽可能贴近学生的现实生活,使学生在"长"的过程中通过教育的积极干预达到"成"的目标,让学生的生命在有意营造的环境中实现自主发展。

教育干预体现在立德树人的具体做法中。在"立德"方面,史家小学着力培养学生热爱祖国的"为民德",尊重自然和他人的"为人德",自尊自强、诚信负责的"立身德",以社会主义核心价值观"富强、民主、文明、和谐;自由、平等、公正、法制;爱国、敬业、诚信、友善"来建构学生内心世界。在"树人"方面,培养学生文化传承、习惯养成、交流表达、视野开拓、创新创造五个方面基本能力。

学校要让学生为成为有用之才打下良好基础,在立德树人基础上,要把学生培养成为"勇于探索的人、善于思考的人、善于交流的人、敢于冒险的人、知识渊博的人、有原则的人、有爱心的人、心胸宽广的人、全面发展的人、善于反思的人"。这些品质也是未来人才所要具备的基本素质。

对于一个人是否成功,有多维的评价标准。但对于教育是否成功,重要的就是有没有秉持"先成人、后成才"的理念,形成一套"个个是人才,人才是个个"的培养模式。前面的"个个"指人才的普遍性,后面的"个个"指人才的特殊性。"个个是人才",就是在倡导"务本育人,每个学生都一样",也就是在强调"一样的梦想";"人才是个个",就是在倡导"致用育才,每个学生都不同",也就是在强调"多样的教育"。史家的学生不仅都要成为人才,而且要成为不同的人才。

（四）充分展现学生多元个性

在史家和谐教育理念下，史家的学生健康快乐成长着。一个个歪歪扭扭稚嫩的笔画成长为横平竖直的方块字；一个羞于表达的学生在金帆艺术团的磨炼下奏响和谐的旋律；一个自我封闭的学生在老师的鼓励下开办打开心扉的个人画展。史家小学明确的育人目标、丰富的课程资源、和谐的课堂教学、优质的教师队伍，让学生在和谐的育人环境里，充分地发挥禀赋、舒展个性、绽放生命，实现身心智趣的和谐发展。

史家学生健康、阳光，这让很多需要"减负"的同学感到难以想象。例如，2013 年 12 月，在北京市教委、北京市体育局主办的"水立方"杯北京市中小学生游泳比赛中，全市 100 多所中小学校的 600 余名青少年游泳高手齐聚，但史家小学所有的小选手都赛出了自己的风采，共有 13 名队员取得了优异的成绩。

在 2013 年 10 月参加由北京市体育局、北京市体育总会主办，北京市跆拳道协会承办的"第五届北京市体育大会跆拳道比赛"中，参赛单位 25 个，参赛选手计 154 人，史家斩获五个个人实战第一名；2013 年 11 月参加由东城教委体卫科和东城区体育局举办的第三届东城区中小学生定向越野比赛，史家包揽了男子团体以及女子团体的第一名，以及男、女各组别的第一名；2014 年 5 月，第八届全国少年速度轮滑锦标赛上，史家学生王思宇和于采南面对专业选手毫不畏惧，充分发挥出平时训练水平并取得佳绩。在少年女子乙组的比赛中，王思宇获得 10000 米积分淘汰赛和 3000 米接力两块金牌，同时获得 1000 米银牌和 300 米铜牌。在少年女子丁组的比赛中，第一次参加全国赛的于采南获得 300 米和 1000 米两个第四名。

不仅个人体育项目成绩斐然，集体运动项目也不例外。2014 年 4 月，史家足球队参加 2014 年东城区小学生校园足球赛，取得了乙组冠军、甲组亚军的优异成绩。甲组队员虽然屈居亚军，但是同样精彩，因为对手是足球传统学校安外三条小学。在 2014 年全国健美操联赛上，史家基础套路组是全场年龄最小的队员，但学校两支参赛队伍均以出色的水平拿到全国第一的好成绩。

（五）倾心帮助特殊学生

针对学生心理健康问题，史家小学 2007 年就成立了心理健康教育小组。教育小组的老师们不仅在高校心理学研究生课程班进行学习，同时还接受过心理咨询工作的专门培训，他们不厌其烦地向老师、家长传授一些心理健康方面的知识和相关问题的解决方法。在北京市教育学会教育心理学研究会 2009 年度学术年会优秀论文评选活动中，史家小学有 44 篇文章获奖。其中，一等奖 4 篇，二等奖 23 篇，三等奖 17 篇。

这些研究论文不仅是老师辛勤工作的成果，也为史家小学心理健康教育奠定了坚实的基础，成为史家和谐教育重要的精神财富。

2011 年 9 月，"青苹果之家——史家小学青少年健康人格教育基地"成立。这个教育基地的成立标志着学校在搭建和谐教育新平台、培养适应现代社会、拥有健康人格的学生工作方面迈出了重要的一步。在这里，学生可以享受沙盘游戏带来的乐趣，在老师的帮助下与父母、专家进行沟通互动，从而在心理疏导、行为养成、性健康、人格塑造等方面获得专业指导。不仅如此，在健康人格教育基地，史家还邀请大学生志愿者们为学生们开展团体辅导课；学生自己担任志愿者，为同学提供志愿服务，塑造自己"服务别人、快乐自己"的公益精神。

倾心帮助特殊学生，也是和谐教育所注重的一个方面。对于教育工作者而言，即不能放弃任何一个学生。陶行知先生曾说过："谁不爱学生，谁就不能教育好学生。"苏霍姆林斯基也强调，对那些因受家庭乃至社会环境条件不良影响而表现异样的学生，要以"朋友和志同道合者那样"的态度和方式对他，因为只有对学生给予发自内心真挚的爱，才能给他们以鼓舞，才能使他们感到无比的温暖，才能点燃学生追求上进、成为优秀生的希望之火。《和谐教育·现代教育科学发展之路》一书中提到①，转化后进生在教育中的作用不亚于教育在社会发展中的作用，后进生的转化效果不仅关系到教育成功与否，也关系到社会和谐与否。史家小学的诸多教育案例都向教育工作者证明，转化后进生虽然是一件非常艰巨的工作，但并非不可

---

① 庄金品、徐少云：《和谐教育·现代教育科学发展之路》，中国矿业大学出版社 2006 年版。

实现，只要付出持之以恒的努力，注意适当的方式方法，结果水到渠成。教师在教学的过程中首先确立正确学生观，肯定学生在学习活动中的主体地位，相信他们的学习潜力，从内心去爱护这些学生，多表扬多信任，创造机会给学生以成功的体验。爱不仅让学生感觉到师生之间的和谐关系，也让老师的行为成为实践和谐教育理念的最具体的行动。

第二节　多维育人模式助力学生阳光成长

教育方法是教育的客观规律和原则的具体体现。正确运用各种教育方法，对提高教学质量、实现教育目的、完成教育任务具有重要的意义。在和谐教育理念指导下，根据不同的教育内容和学生特点，创新设计各种灵活的教育方法，即在课堂上、实践中，也通过学生能感受到的文化氛围，结合老师的引导、学生的主动性以及文化的潜移默化，实现教育中教与学的和谐统一、老师与学生关系的和谐统一，从而以最有效的方式实现学校的教育目标。

一、课堂教学激发学生求知尚德

教学是教育的基本途径，也是一种基本的、主要的教育生活①，在整个教育体系居于中心地位，发挥着核心作用②。课堂教学是实践和谐教育理念最主要的阵地，老师在课堂上的一言一行将对每个学生产生直接的影响。

传统课堂教学关注老师向学生传授知识。然而，课堂教学不是仅存师生关系间单向的影响模式，它不仅要传播知识，更要通过师生间的交流沟通实现对学生心理的了解。

第一，课堂不仅关注学生是否具备学习知识的能力，更关注学生是否

---

① 石中英：《教育哲学》，北京师范大学出版社 2007 年版，第 146 页。
② 王策三：《教学论稿（第二版）》，人民教育出版社 2005 年版，第 95 页。

具备学习知识的兴趣和态度。

美国心理学家戴克斯曾经说过，孩子需要鼓励如同植物需要水一样。鼓励是人类的一种基本需求，其根源是人类的认同需要。激发学生学习的兴趣，能够让老师的教学事半功倍，促进学生更好地学习。史家小学把课堂教学的过程视为师生共建课程的过程，在日常教学过程中注重开展教学研究活动。要和谐发展学生的创造力，首先要发展学生要学的兴趣。中国有一句古话："知之者不如好之者，好之者不如乐之者。"兴趣是进行创造活动的原动力，也是学生主动参与学习的重要心理条件。教师要采取多种方法和途径去培养学生的兴趣，特别是对知识的兴趣，可以通过创设宽松和谐的教学氛围，创设问题情境，激发学生学习的乐趣，同时还要使得学生的学习乐趣能够进一步升华为学习志趣。创设问题情境就是让学生进行思考，学生因为有了问题才会主动探索，也才会有所谓的创造。

第二，在课堂上尊重学生的个体差异，和谐的课堂就是让每个学生都能得到关注。

在人的发展过程中，由于受到遗传、家庭、环境等因素的制约，每个人的发展存在着不同的差异，心理学称之为"个别差异"。同一年龄的学生，在心理的发展速度和面貌上具有显著的不同，形成学生的个性特点。因此，在教学中希望每个学生都能够达到某个统一的要求、每个学生都能够完成相同的学习任务是不现实的。传统的"一刀切"教学模式造成了能力强的学生"吃不饱"而能力欠佳的学生"吃不消"的现象。真正的和谐教育正是注重研究学生的个性差异，在课堂教学中积极引导。与应试教育只照顾少数尖子生的做法不同，和谐教育需要面向全体学生，为存在差异的学生创造发挥才能的条件，实现教学的整体和谐。

因此，学校坚持进行教学研究项目，倡导老师从学生的学习去研究学生，从学生的发展去研究学生，读懂学生；引导教师科学地发掘、人文地发挥每一个学生的学习优势，从而有效地提升在班级授课制下教学方式与学生个性需求的匹配程度，让每一个史家孩子多些自主、多些选择，提高学习效率；引导老师关注学生的学习需求，在了解学生需求和能力的前提下，进行独特的教学设计，组织高效的课堂活动，保证课堂40分钟的教学效率。

例如，史家小学准备开展"基于学习优势理论培养小学生基本学习能力的策略研究"①，提出"通过学科教学发挥学生的学习优势会促进其基本学习能力的发展"的假设，对①作为个体的学生具备哪种（或几种）学习优势；②小学生的基本学习能力包含哪些内容；③教师如何运用学习优势理论发挥班级优势和个体优势；④如何借助学习优势理论，在学科教学中培养小学生的基本学习能力等问题进行研究。希望通过研究，发现中小学生基本学习能力的构成体系；提出有助于学生"优势提升、弱势发展"的基本学习能力培养策略；提升教研能力，打造高效和谐课堂，为教师和学生可持续发展积蓄潜能。

第三，课堂上不仅关注学生的学习结果，更关注学生的学习方式以及学习体验。

在过去的课堂教学中，人们更多关注学习的结果，对学生的学习方式以及学习策略关注不够。史家小学充分重视学生在学习过程中的自身体验、实践操作、合作交流，为学生创设民主、安全、和谐的心理环境，树立"人人平等"的思想，培养"人人善问"的习惯，激发"人人求新"的欲望，提供"人人动手"的机会，给予"人人成长"的机会，尽可能多地给学生提供探索与交流的空间，使得学习过程真正成为学生在自己已有经验基础上的主动建构过程。而这个过程也更加符合现在小学生的心理特点。其中，合作学习是一种重要的学习方式。学生在进行同桌或者四人小组之间的互动交流时，能够相互学习，用众人的智慧来解决问题。在这个过程中，也同时学会了尊重，提高了人际交往能力。也正是对学生学习过程的关注。史家小学的课堂还原了学生的主体地位，让学生的能力和素质得到更多的提高，有利于学生创造力的培养。

关注学生学习兴趣、关注学生学习差异以及关注学生学习体验，都需要对学生的学习现状和学习需求有正确的认识。史家小学的老师通过调查，对学生学习现状和学习需求进行了认真细致的研究和分析，并对教学方法进行了调整和设计。例如，一位老师就通过调查分析，对数学教学进行了更为合理的设计。

---

① 本案例由史家小学陈凤伟老师提供，该项目计划到 2015 年 5 月结束。

第四，在课堂上关注学生的心理健康，培养学生更多的优秀品质。

健康的心理如同健康的身体一样，对于学生来说具有重要的意义，能够对他们个性的各方面，诸如学习和生活，产生积极的影响。

在学校，教师与学生长时间面对面接触，除了担任传统的"传道、授业、解惑"的角色外，教师还要做好学生的心理保健员，而且教师的心理健康状况会影响到学生的身心发展，所以教师要在教育教学中创造一种和谐温馨的气氛。创设和谐的情景包括营造和谐的物理环境以及和谐的人际关系。在师生协力合作融洽的人际氛围熏陶中，学生身心才能和谐健康地成长。和谐的师生关系可以使得教育收到事半功倍的效果，而建立良好的师生关系，需要教师对学生生活上关怀、学习上关心，爱护他们美好的心灵，给每个学生以应有的教育期望，并促使其转化为积极向上的学习动力。教师应该了解学生的心理特点：每个人都有别人对自己的认识和情感的理解和赞同、被鼓励、被爱、被认可、被倾听的需要；每个人都有一种证明自己能力的基本需要自信的需要；每个人都需要肯定自己的重要性和价值，即自尊的需要；每个人都需要一种对周围环境有所控制的感觉，即安全的需要。因此，任何时候都不应该伤害学生的自尊心和自信心。

课堂教学教育者需要格外保护好孩子自信心和自尊心。莎士比亚曾说："自信是走向成功的第一步，缺乏自信即其失败的原因。正如埃里克森所说，小学阶段的孩子们通过掌握新技巧、取得成绩赢得赞誉并获得他们日后进入成人世界所必须的信息，如果他们对自己做事的能力感到绝望，认为他们命中注定就是不合格的，那么他们就会产生自卑感，并进而形成对自己、对待他人的敌意。所以，教师要善于从小处入手，发现学生点滴的优势和长处，及时给予表扬。表扬是帮助学生树立自信的最有效的途径之一。埃里克森认为学龄期（6～12岁）的主要矛盾是勤奋对自卑的冲突。这一阶段的儿童都应在学校接受教育。学校是训练儿童适应社会、掌握今后生活所必需的知识和技能的地方。如果他们能顺利地完成学习课程，他们就会获得勤奋感，这使他们在今后的独立生活和承担工作任务中充满信心。反之，就会产生自卑。另外，如果儿童养成了过分看重自己的工作态度，而对其他方面木然处之，这种人的生活是可悲的。埃里克森说：如果他把工作当成他惟一的任务，把做什么工作看成是惟一的价值标准，那他就可能成为自己工作技能和老板们最驯服和最无思想的奴隶。当儿童的勤奋感大于自卑感时，他们就会获得有能力的品质。埃里克森说："能力是不受儿童自卑感削弱的，完成任务所需要的是自由操作的熟练技能和智慧。"

在课堂教学中，保护学生的自尊也非常重要。自尊是孩子自信心建立的基础，一个孩子只有尊重自己，才能够相信自己，并发挥出自我的优势和潜力。

第五，课堂上关注对学生的激励性评价，帮助学生体验成功。

学生是学习的主人，具有很强的能动性，内在的积极性也很高。教师不能只重视学生对问题的解决，而是要重视让学生去体验成功，所以教学过程中教师应重视激励性评价，让学生感觉到自信，体验到成功，也使得学生继续保持积极的学习兴趣，更加主动地参与到学习活动中。在此，通过一个语文课的课堂教学案例说明激励语言的魅力。

专栏1 教师给予学生激励性评价

从一堂语文课引起的思考

又是一个周一，很多教师感觉周一的课不好上。原因是大部分学生在周末两天还要上补习与兴趣班，难得休息；还有一部分没课的学生放松了两天后还玩心未尽，所以周一一来上学总感觉他们精神涣散。尽管教师讲得津津有味，但没几个学生专心听讲，课堂氛围很难和谐、融洽。我经常思考这样一个问题：当学生不听讲时，我们该怎么办？今天，一节平日的语文课解决了长期困扰我的问题。

今天，我和往常一样走入教室。"上课！""老—师—好！"师生问候语还是一如既往拖拉无力。唉！真想重来一遍，但我压住心中的不满，沉思半分钟后，在黑板上写下了今天要学的课题：《跨越百年的美丽》。"齐读课题！""跨—越—百—年—的—美—丽—"还是老样子。以往的经验提醒我，批评肯定无效。稍作思考，我诚恳地说："同学们读的声音响亮，读音很准！能读得干脆些吗？"很多同学对老师这种本应批评却大大赞赏的态度感到意外，但看到老师期盼的目光后，精神为之一振，不自觉挺起了胸，仰起了头，精神头十足。我心中一喜，奏效了。"跨越百年的美丽！""大家读得太棒了！"我由衷地为同学们精彩的齐读伸出大拇指。"读了课题后你有什么疑问吗？"只见一只只小手踊跃地举了起来，和往日的课堂明显不同。"这篇课文是写谁的？"小苏第一个发言。"你真是个会学习的学生！"我很为这个平时做事马虎的学生今天的表现而高兴。"课题中的美丽指什么？为什么是跨越百年的美丽？"哟！小王一口气提了这么多的问题。"你提的问题很有价值，老师真为你高兴！"我不失时机地表扬，只见他自信地冲周围的同学笑了笑。"什么样的美丽才能跨越百年？"小张这个平时不爱说话的同学可真是一问惊人。"你是个会钻研的学生，这一问，道出了课文真谛！"我摸着她的头，由衷地称赞。她腼腆地笑了笑，但我从她的微笑中看出她心中自豪、激动。此时，教室质疑气氛异常浓烈，学生学习积极性极度高涨，我趁热打铁："那同学们赶快打开书，读读课文，看看能否从文中找到答案。"同学们个个兴趣盎然，一边读书，一边圈画，一边不时同桌间交流、讨论，不到半节课，预想目标都完成了。没想到这节课的效果这样好，自己没费多少口舌，学生通过质疑、释疑轻松地完成了任务。难怪一个平时比较调皮的学生一下课竟说："这节课感觉真轻松！"

课后反思自己的行为，理清了以下一些想法。

以"学答为主"的教学方式和以"学问为主"的教学方式虽然只有一字之差，但表现出来的观念不同，课堂效率也不同。以往的课堂多体现教师一问，学生一答，学生围着教师转，这种方式束缚了学生思维，抑制了学生的学习兴趣。而"学问为主"的课堂方式主要体现在一个"问"上。本节课，始终以学生发问为主，然后通过生生自学、生生合作、师生合作完成任务，充分调动了学生主动探究的欲望，哪有学生不学之理。

要学会赏识学生。俗话说："十个人中，有九个爱听好的。"这里的好，也就是对其的肯定、表扬，当然我们的教育主体——学生更是不例外。以往像"读得真好！""你真是个聪明的学生！"这种激励性的语言只有在上公开课才会经常说。本节课中，我多以肯定、欣赏的语言来鼓励学生，其效果与以往就大不相同。由此可见，学会欣赏学生，对学生多一些信任的微笑，多一些激励的语言，学生就会更加自信、自强，不断地追求成功；学会欣赏学生，同时也会使自己高尚起来，心胸也开阔起来。既然教师肯定鼓励的力量这么大，那么作为人民教师的我们何不多多使用？

　　确切地说，课堂教学语言的作用不在于数量，而在于质量。关键在于是否恰如其分，是否发挥了"点睛"的作用。教师的语言不光是传递知识，对于小学生来说，教师的激励语言是他们学习兴趣的催化剂，是他们学习动力的桥梁，也是帮助他们养成良好习惯的纽带。鼓励的语言，生动的语言，恰当的语言，所体现的就是平等、尊重、民主、自由。让这些美好的人性种子在课堂上发育、生根、壮大吧。

二、实践活动释放孩子创新潜能

　　小学阶段的孩子好奇心最强烈，什么都想自己去尝试，什么都愿意动手去碰碰，但是有的孩子，由于身边的人在不断地告诉他，这个是危险的，那个是不能碰的，久而久之，他们的胆量越来越小，主动性越来越少，好奇心也随之消退。教育不仅是教授知识，其实也是教学生回归自己的本能——好奇与主动。

　　史家小学和谐教育通过丰富多彩、形式多样、开放创新的活动方式，让学生在实践中找到自己的兴趣点。此外，史家的老师认为"教育是70%的等待和30%的唤醒"。实践活动的教育作用就是在利用课堂、书本、学校之外的所有资源来唤醒学生还未被人发现的优点、特长、天赋和才能。课堂上，学生更多展现他们接受教育的能力；课堂外的实践活动则让学生充满了生命的活力。书本教育，学生更多显示他们在已有知识、技术、能力方面的水平；脱离书本的实践大课堂则让学生展现出他们的非智力方面的各种素质和品质，例如，关心、照顾他人的意识，团结合作的意识，想象创造的意识等等。在学校里，学生与老师和同学相处，没有体现与社会不同人群接触的能力；走出学校，才能看到不同的生命、生活和生存状态，使他们感到社会的丰富、生命的存在和自己的价值。

　　在小学阶段，实践能够拓宽学生的知识面和社会接触面，使学生更容易发现自己的兴趣点。在实践中，随时要处理各种意想不到的问题，让学生从接受教育一开始就学会面对问题、主动思考问题、积极解决问题，这些都能帮助学生提高他们的思维能力、动手能力，增强他们的自信心。在实践中，同学们学会了合作，学会了组织管理，学会了自我管理，为未来发展打下良好的基础。在实践中，同学们懂得了爱惜和分享，使自己的精神品质更加高尚。所有这些优秀品质的养成最终也能帮助学生在课堂上认真学习，向课本学习已有的经验和知识，更好地在学校学习各种课程和技术，实现和谐育人的目标。

（一）研究性学习

在史家小学的实践教育中，让学生从小就养成研究性学习的习惯，培养学生的创新能力。

创新能力多被人认为在大学去培养。"钱学森之问"对我国教育如何培养创新型人才进行了质问，引起全社会对拔尖创新人才培养的关注。国家在 2010 年颁布实施的《国家中长期教育改革和发展规划纲要》中特别指出："关心每个学生，促进每个学生主动地、生动活泼地发展，尊重教育规律和学生身心发展规律，为每个学生提供适合的教育。努力培养造就数以亿计的高素质劳动者、数以千万计的专门人才和一大批拔尖创新人才。"这个问题不仅是大学教育者要思考的问题，小学教育者更要重视，因为创新能力本是一个人天生具备的，越小的时候越要保护和促进创新能力的提高。史家小学充分发掘各种课程资源、社会资源、人力资源进行全面考虑，确定以求知计划课程为突破口，开展以"我为北京提建言"为主题等科技实践活动，使学生的创新能力得到了充分的体现。

求知计划课程是学校的特色校本课程，3～6 年级的学生每学期都会到学校的课程资源中心进行求知计划课程的学习。课程中心与学校信息课程相结合，确保了 3～4 年级将近 1400 名学生，每个学期参加求知计划课程的学习不少于 30 课时；5～6 年级将近 1200 名学生，每个学期上求知计划课程的时间均不少于 45 课时。因此，学生们较好地掌握了运用信息技术进行信息搜索、对数据进行处理和分析的能力，甚至可以将自己的科学研究做成小课件进行展示。这些都为学校开展以学生为主体的、自主探究性科技实践活动提供保证和基础。

科技实践活动的选题也由同学自己发现和选择。因为有社会生活方面的真实感受，很多问题学生经常提到，这些问题看上去稚嫩可笑，但往往又发人深思。面对学生提出的社会问题，学校引导学生展开深入的讨论和研究，鼓励学生对自己提出的问题进行更深一步的探索，并尝试用科学的方法进行解决。

2012 年 3 月的"我为北京提建言"活动启动，学校 3～6 年级 2600 多名学生在班主任老师的带领下开始了建言的征集活动。2013 年 9 月，活动小组的老师们收集到学生们提交的建言稿件共 2000 余份。活动领导小组的老师们对稿件进行了分类评选，选出了 765 份有效、科学、具有研究价值的学生建言，并为这些建言的小作者配备了相应的辅导老师，开始了一对一的辅导与小课题的研究。在历经了近几个月的研究之后，学生们在老师的辅导下重新修改了自己的建言，并重新提交。2013 年初，老师们对建言再次进行评选，将近 700 份建言推荐到北京市参加相关项目的评比，并且全部获奖，其中 50 篇学生建言在北京市中小学建言评比中脱颖而出，制成展板在全市进行了展示与宣传。同学们关心的问题十分丰富，例如：朝阳门交通的一点建议，对近视防治知识、态度、行为的调查，关于以污水处理厂剩余污泥为原料生产并推广渗水体转的建议，收集宠物粪便制成有机肥绿化社区的建议，通过改变井盖位置减少道路中行车时所产生的噪音，在下沉式立交桥安装积水警示拦阻装置，等等。

这些项目很多具有很高的实用价值，但项目本身的实用价值并不是评价活动的关键，因为这些实践活动本身，即学生参加实践活动的过程，就是最好的成果。更值得肯定的是，这些项目对学生的成长有不可替代的作用和影响。

①学生了解到学校求知计划培训课程的价值，更加喜欢学习求知计划课程。

②学生学会了利用信息技术进行自主探究式学习。

③培养了学生创新精神和实践能力，逐步建立科学思维能力。

④培养了学生善于批评、善于思考的独立思维能力。

⑤培养了学生的社会责任感，提升了公民意识和人文素养。

学生不仅观察社会、观察生活，自己发现问题，用自己学到的方法解决，提出行之有效的建议或建言，而且在对自己的成果进行展示时，每一个学生都充满自信，他们用流畅的语言向与会者进行讲解和介绍，此时学生的学习已经由被动变成了主动。在这个过程中，学生们经历了严谨的科学研究过程，懂得了认真的科学研究态度，获得了巨大的成功喜悦。

科技实践活动不仅让学生和科研之间的关系更加紧密，也让学生和社会之间的关系更加紧密。在对动物粪便进行合理利用的实践活动中，同学们要先在自己家所在的社区进行实验工作，则需要前往街道办事处与工作人员沟通以获得支持。面对部分社区居民的不理解甚至是对活动和同学的排斥，同学的沟通能力得到锻炼。同时，活动与社会公益活动相结合，引导学生利用科学的方法来做公益的事情，将科技知识、科学研究方法、科学精神培养与学生的生活实际相结合，让学生切实感受到科学研究为社会服务的属性。

在走进社区的活动中，学生们面对着形形色色的人群，有些人对学生们的行动表示支持和鼓励，但也有一些人对学生表示拒绝和排斥。学生们从小生活在父母、老师为他们建筑的"温室"中，很少受到这样当面的拒绝和排斥。尤其是当他们怀着一颗为他人服务的心、为社会服务的心去进行活动的时候，遭到拒绝是他们在自己的生活中从来没有遇到的问题。他们委屈伤心，觉得为什么大人们不能理解，为大家好为什么还要受到质疑和批评。这样的挫折是学生们从来没有经历过的，然而这样的经历可能会在今后生活和工作遇到。为此，老师为学生进行心理疏导，组织学生参加义工培训，帮助学生们解决发生在身边的实际问题，慢慢地让他们知道如何处理复杂的人际关系，学会怎样与他人进行沟通，明白如何做才能让自己的计划和想法得实现。

科技实践活动也让学生的品质得到培养。

第一是培养合作精神。从小具备合作意识，才能在将来的工作中集众人的聪明智慧造就辉煌的成就。活动中，同学根据自己的特点分工明确、各尽其职。例如，在屋顶绿化项目中，有的小组的任务是去各办公楼层收集废水，然后运到顶层交给负责过滤的同学；过滤后，负责测量的同学就得测量并记录数据；第二天早晨，负责浇灌的同学去顶层灌溉野草。整个过程需要各个小组的配合才能顺利完成。同学之间合作默契，对集体主义有了实际的理解。

第二是锻炼毅力。同学要坚持每天去各楼层办公室收集废水，七个废水收集桶要拎到顶层，并且要过滤后倒入自制的"量桶"，之后把废水收集桶放回各楼层办公室。第二天早晨到学校后，就去顶层用前一天的中水浇灌野草，然后再收集当天的中水。对于小学生来讲，这样做一天还可以，但是长期坚持下来真需要一定的毅力。活动让同学知道坚持能够获得成功。

第三是建立时间观念。刚开始收集中水时，同学们的速度总是很慢，效率低，花费了很长时间。经过班主任的督导，同学们树立了时间观念，每天会限定时间做该做的事，比如中午收集废水用时多久，过滤及测量水量用时多久等。学生渐渐地树立了时间意识，知道时间观念是集体合作的基础，不然集体的效率会受到损失。

第四是养成坚韧与奉献的意识。学生从小草在楼顶恶劣的环境中生存学到了生命的顽强。不管身处的环境有多恶劣，它都不屈不挠、永不放弃。在没有土壤的地方，也能深深地扎根在恶劣的环境中，坚强地活着。同学们知道，只要拥有小草一样坚韧的意志，就能把一些在别人看起来不可能做成的事情做成功，而且做得非常精彩。

第五是学会关注生命。小草也是有生命的，当同学们发现自己用心浇灌的小草生长得越来越好时很兴奋。有的同学看到小草会想到屋顶的野草微小平凡，但它们对我们整个城市绿化发挥了作用。伟大正寓于平凡之中，平凡的我们一样能高扬精神的风帆。这些认识让同学对生命更加尊重。

以上这些说明，虽然仅仅只是科学实践活动，但活动更多留给学生的是做人的道理，是适应社会的方法，是学生心中责任的种子。

（二）红领巾电视台

1979 年，史家小学就建成了全国第一个红领巾电视台。同学们自己记录丰富多彩的校园生活，自己制作电视节目，同时也自己把这些节目内容向全校进行播放。2012 年，学校大力建设红领巾电视台，不仅使红领巾电视台在环境和设备上更加完善，而且形成了包括集纸类（新闻纸杂志）、声音类（电台广播）、视频类（电视、电影）、现代网络类（电脑视频）为一体的史家传媒。

学生可以在节目播出时按照录播和直播等不同形式分层使用。录播时，学生一边主持节目，一边操作电脑播放前期录制、编辑好的视频。直播时，由三名学生使用演播台，两名学生作为主持人，另一名学生使用索尼 G500 控制三台云台摄像机，并利用提词器提示节目内容。节目播出时，可以根据需要使用大型特技机直播多路信号将节目分别转播到礼堂、演播厅、采编室等地。同时前段采用 HD—SDI 形式传输，转播采用 HDMI 信号通过专网到学校各个班级中，实现高清校园（720P）。各个栏目组精心准备的节目用高清信号传到各班的同时就生成了视频资料，并由同学自己将资料进行归类、整理和存档。

史家传媒的管理机制和运营模式是让同学真正担任实际的工作。大队长担任红领巾电视台台长，下设各栏目组小导演。传媒小组成员每周都要定期培训。小主持人、小编导、小记者、小摄像师、小导播各司其职，活跃在校园节目中。每天中午都会准时为同学们奉上不同类型的精彩节目。从《校园小拍客》到《红领巾专访》，从《阳光公益》到《青苹果之家》，还有《史家传媒人》、《英语天地》、《国际礼仪我知道》等固定栏目的播出，培养了一批又一批全面发展的史小传媒人。《红领巾专访》栏目更是采访了众多社会知名人士，如濮存昕、卢勤、杨澜、倪萍、闫妮、马未都、孙云晓、杨红樱、金龟子、苏叔阳、姚明、林丹、小鹿姐姐、哆来咪……真是数不胜数，足以看出史家传媒的影响力和号召力。

同学们通过在史家传媒的锻炼，很多已经成为现在活跃在大众荧屏的媒体人。比如，中央电视台著名主持人李小萌、北京人民艺术剧院著名导演唐晔，都曾是红领巾电视台台长。近几年还为 CCTV 少儿频道《大风车》和《新闻袋袋裤》栏目输送了高文竹、张颖乔、王晋桢、杨月、聂永洋等小主持人。此外，更多的同学因为参与了史家传媒的活动，对此产生了浓厚兴趣，现正在中国传媒大学学习深造，准备将来从事传媒工作。

电视台通过活动使同学们拓展视野、增长见识、培养能力、塑造优秀品格。现在电视台每学期都要在校园中进行 80 余次直播，有 500 余名队员直接参与，3000 多名同学受益。在六年级传媒课题的助力下，学校里更多的同学们对传媒活动产生了浓厚兴趣，树立了信心，锻炼了能力，留下了美好的童年记忆。

（三）公益活动

先看几个史家小学的同学们所做的一些公益活动。

2013 年 11 月，史家小学二年级 9 班同学在老师和家长的带领下，带着自己心爱的衣服、玩具、书籍和文具来到了北京市海淀区聋儿康复中心看望这里的小朋友。康复中心的孩子大部分是聋哑儿童，在接受人工耳窝等听觉恢复治疗后来这里接受语言恢复训练，一部分孩子可以恢复比较清晰的语言表达能力。史家学生和残疾孩子一起表演节目，做古诗接龙游戏，学习手语，共同分享了家长亲自烘焙的蛋糕和饼干。

2013 年 11 月，史家小学一年级 14 班在老师带领下，来到了群山环抱中的昌平区福利院，给这里的孤残儿童送去温暖。福利院几十名孩子，绝大多数都患有一种甚至几种疾病——先天性心脏病、癫痫病、脑瘫、兔唇，他们缺少正常的家庭环境，仅靠为数有限的工作人员苦苦撑起一个大家庭，他们的身心成长仍远不能和同龄的正常孩子相比，他们不仅需要物质资助，更需要精神关爱。耳闻目睹孤残儿童的种种不幸，同学们更加用心地去为他们做每一件事情，很快地和他们相融互动，陪他们玩耍，同他们交流。同学们提前精心制作的小卡片，也让那里的孩子们喜笑颜开。

2014 年 4 月，史家小学一年级 12 班的 40 多名同学在老师带领下，和家长们一起来到燕京小天鹅公益打工子弟学校（以下简称小天鹅学校）进行微善活动。小天鹅学校地处北京海淀区和昌平区城乡接合部，是一所打工子弟学校。该校大部分学生普遍缺少父母的照顾，学习辅导更是空白，但是这些学生依然坚持学习，更为可贵的是，他们单纯、善良、热情，能吃苦，懂谦让。史家小学为小天鹅学校捐助了学生们用平时积攒下来的零花钱购买的文体用品，包括 300 多本精心挑选的图书、40 多个爱心书包和一些体育用品。此外，随同这些爱心物品一同奉上的还有同学们满怀深情地书写的爱心卡片。一张张贺卡不仅表达了对小天鹅学校同学们的祝福，也寄托了希望跟他们交朋友共同成长、共同进步的愿望。

2014 年 5 月，阳光公益社组织六年级同学开展"捐一本图书，圆一个梦想"为河北涿鹿卧佛寺中心小学捐书活动。这项传统活动已经坚持了四年，每年六年级同学都会将小学的图书捐给卧佛寺中心小学，帮助那里的孩子建立了 12 个"阳光爱心图书角"。这一年六年级毕业生共捐助图书 1700 多本，许多同学拿出自己的零用钱购买了新书，并写下了很多寄语鼓励山区的小朋友。六年级董思奇同学写道："一本好书不仅可以给你带来知识，还可以为你的世界打开一扇窗，让我们一起来享受阅读的快乐吧！"

2010 年 5 月 31 日，史家小学"阳光公益社团"成立，这是中国第一个由民政部认定的小学生公益社团。中国社会工作协会颁发"阳光公益社团"铜牌，并勉励同学们继续发扬乐于助人的精神，增强社会责任感。阳光公益社是学校少先队员们奉献爱心的舞台，是只要有爱心没任何门槛的学生社团，是和谐教育的成果和缩影。社团积极探索自主管理模式，开展系列阳光公益活动，加强公益文化建设。公益社分为教师团和学生团。为了更好地发挥和锻炼学生自主管理和自我教育的力量，学生社团由学生社长领导，设有副社长，他们是各项活动的发起者、组织者和负责人。下设学生秘书处团队，其中包括学生秘书长、副秘书长，负责协助社长开展好公益社组织建设、日常工作及各项公益活动。

学生团的中层小干部是由年级段理事和理事组成的。年级段理事的主要任务是管理低中高三个年级段，各段由 28 个中队组成，均设有理事，同时针对学校特点设有住宿部理事和网管理事。理事负责协助各年级段理事管理各中队的社员，执行公益社决议，开展公益活动。而每一名社员都有机会从一名普通社员，逐渐成长为明星志愿者、理事、年级段理事、副社长、学生社长。

公益社运行模式包括宣传模式、招募模式、活动模式、文件档案管理等。阳光公益社通过少代会、红领巾电视台等方式进行宣传；通过网上招募、网络报名，吸收有爱心的社员；通过开展公益培训会和公益活动进行社员考核，并颁发志愿者成长手册；通过队员自主发现身边力所能及的服务项目，号召本中队其他队员，以小队或中队为单位坚持开展固定的公益活动，建立微善行动中队，集体加入阳光公益社；通过学生干部队伍对社员和微善中队进行规范管理。

公益社每学年都按照《阳光公益社活动计划》，在学校里、社区中和社会上开展许多公益活动。社员们走访敬老院、孤儿院，到社区送温暖、做绿化，举办"阳光公益伴我成长"演讲比赛，开展像"节省一元零用钱，认捐一本好字典"、"我是小小志愿讲解员"、"向雷锋一样奉献温暖"、"共建美丽社区"、"阳光温暖脑瘫孤儿"、"爱心图书漂流"等有一定影响力的公益活动。

专栏2

学会珍惜、分享

——阳光公益温暖雪域神山

2014年初，阳光公益社六1、六3、六12微善中队开展了一次联合中队活动课，主题是"阳光公益温暖雪域神山"。在中队辅导员们的带领下，三个中队的队员们为西藏神山贫困地区的留守儿童送去了心灵上的温暖和急需的学习用品、文体用品。三个中队的"红领巾"对这次公益活动热情极高。队员们上网查找有关西藏神山的资料，集体观看了CCTV报道西藏神山的视频。在视频中，大家了解到西藏神山的小朋友生活十分贫困，并且多数是留守儿童，父母在外打工，一年最多见父母两次，还有一小部分是孤儿。看到这里，队员们都有些心酸，觉得小伙伴们十分可怜。西藏的小朋友不仅没有合身的衣服，甚至没有鞋穿，他们常年赤着脚走在地上。当看到他们那迷茫的眼神时，大家的心也为之一颤。队员们齐动员，还带动了家长和周边的人。短短两三天，就募集到了许多的必需品。大家还觉得不仅要给他们物质上的资助，更要在精神上鼓励他们，心灵上安慰他们。队员们纷纷给西藏的小伙伴写了信，和他们一起憧憬美好的未来。

（四）更多类型的社会实践活动

史家小学的社会实践活动丰富多彩。随着课程资源不断丰富，学生的社会实践活动也随之丰富。这些丰富的社会实践活动让同学们更加热爱自然、热爱科学，极大地激发了同学们的学习热情和积极性。

同学们来到北京顺义七彩蝶园开展蓝天博览活动。七彩蝶生态园是亚洲最大的活体蝴蝶观赏园，一年四季蝴蝶纷飞，景色优美。同学们先来到蝴蝶谷，欣赏了温室里上万只彩蝶翩翩起舞，体验与蝶共舞的奇妙感觉。

接着参观了蝶宝宝之家，近距离地观察了蝴蝶宝宝的成长过程。通过导游讲解和自己亲眼观看，同学们体验到了无限乐趣。

同学们来到世界花卉大观园开展实践活动。世界花卉大观园景观由七大温室和十五个花园广场组成。各温室内的植物千奇百怪、花团锦簇。室外景观有各具特色的花园、广场及异国风情建筑，让世界花卉文化和精美的园林艺术在这里交相辉映，巧妙和谐地融合在一起。学生们在这里亲近自然，欣赏花草，参观科技组培育苗，了解花卉生产的全过程，增长知识，愉悦身心。

史家书院带领同学们参观了位于通州台湖的青年砚台雕刻大师王耀老师的工作室。最令学生们兴奋不已的是进入到砚台的制作作坊中，观看雕刻师傅们的操作过程。制作老师细心地为学生们一一介绍制砚的重要工序，并让师傅加以演示，使学生们在初步了解砚台的起源、发展的相关知识基础上，进一步深入了解砚台从石到砚的精彩过程。这使同学们更加了解了中国传统文化。

同学们来到自来水博物馆参观，参加"自来水科普大讲堂"活动。在参观自来水博物馆的时候，同学们在历史区学到了很多平时很少接触到的、不知道的历史知识。比如：20 世纪 30 年代初，供水开始使用电力设备，配水机取代了蒸汽机；早期供水是由蒸汽机带动水泵，将水抽到水塔上，等等。同学们知道，北京的自来水原来也有这么长的历史了，更加认识到每一滴水来之不易，要经过加药、过滤、沉淀等繁复的过程才从水龙头里流出，要珍惜用水。

史家小学还让同学们接触到最新的高科技。史家小学是北京市第一家组织 3D 打印课外活动的小学。初期，在老师的指导下，学生们可以打印各种他们喜爱的 3D 模型，卡通人物、小动物、组装件、生活用品等。在熟悉打印软件和 3D 打印机的操作技能后，他们可以通过模块型 3D 设计软件，以搭积木的方式，将自己的想象变为现实。史家小学科技馆馆长张培华先生指出："这项活动将有助于小学生了解、学习和掌握前沿科技，激发他们对未知领域的好奇心和求知欲，从小培养他们的创新精神和实践能力，这将有益于他们的成长和终生的发展。"

史家小学注重从学生兴趣出发开展教学科学实践，例如天文社经常组织同学们开展天文观测活动。为观测太阳，天文社成员——马溪隆、王一舟和王荣恺三位同学提前来到阳光广场组织调试设备，发挥了骨干作用。尽管天气不好，太阳始终被云层遮挡，但是通过望远镜，还能够看到太阳的"真面目"。在老师的带领下，同学们来到阳光广场排成一队，依次轮流观看，几位天文社的成员承担起了管理和组织工作。马溪隆、王一舟负责技术，张锡川、盖奕霖负责组织，王荣恺、宋佳原负责记录。虽然几十人面对一套设备，但是活动秩序井然。利用学校的太阳观测专用望远镜，很多同学第一次看到了日珥。在成功目视观测后，同学们又进行了拍摄，照片中的日珥清晰可见，其中最大的比地球的直径还要大很多。这样的活动让大家非常兴奋，极大地激发了同学们热爱科学、热爱学习的热情。

史家小学还持续开展"走进博物馆"活动。2013 年 9 月 16 日，国家博物馆与史家小学合作，开设《漫步国博——史家课程》，将博物馆资源开发成学校课程，将国博课程规范化、系列化。在国家博物馆，同学们遨游在"汉字的王国"、感受"青花的魅力"、探究"俑的前世今生"、追寻"中美外交历史"，感受博物馆实物教材带给学生的特殊教育效果。

三、多彩文化滋养孩子美丽心灵

学生的成长离不开各种环境。通常情况下，成长环境也可称之为教育环境，不仅有硬件条件所构成的环境要素，还有软件条件所构成的环境要素。学校教学楼、教室、实验室、图书馆等教育场所是硬件条件，也是人们从表面看到的最直观的教育环境。但是，仅仅有这些硬件条件，而缺少由人的精神所构成的软件环境，针对学生的教育也无法实现。硬件和软件共同形成一种文化氛围，对学生具有潜移默化的作用。

校园的文化环境有些是有表面形式的，例如学校的规章制度、环境布置等。而有些文化环境是从老师学生思想内部升华出来的，例如，老师的精神状态、学生的精神状态、班级的精神状态。有形的文化环境对学生的影响往往并不具有约束力，只有和无形的精神状态相联系，文化环境才能深入人心，使人的行为成为自觉行为。

（一）营造环境文化

1. 校园环境文化

史家小学致力于"绿色校园、科技校园、艺术校园"建设，综合布设了集团数字化系统、功能强大的能源系统、科技馆、体育馆、游泳馆、乒乓球馆、校史展厅、美术展厅、书法廊、工艺廊、音乐廊、阳光广场、礼堂及各种专业教室。

为了让史家课堂教学与学生自主发展更加和谐地联系起来，史家人还精心搭建了"科学与人文联袂、历史与未来贯通"的五大资源基地："史家书院"、"健康人格基地"、"史家传媒中心"、"课程资源中心"和"史家科技馆"。五大资源基地的构建，极大丰富了学生的文化生活，提升了校园的文化内涵。

在史家小学高年级部校区，校园中部有一个人造盆地，史家人把这个聚宝盆称为"阳光广场"。阳光广场，这个名字是蕴含深意的。史家小学高部毗邻寸土寸金的朝内大街，土地资源非常有限。因此，整个校园立体布局，既有楼顶操场，又有地下场馆。阳光广场就是一个低于地平面七米的大盆地，太阳东升西落，长年整日照耀。可以说，史家人运用自己的智慧延长了七彩阳光！"阳光广场"使校园充满和谐的气氛。

学校不仅创造出良好的硬件条件，而且在制度建设上也营造出鲜明的史家文化特点。史家人着眼于教育的全过程，逐步形成了渐近分化却综合贯通的一系列学校管理制度。具体包括：教研活动、教学设计、学生作业的具体规定；教师专业自主发展机制；学生健全人格评价方式；校本课程的创新体系；课堂教学的实践模式和评价标准等等。2010 年 7 月，学校开始起草《史家小学章程草案》。学校章程统领各项管理制度，特别是基于校务会议制度、教职工代表大会制度、少代会制度、家委会制度等一系列依法办学、校长负责、民主监督、家校合作、社区合作的重要规章，形成了一个以"让优秀成为习惯"为聚焦点的制度体系，有力提升了全校师生的发展力、凝聚力、参与力、胜任力、幸福力。学校在制度建设中突出文化主题，在文化建设中彰显制度属性，使史家文化在一条科学、规范、高效的轨道上快速前行。

2. 班级环境文化

班级的文化环境对于学生的熏陶是潜移默化的，对培养学生的思想品德、道德情操起着至关重要的作用。班级文化是一门潜在的课程，它具有无形的教育力量，往往会起到"随风潜入夜，润物细无声"的作用，带给学生的是清新愉悦、自由、和谐。它不仅使学生在更为广泛的时间、空间上了解社会、理解人生，而且为学生提供情感上的寄托，又无时无刻不在净化着学生的心灵。

教室不仅是学生学习的地方，更是学生生活的地方。对其进行优化和美化，使其成为无声的教育资源，能激发和触动学生的心灵。

专栏3

无声胜有声
——班级的环境文化建设

教室是学生的"家"。发动学生参与教室的布置，能在无形中强化学生的主人翁意识。如把教室墙壁划块分割，分别承包给不同的小队去完成。有的是确定布置的主题在班里征集具体的方案，从设计采购到制作张贴都发动学生广泛参与，使学生的能力得到锻炼，团队意识得以加强。当孩子们提出要养一些小动物时，老师同意孩子们这么做。孩子们从家里拿来了小螃蟹、小鱼和小乌龟，这些小动物给孩子们带来很多欢乐。课间大家都和小动物去说说话，中午想着给小动物们喂点吃的，放学前想着给小动物们换换水。这些小动物给孩子们的生活增添不少了色彩。

在教室外的展示区悬挂着名言条幅"书山有路勤为径，学海无涯苦作舟"，教室后面墙壁上悬挂着"宝剑锋从磨砺出，梅花香自苦寒来"等名言名句，而且这两幅字都是由学生书写的，既营造了学习的氛围，又体现出孩子的才艺，并达到以此来激励同学们不断拼搏、进取的目的。

考虑到学生的特点即有强烈的表现欲，利用文化墙的展示区，创立了"我阅读我快乐"的读书卡展示。从二年级开始，我们就鼓励孩子们看课外书。二年级时对课外书没有什么要求，只要有一本自己喜欢的书就行，在写完作业后可以读一读。三年级时对课外书有了要求，不能是画书，得是字书，而且还要求孩子们在读完书后填写一张读书卡，比如你读的书的书名、总页数、你最喜欢谁、你从中懂得了什么等等。填写好之后要对读书卡进行装饰，然后会把孩子们做的读书卡贴在展示区内。那么其他孩子看到了这些书籍的"读书卡"，就可以根据"读书卡"来选择自己想看的书。这样既展示了自己的读书成果，又和其他孩子们进行了读书心得的交流，班里的图书借阅活动也开展起来了。随着读课外书等一系列活动的开展，再结合学校的"经典诵读"，孩子们的眼界逐渐打开了，浮躁、打闹的情况被踏实、有礼的行为取代。要不古人说"知书达理"呢，只有"知书"才能"达理"。

教室虽小，可它处处有宝，关键还要看如何利用。如果能使班级的各种物化的东西都体现班级的个性，都给学生一种高尚的文化享受和催人发奋向上的感觉，那么班级文化也就如一位沉默而有风范的老师一样，起着无声胜有声的教育作用。孩子的世界是充满阳光的，这就更需要我们通过各种途径帮助孩子们认识自己、认识世界、建立自信。通过班级环境文化的建设，让每个学生置身于深厚的具有个性化的班级文化氛围中，给人一种精神上的振奋。

（二）建设精神文化

1. 加强品德教育

班主任是班级学生主要的组织者和教育者，加强德育队伍建设首先要提高班主任的专业化水平。史家十分重视教师在德育工作中的地位，通过提高班主任的专业水平，将德育工作内化成班主任的具体行动，体现在日常教育工作的点点滴滴、方方面面。例如，指导班主任利用开展有针对性、有教育实效性的主题班会，拓展学生的学习生活，以此开阔眼界、增长见识、塑造品德。

此外，史家深知习惯养成对孩子终身的影响，强调要从小培养学生的规则意识。在史家小学每一年龄阶段，对于习惯养成都不同的要求和培养方向，既关注细节、关注日常，又关注孩子的生活与成长需求。通过设定主题教育活动月，每个月设定一个主题开展实践活动，使每个学生在校内懂规则、守规则，处处有规则意识，同时培养学生良好的一日在校生活习惯。

除了规则意识的培养外，史家也重视学生公益精神的弘扬与培育，鼓励学生帮扶弱势群体，关爱热心社会公益，将品德教育融入社会公益活动中。

2. 重视仪式的作用

在班级文化建设中，小小仪式对学生有很大的激励作用。虽然班级的仪式只有几十个同学参加，但仪式所营造出的氛围让同学们的自尊和自信得到体现。为了这份荣誉，为了能让自己配得上享受这种仪式，同学们在心里其实就给自己定下了契约，要让自己的言行符合大家的期望，要让自己的行为得到大家的认可。

专栏4

收获期许和信任　绽放勇气与热忱

今天是第十一周的周一。今天下午，我们在班里召开了《收获期许和信任·绽放勇气与热忱》小班会，新一届班委会宣布诞生。

伴随着学校少代会的举行，班里小队长的选举提上了日程。今天，我们共有20名同学自主申请参加小队长的票选评议。经过同学票选、票送环节，我们班新的小队委产生了。

新产生的小队委站在大家的面前，班级中队委为他们带上小队委符号。接着，同学代表又为中队委们佩戴符号：红红的两道杠。

红红的一道杠、两道杠，是同学们的一种托付，也是同学们的一种期待。同学的信任、鼓励、期待就意味着模范作用和责任。

新一届班委集体合影，老师希望大家同心协力，用自己的童心好好地热爱班级这个大家庭，每一个人都是班级的主人公，要为自己的班集体添砖加瓦，不懈努力！

3. 运用讨论的力量

班级文化建设，有时需要老师利用适当的机会或者创造机会，引导学生自发讨论"遇到问题该如何解决"。引导同学们自己对问题进行剖析、讨论，使同学对这个问题依靠班级讨论自发形成共识，最终达到良好的教育目的。

（三）打造团队文化

少先队组织是少先队员自己的组织，应充分发挥少先队员们的主动性、创造性参与学校管理、班级管理和红领巾社团管理，形成"社团的事大家管，自己的事自己管"的氛围，通过民主选举、自主管理、自主活动等手段来促进自主体系的形成，以此有效提高队员们的自主意识，增强责任心，激励队员奋发向上。

史家小学有少先队中队 70 个、少先队员 3095 人、大队委 56 人、中队委 630 人，可谓组织壮大、兵多将广。虽然人数多，但和谐教育就是要让每个学生都能得到成长机会，都能享受到在这里的健康快乐，都能圆梦史家！

自主管理从少代会的召开、大队委员会成立开始。大队每年都要隆重召开少先队员代表大会，收到 100 多份来自各中队的少先队员提案。队员们与校长、书记和行政领导们一起为和谐校园建言献策，体现了组织的关怀，充分发挥了少先队员作为学校小主人的作用。

"红领巾学校"每周都要召开大队委例会，学习、研讨组织精神，商议学校和公益社的各种活动，完成各项重要任务，体现了少先队组织的先进性和民主性。在大队和德育处的带领下，各中队组织开展形式多样的班队会教育活动和公益活动。队员们在校园和各中队中，做出自己喜欢的红领巾宣传栏和红领巾队角等文化阵地，供大家利用课余时间进行参观、阅览和学习。

"少先队自主管理体系"的目的是建立和谐的人际关系，营造互学共进的学习氛围，充分调动学生的学习积极性和创造性，在实践活动中培养队员的社会交际能力，锻炼领导组织才能，表达表演能力，挖掘和发展了少年儿童的想象力和创造力，最大限度地发挥和挖掘学生们的聪明才智，塑造完美人格。少先队活动依托各种自主管理的红领巾社团开展，有阳光公益社、红领巾电视台、红领巾通讯社、男女国旗班、小书虫俱乐部等。

（四）走进经典文化

小学阶段（6～12岁）正处在个体人格形成的关键时期。在这个时期，对学生进行国学伦理教育，在人的一生中有非常深远的意义。这一时期，学生接触最具智慧和价值的经典，会在幼小心灵中产生润物无声、潜移默化的效果，从而培养仁义、敦厚和高尚的人格，开启未来创新思维的火花，奠定一生高远的智慧和优秀的人格基础，使学生更具文化气质。

在史家，老师带领学生或利用每天早晨5分钟，或利用语文课、课间、午间活动时间以及每周一节课的时间，进行"书香史家、书声琅琅"经典诵读。同时，还充分利用黑板报、手抄报等形式展示经典佳句，在班级中营造诵读的氛围，让同学们陶冶情操，耳濡目染中华优秀传统文化，使国学经典诵背和阅读课外书籍活动成为学生课外生活的一件乐事。

在诵读经典的过程中，学生们陶冶了性情、开启了智慧。老师鼓励学生创作出许多精彩的童谣，下面就是两位五年级学生在老师指导下创作的童谣。

千年历史中国梦

尚楷博

中国历史悠久长，夏商西周开中华；

秦皇统一功劳大，汉代造纸人人夸；

三国纷争英雄霸，盛唐王朝雄天下；

岳飞精忠宋国报，金戈铁马元疆大；

郑和西行国威扬，康乾盛世真发达；

革命推翻君王制，解放建立新国家；

神十上天创奇迹，蛟龙潜海勇气佳；

祖国山河多壮丽，古韵东城美如画；

好好学习齐进发，实现梦想兴华夏！

颂祖国

彭静瑶

中华人民共和国，幅员辽阔似公鸡。

山清水秀景观多，地大物博多美丽。

崇山峻岭气磅礴，江河湖海漾清波。

草原碧绿牛羊欢，稻谷金黄果实硕。

南海碧波时怒吼，北国白雪纷纷落。

历史辉煌五千年，华夏民族人杰多。

女娲补天惊天地，仓颉造字泣鬼神。

老子谆谆传教诲，孔子劝学编春秋。

嬴政统一六诸侯，润之建立新中国。

前辈开基历艰险，后代守成不畏难！

（五）感受史家文化

　　学校文化给人的影响是深远的，很多在校的学生因为没有比较还难以产生较深的感受，只有离开现在的文化环境，才能让人感受到它的力量。而学校文化育人的成功，则体现在当学生离开学校文化环境之后，面对其他文化所产生的影响，当初的学校文化还牢牢影响着自己的行为，说明这种文化的影响力是伟大的，也是成功的。很多人都难以想起小学对自己有多大的影响、有哪些影响，而史家的魅力在于当很多年过去甚至当学生白发苍苍的时候，他们还能想起小学时候的自己、小学时候的老师、小学时候的同学。

　　2011年10月24日清晨，阳光跃动在史家小学的校园里。在庄严神圣的升国旗仪式上，全体史家师生接受了一份来自2010届毕业生任惠泽的爱心捐款——她刚刚在人大附中获得的5000元助学奖金。曾经是史家小学阳光公益社理事的任惠泽同学，今天成为一名光荣的升旗手，让爱心与国旗在她的母校一同升起。在"国旗下的讲话"中，小惠泽深情地告诉老师和同学："忘不了一次次爱心捐款，忘不了一次次义卖活动，忘不了阳光公益社组织的一次次活动，探望盲童、看望孤寡老人……在这种氛围中长大的我，渴望有一天自己有能力时去帮助更多的人，因为'给予'是世界上最幸福、最快乐的事情。"小惠泽的幸福快乐深深地感染了史家小学的全体师生。任惠泽同学将奖学金捐给母校"阳光公益社",作为公益社的活动基金。这是史家小学和谐教育、公益活动开出的美丽花朵,也会使更多的史家学生树立回报社会的崇高理想,从小培植造福人民的公益力量,长大后真正成为一个有益于国家的"和谐的人"。

在史家文化的涵育滋养下,学生、教师、学校的发展同频共振、齐步并进。"勤勉、文雅、活泼、奋进"八个字不仅是校训,也是学生成长的内在属性和外在向度。史家学生频频在课程学习中力求学业成就,频频在课外活动中力行阳光公益,频频在各类比赛中力夺奖牌名次,频频在和谐教育中力证健康成长。可以说,"品行端庄的文化人形象"不仅是史家师表,也是教师修养的内在规定和外在规范。"面向和谐世界的中国教育典范"不仅是办学目标,也是史家的教育自信和文化自觉。

第三节 综合多样课程激发学生自主创新

培养和谐的人,课程建设是载体。"未来就在我们身边",这是史家一以贯之的课程建设观念。在史家人看来,教育不局限于知识的传承与教授,更重要的为学生后续发展夯实基础,发掘学生自主发展的潜能。经过科学的课程规划和建设,史家小学以丰富的课程为媒介,既完成了对学生知识体系的构建,又激发了学生自主学习和终身发展的潜力,充分发挥了课程的整体教育效应。

一、丰富课程是培养学生自主学习能力的重要载体

自主学习是当今教育研究的一个重要课题,不同的研究者因其理论立场和视角不同而理解各异。我国学者庞维国认为,如果学生本人对学习的各个方面都能自觉地做出选择和控制,其学习就是充分自主的。小学阶段是学生性格养成和能力培养的关键阶段,自主学习能力的培养对于学生自

我教育、自我管理、自我发展起到了至关重要的作用。而培养学生的自主学习能力，就要引导学生在学习动机的自我驱动下，自己选择学习内容，自主调节学习策略，自我规划和管理学习时间，并针对自身的学习结果作出判断和评价。在这个过程中，学生根据自己的兴趣自主选择学习内容是开展自主学习的基础，而丰富的课程则为其选择提供了充分的条件。

　　课程建设能否适应教育改革的发展、能否促进学生的发展，需要正确、合理的课程观的指导。课程观关系着课程设计与实施，影响着学生发展。可以说，课程观是一个学校教育哲学的重要组成，是学校办学理念的具体体现。而课程的开发与实施是一种价值选择和价值创造的过程。学校课程建构没有一定的价值取向，便会导致课程内容的混乱与无序。英国学者斯宾塞在《教育论》一书中提出了"什么知识最有价值"的问题，从而引发了人们对课程价值取向的争论。当前，我国学校的课程状态往往在两种价值观中摇摆：课程服务于儿童未来的成人生活还是现实的学习生活，是强调理性知识的价值还是强调儿童的现实经验。对于这个问题的不同答案，就反映了不同的课程观。第一种课程观面向儿童的未来成人生活，是一种以知识为中心的课程观，即把课程视为"学科"或"知识"，以知识的传授作为课程的中心目的。第二种课程观面向儿童的现实生活，是一种以学生为中心的课程观，这种课程观视课程为"活动"，认为课程是促进学生自我实现的手段，强调活动在课程学习中的重要性，从人的本性出发，强调以人的内在天性为中心来组织课程。

　　史家在实践中不断总结摸索出来的课程建设观念为：未来就在我们身边。在史家人看来，课程的设置应在基于儿童现实生活的基础上，为儿童的未来生活做充分准备。史家试图通过和谐的课程设置，实现理性知识和个体经验的融合，让学生感受和体验生活，培养学生掌握未来的能力和能够选择未来的力量，给他们注入成长的基因，用和谐奠基生命的底色。

　　在和谐的课程建设理念的指导下，史家人立足于基础教育的"基础性"价值，即课程对于学生的生存、生活和生命发展的重要奠基作用，提出"教育要让学生掌握生存的能力，端正生活的态度，促使生命的完善"，并在此基础上明晰了学校课程价值取向的三个层次：课程价值的生存层次、生活层次和生命层次。通过学校课程，使学生"学会生存"，懂得生活，为未来发展储存能量。

二、和谐课程观念统领史家课程建设

重视课程建设一直是史家小学的优良传统。对于史家而言，开发具有学校文化特质的课程，才能更好体现学校的办学理念和教育目标。课程建设是一项复杂的系统工程，既包含前期的课程开发，又涉及后期的课程管理。

（一）课程开发与整合

课程资源是学校课程体系得以实施的重要支撑。新一轮国家基础教育课程改革，凸显了"课程资源"在课堂教学模式和学生学习方式转变中的地位和作用。课程资源不仅仅是教材，也不仅仅局限于学校内部，课程资源广泛存在于学校、家庭以及社会之中。课程资源体系如下图所示。

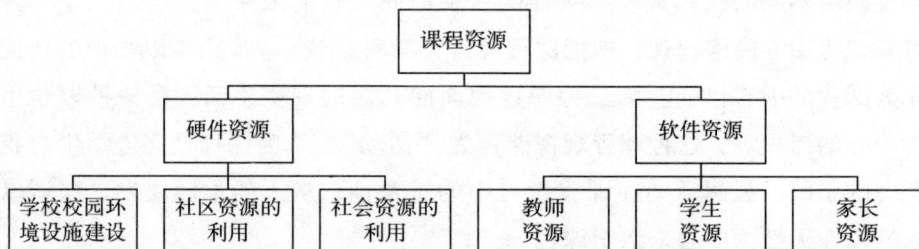

```
                        课程资源
                  ┌────────┴────────┐
              硬件资源            软件资源
         ┌──────┼──────┐      ┌────┼────┐
    学校校园环境  社区资源的  社会资源的  教师   学生   家长
    设施建设    利用      利用      资源   资源   资源
```

如何合理开发和整合课程资源，实现其应有的课程意义与价值，一直是史家小学探究的重要问题。在课程建设过程中，史家小学吸纳来自于学校、学区校、家庭、社会的多种教育资源，为学生成长创造了良好的发展平台。面对丰富的教育资源实施"小小联动模式"、"中小联动模式"、"校内外联动模式"、"家校联动模式"，通过"多师制"的方式不断丰富课程资源中心的师资构成，构建更为适合区域发展和学生需要的课程体系，为学生带来视野的开阔与生命的拓展。

1. 学校资源的整合

实现课程建设与教育科研紧密结合，以15项立项科研课题为依托，充分发挥科研引领的作用，激发和调动教师发挥自身研究特长，用科研指导课程的开发与实施，把课程的开发与建设变成每位教师的自觉行动。为了进一步整合课程资源，史家还搭建了"史家小学五大基地"，即史家书院、史家传媒中心、史家科技馆、课程资源中心、健康人格基地。作为史家和谐教育理念和课程建设理念的有效载体，五大基地极大丰富学生课程资源，促使学生在文化传承、交流表达、创新创造、视野开拓、习惯养成五个方面实现身心智趣的协调发展，最大程度发挥资源的育人功能。

2. 社会资源的引进

学生的课程不能仅仅囿于学校这座象牙塔中，还应扩展至社会这个广阔的天地中。史家小学聘请科研单位、资源单位、专业团体、高等院校的专家为学生成长提供智力支持。史家小学与国家博物馆、中国妇女儿童博物馆、中国邮政邮票博物馆、北京天文馆等多家资源单位建立长期合作关系，联合开发学校课程。学校聘请故宫博物院、首都博物馆、中国科技馆、自然博物馆、中国美术馆等五大博物馆的馆长为"史家小学成长导师"，让学生视野超越学校的围墙，享受整个社会的优质教育资源。2013 年，史家小学与中国国家博物馆签署了《漫步国博——史家课程》项目合作开发协议，该课程也将面向学区乃至北京市开放。

3. 家长资源的开发

家长教育资源是学校教育资源的重要补充，学校充分挖掘和开发家长资源，开展了"传媒文化与史家文化"、"企业文化与史家文化"、"博士论坛"等主题家长论坛，让学校 3700 多位学生享受全校近 8000 位家长的教育智慧。目前，学校陆续为 1000 余名家长颁发了学校的成长导师证书。在史家小学校本课程师资队伍建设中探索"家校联动模式"，聘请家长中的专业人才为学生授课，例如，学校聘请金融、传媒、外交、建筑设计等各行各业的家长为学生上社会角色体验课，让学生对社会上纷繁复杂的职业进行角色体验，在家校协同中促进学生成长。

（二）课程管理

为了促进优质课程资源的区域共享，史家成立了课程资源中心，并创新工作模式，通过"菜单课程"、"套排课表"、"走班走校"的方式，实现课程资源中心硬件资源、课程资源的区域共享。不仅实现课程的优化管理，还引领课程建设方向，带动区域课程资源共同发展。

1. 菜单课程

在课程资源中心开发课程的过程中，在移植史家小学校本课程之外，还引进学区校、资源单位、蓝天工程的优质课程。例如，将遂安伯小学的民俗课"兔爷"、东四九条小学的校本课"智能机器人"、资源单位天福茶庄的"茶艺课"、JA国际青年成就组织的"JA小小企业家"、蓝天博览课的"传统工艺"和"植物栽培"等都纳入到课程资源中心的课程体系之中，形成了学科拓展、创新体验、人文素养、健康教育等四大门类共计70余种的"菜单课程"，以"点单式"充分赋予学生自主选择的权力和空间。

2. 套排课表

课程资源中心实行"套排课表"制度。按照联盟校、学区校、全区三个层次进行整体安排。学期初，资源中心征集各学校课程需求与意向，在各校自主选择的基础上，整体规划场地、时间、课程、师资，最终形成"学区选课汇总表"。各校在课程资源中心的统一协调下，共享一张课表，从而确保课程资源最大限度的利用和共享。

3. 走班走校

"走班"、"走校"制是课程资源中心教学管理的模式，即打破校际、班级界限，学生根据自己的兴趣、爱好自主选课，跨校、跨班与兴趣相投的同伴广泛组成新的学习共同体。这种新型教学管理模式，一方面尊重了学生个体差异，彰显了学生学习自主权，让学生享受更为"适合的"教育；另一方面，提供了更为宽阔的学习交流平台，扩大学生交往范围，培养同伴之间应有的团队精神与合作意识，促进学生交流表达、视野开拓能力的提升。特别是对于每个年级只有一个班的学校，走班走校的方式更是加强了同学间的相互影响，实现课程内容之外的更大价值。

三、以丰富课程促进学生自主学习

史家小学的课程建设从学生的需要和兴趣出发，重新认识小学课程建设的目标和任务，通过科学的课程建设开发了小学生的潜能，也促进学生人格全面和谐生动活泼主动地发展。在和谐课程观的指引下，在多年的课程改革中，史家小学综合考量课程在生存、生活和生命三个层次的价值，系统整合了国家、地方、学校三级课程，搭建了以"书本课程、行动课程、数字化课程、个性化课程和特色活动课程"为主体的和谐课程体系，逐步实现了从课程管理向课程领导的转变。

史家和谐课程体系具体包括以下内容。

1. 书本课程

以国家课程为主，同时开设侧重知识传授的部分地方课程和校本课程中的学科科目。如国家课程中的语文、数学、英语、品德与社会（生活）、科学，地方课程中的"北京精神"、"走进东城"、校本课程中的"国际礼仪"、"学生安全手册"等科目。根据书本课程的自身特点，在价值教育中注重对学生学思结合和知行统一能力的培养，开展参与式、探究式教学，为学生创设民主、安全、和谐的心理环境，保护学生的好奇心，激发求知欲，培养质疑和创新的能力，使得课程的实施效果超越书本的局限。

2. 行动课程

相对于书本课程而言，更加注重培养学生实际动手和操作能力的校本课程。

学科拓展类——以语文教学为基础，按照低、中、高不同年段拓展学生的识字量、阅读量、写作量；以数学教学为基础，设计趣味性、思考性、操作性突出的数学活动素材，以形成系列的数学活动课程，如"立体块钻洞"、"磁力棒构造"、"数独"等；以英语教学为基础，设置外教英语，创设英语的学习环境，促进语言教学的功能性发展，等等。

创新体验类——依托学校丰富的科技资源形成了系列科技课程，如低年级的"模型"，中年级的"植物栽培"、"创新思维"，高年级的"天文"、

"科学 DV"、"机器人"、"无线电"、"机器医院"等，在创新体验中将学生引进科学探秘的神奇殿堂。

人文素养类——为培养学生的基础鉴赏、感悟、表演和创作的能力，形成了"家艺"、"茶艺"、"厨艺"、"陶艺"、"瓷艺"、"礼仪"、"围棋"、"形体"、"书法"、"传统文化"、"角色体验"、"走进博物馆"等系列课程，以全面提高学生的人文素养。

健康教育类——依据低、中、高年级学生的身心成长规律设置了系列健康类课程，如"自然农场"、"心理"、"攀岩"、"中医文化体验"、"乒乓球"、"手球"、"游泳"等课程旨在让学生理解"身心和谐"的意义，掌握科学锻炼、健康成长的知识和技能。

3. 数字化课程

为培养学生良好的信息素养，适应未来数字化的社会生活，学校积极开发数字化课程，创设数字化的学习环境。数字化校园建设中开发了"史家小学数字书院"、"史家小学数字科技馆"、"史家小学数字天文馆"等课程资源，让教与学突破地域和时间的限制。同时，积极开发了基于移动终端的"APP 课程"，充分发挥终端设备的交互性和易操性特点，创造无障碍的互动环境，激发学生的学习主动性，促进了学生的学习方式、教师的教学方式的变革。

4. 个性化课程

学校个性化课程在面向全体的基础上，对在某一领域有着特殊潜质和浓厚兴趣的学生进行个体指导，不断开发学生自身的潜能，为拔尖创新人才的成长开辟通道。如以"一鹏两帆"（金鹏科技团、金帆舞蹈团、金帆合唱团）为龙头，组建了机器人、计算机、科学探索、天文摄影等 49 个科技社团，开设了合唱、管乐、话剧、传媒等 30 个艺术社团，创建了击剑、游泳、乒乓、羽毛球、优肯篮球等 10 余个体育社团。丰富的社团活动给学生提供了多样化的课程选择和相对自由的成长空间。

5. 特色活动课程

这是相对于正规课堂教学而言的一种非正式或隐性的课程形式。在活动课程中，学生不受正规课堂教学、班级组织、教材教法的限制，真正成为课程的主体。通过这种更具弹性化的学习方式，学生在活动中更加系统地整合自己的学科知识与生活经验。学校生活处处是课程，目前已有"仪式性活动"、"公益活动"、"国际化活动"、"小书虫读书活动"、"传媒活动"等德育类活动课程，"宠物粪便制成有机肥——创意环保活动"、"科普微童话"、"雏鹰建言"、"'健康娃娃'形象征集"等科技类活动课程，"艺术节展演活动"、"艺术竞赛活动"、"个人画展活动"等艺术类活动课程，以及"每天锻炼一小时"、"冬锻竞赛"、"体育节"、"亲子运动会"、"小壮壮运动会"、"体育巨星史家行"等体育类活动课程。

6. 国际化课程

国际视野教育对小学生而言，既是浅显的、启蒙性的，又是不可或缺的。为了把学生培养成为具有国家认同、开阔视野和世界意识的公民，学校倾力打造了兼具国内外优势的国际化课程体系，让学生在民族性与国际性的融合中，秉持"心怀祖国、放眼世界"的观念。学校为学生积极创设在全球化、国际化背景下习得启蒙知识、基础能力和基本素质的氛围。例如，学校出版了《史家小学国际化教育系列丛书》作为国际化教育校本教材，并开展了"一班一大使"活动，组织学生走进比利时、以色列、尼泊尔大使馆，听外交官讲礼仪，通过外交官了解世界文化。

史家小学的课程设置具有课程内容的综合性、课程形式的多样性和课程建设的创新性三个特点。

1. 课程内容的综合性

史家课程内容的综合性主要适应学生全面发展和个性化成长的需要。课程内容不仅立足于全体学生全面素质的提高，还关注每一个学生个别化教育的需求，体现了人的全面发展和个性化成长的和谐统一。一方面，把学生生存、生活和生命发展所需要掌握的知识，都以课程形式体现，并不断融进新知识、新技术，使学科课程与活动课程、课内课程与课外（校外）课程、书本教材与"活"教材以及发展型课程内容之间相互沟通、联结、渗透，促进学生全面发展。另一方面，又关注每一位学生的个性发展差异，注重其优势潜能，注意其心理结构、兴趣、动机和需要，因材施教，让每个学生感兴趣的领域，都有相应的课程与之对应，帮助学生找到一条最能鲜明地发挥个人创造性和个性才能的道路。

2. 课程形式的多样性

史家课程形式的多样性主要是为了充分挖掘和发挥学生的智力潜能。最大限度地挖掘和发挥个体的智力潜能是教育的重要使命，也是课程设置的重要目标。学生的智力是在多种多样的学习活动中得到发展的，因而课程能否成功地促进学生智力的发展，不仅取决于课程内容的编制，而且取决于课程内容的设计形式。史家小学课程教材形式多样、有"声"有"色"，除了语言、逻辑形式外，还运用现代信息技术手段将大量的知识信息素材开发成教学光盘、录像片、录音带等生动活泼的声像形式，更通过搭建"科学与人文联袂、历史与未来贯通"的五大资源基地，让课程内容的展示更加多元立体，寓教于乐，积极调动学生学习的主观能动性，变被动接受与填鸭学习为主动思考与自主探索。

3. 课程建设的创新性

史家课程建设的创新性主要是根据时代需要拓宽学生课程选择空间。史家小学和谐课程的构建是一个不断探索、不断创新的过程，课程建设创新性既体现在课程内容开发的创新，又体现在课程运行模式上的创新。一方面，课程内容及时增添最新科技信息，不断挖掘当地鲜活教育资源，为学生创设了广阔的课程选择空间，为创新人才成长积蓄潜能。另一方面，将时代新技术融入并改造课程运行模式，为学生自主选择创造条件，保障学生课程选择权利，培养学生自主探索的精神，充分调动学生学习的自主性和积极性，也推动了课程资源的区域共享和高效利用。

"未来就在我们身边"，这是史家人共同坚守的课程建设观念。在这种理念的引导下，史家小学始终以能否促进学生未来成长、能否激发学生自主创新能力为标准选择课程内容。通过多年来的课程建设，史家小学建立起一套科学完备、丰富多元的课程体系，课程内容综合、课程形式多样、课程建设创新，为学生自主学习搭建平台、创造条件。

史家小学把健康育人作为和谐教育理念中一个重要内容，并不断丰富其中的具体内涵。通过开展各种体育活动、建设心理健康教育基地、进行案例研究等方式实现学生的健康成长，真正为学生的全面发展提供了一个坚实和可持续的基础。灵活、形式多样的教育方法打开了学生的心灵。在和谐教育理念指导下，教师根据不同的教育内容和学生特点，在课堂上、在社会实践中在文化熏陶下，实现教育中教与学的和谐统一、教师与学生关系的和谐统一，让学生阳光成长。史家在课程规划和建设方面费尽苦心，将学校、社会、家长等各种教育资源统筹管理，完成了对学生知识体系的构建，培养了学生自主学习和终身发展的潜力。

正确的教育目标、灵活的教育方法、科学的课程建设，三者协调统一，培养出史家学生健康、阳光、自主的优秀品质，彰显出史家对学生的和谐教育理念。

第三章　忠诚　职业　合作

——关于教师团队的和谐教育观

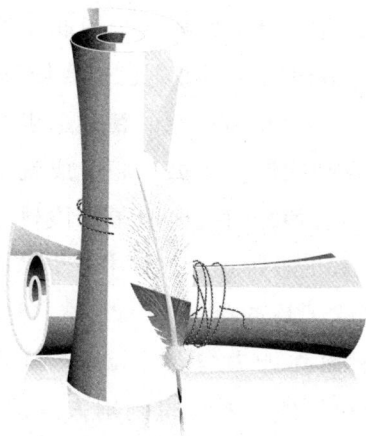

百年大计，教育为本；教育大计，教师为本。如果说教育是国家发展的基石，教师就是基石的奠基者①。

邓小平同志曾指出："一个学校能不能为社会主义建设培养合格的人才，培养德、智、体全面发展，有社会主义觉悟的有文化的劳动者，关键在教师。"②

史家小学在长期发展过程中，涌现出了一批忠诚、职业、合作的优秀教师团队，为和谐教育模式做出了积极贡献。首先，史家小学的教师是忠诚的。对一般学校的教师来讲，学校是"职场"，但对史家小学的教师们来说，学校是"家园"。他们说，史家小学是一个让人感受到温暖、追寻人生价值的地方。因此，史家小学的教师们"人在史小，心在史小，情在史小"。其次，史家小学的教师具有强烈的职业精神。除了对教育满腔忠诚之外，史家小学的教师在和谐教育理念的涵养下往往一身正气。虽然每位教师的性格不同，但只要走进学校，教师就会说职业的话，办职业的事。史家小学有这样一个信条：任何事情不做则已，要做就做到最好！追求卓越、追求完美，已经成为史家小学教师自觉的精神追求。最后，史家小学形成了一支紧密合作的优秀教师团队。忠诚、职业成就了无数的名师，但史家小学并不仅仅是为了锻造名师，而是要给予每位教师发展的机会，从而打造"名师团队"。在实施和谐教师理念过程中，史家小学形成了较好的"团队精神"，即每一位教师除了具备专业知识以外，还要有优秀的团队合作能力，对于教师而言，这种合作能力与专业知识一样重要。在集体中，每一位教师都有自己的地位和价值，要想得到别人的帮助，必须先帮助别人；每一名教师都把对同事的支持视为最优先的事，懂得取胜要靠大家协调合作的道理。

---

① 温家宝（2009 年），教师节前夕在北京市第三十五中学与教师座谈时的讲话。
② 邓小平（1978 年），在全国教育工作会议上的讲话。

第一节 教师是和谐教育之本

教育作为一种培养人的活动，就是要在"心灵与心灵的沟通、灵魂与灵魂的交融、人格与人格的对话"① 中实现人与人的和谐。

教育的世界是人的世界。教学工作是在人与人丰富情感的交流中去实施的，人与人之间的关系是学校最重要的关系。史家小学认为，在学校诸多关系中，建立良好的师生关系是实施和谐教育最重要的环节；而建立良好的师生关系的关键在于教师，也就是说，教师是和谐教育之本。

一、热爱孩子，忠于教育

百年大计，教育为本；教育大计，教师为本。教育是面向未来的事业，肩负着培养适合时代发展要求的人的重任。如果说教育是国家发展的基石，教师就是基石的奠基者。

在《教育是温暖的———一位班主任的 18 个教育故事》一书中，史家小学的一位优秀班主任老师这样写道：

"在诸多事物中，有两种事物的力量是不可低估的：一是种子，二是孩子。

一粒微不足道的种子，经过生长衍化，可以绵延万代，生生不息；一个嗷嗷待哺的孩子，拥有无限成长发展的天地，可以成就一番事业，带来一片生机。

教育，是人类最具理想、最具热忱、最具智慧的劳作和耕耘；教师，既是开拓者，也是播种人，是将良种播植于孩子心田的人。

其实，每一个孩子都是天使，只是因为翅膀受伤了才跌落人间，只要有人能够将他们的翅膀修补好，他们就能再次飞起来……教师，实际上就

---

① 温家宝（2009 年），教师节前夕在北京市第三十五中学与教师座谈时的讲话。

是上天派来专门修补翅膀的人，他们以时间为针，以爱心为线，以智慧为眼光来发现每一副翅膀断裂的伤处……

于是，从他们的手中，无数的天使再次振翅重返天庭……"①

这位教师说："对于孩子而言，好的教育其实就是好的老师。"

史家小学有一群热爱孩子、热爱教育事业的教师。他们对每一个学生不分亲疏、视如己出，对自己的工作赤胆忠心、一片痴情。正是有了这样一个忠诚于党的教育事业的教师群体，才有了办好一所学校、办出一所名校的巨大精神推力，才成就了今天扬名海内外的史家小学。

二、和谐教育需要怎样的教师

走进史家小学校园，迎面能看到这样一组雕塑：一位年轻活泼的老师手牵几个学生一同嬉戏。雕塑中的老师、学生目光友善，流露出甜美的笑容，展示了在和谐校园内学习、生活的阳光心态。

史家小学认为，和谐的工作氛围，不仅能够愉悦身心，也能够激发教师的工作激情，增强教师的积极性和自觉性。

在史家小学看来，一所学校实施一种办学模式，必须把它变为每个教师的指导思想，内化为教师们共同的理念，成为大家自觉行动的基础。史家小学之所以能够成功实施和谐教育，很重要的一点就是多年来培养并凝聚了一批"师德高尚，行为楷模；理念领先，全面育人；热爱学生，关注全体；教育教学，技艺高超；刻苦勤奋，博学多才；精心细致，尽职尽责；善于合作，顾全大局；举止儒雅，态度谦和"的教师。

（一）师德高尚

所谓师德，即教师职业道德，是教师在从事教育劳动中所遵循的行为准则和必备的道德品质，是调整教师与教师、教师与学生、教师与学校领导、教师与学生家长以及教师与社会其他方面关系的行为准则，是一般社会道德在教师职业中的特殊体现。

---

① 万平：《教育是温暖的———位班主任的 18 个教育故事》，北京：北京出版社 2010 年版。

现代教育理论认为，没有爱就没有教育。只有爱学生的教师，才能教育好学生。和谐的教育首先要求教师热爱教育事业，以学生为主体，关心每个学生。

《世界人权宣言》第 26 条规定："教育的目的在于充分发展人的个性并加强对人权的基本自由的尊重"。教育是"人"的教育，应尊重学生作为"人"的权利和尊严。这就要求教育者关注学生的个性，关注学生的自我实现和主体意识，尊重每一位学生的不同体验，以开阔的心胸包容学生的"不同声音"，满足每个学生不同的发展需要，让每个学生享受到应得的教育服务。

1. 热爱学生

史家教师最大的特点是爱学生。史家小学认为，教育和任何人类最美好的事物一样，它的本质是爱；而且，教师爱自己的学生，应该是无条件的。

专栏1

关爱每一个孩子

万老师班级里曾经有一位学生由于脑发育迟缓合并多动症，在四年级时话还说不清楚，生活、学习不能完全自理。全班 51 名学生中被他打过、攻击过的有 40 多名。后来，万老师与家长合作，从进教室、坐座位、收拾书包、收拾文具、走路、踏步做起，一点一点地对孩子进行引导矫正。几乎每天，都与孩子妈妈进行教育笔谈。这样家校配合，经过两年多的努力，学生的合作能力、交往能力、学习自理能力都有了显著提高。在孩子上了初中之后，万老师依然与其班主任保持联系。[①]

史家小学的老师相信，每一个孩子的内心都是拥有希望的。没有天生的"问题儿童"（个别生），更没有心甘情愿的"蹲班生"、"差学生"。种种原因让一个孩子看上去可能与他的本来面目相差甚远，而这样的孩子，

---

① 韩晓征："于细微处见精神——北京史家小学细节教育管窥"，《课程教育研究》，2012 年第 30 期。

他们迫切需要的不是批评、指责、鄙视、抛弃、孤立，而是一种实实在在的有效的帮助：给予一种力量，给予一种期待，点燃一个希望。这就是对学生的爱。

2. 尊重学生

学校提倡在尊重的氛围中实现人与人的和谐。史家小学认为，在被人尊重的环境中成长起来的孩子，不仅能学会尊重别人，还能培养自尊。教师只有切实做到尊重学生，学生才会体会到人格平等，从内心深处信服教师，师生间的和谐氛围才能油然而生。

教育学原理表明，兴趣是学生内在的发展动力。因此，尊重学生，也必须尊重学生的兴趣。史家小学从 1984 年起，就根据学生的意愿，成立了舞蹈、航模、生物等 20 多个兴趣小组，指定专门的教师负责。

尊重，最重要的是要体现在人格上。史家小学《和谐教育实施手册》中明确规定，对学生不许讽刺挖苦，不许采取任何形式的体罚和变相体罚，不能说"笨""坏""没出息"等字眼，不在背地里向家长及亲友"告状"等。

尊重，还体现在学生权利的发挥上。多年来，史家小学以各种方式鼓励大家给学校提建议，每年都能收到上百条之多。近年来，学校更换能迅速调温的饮水机、图书馆书目电子化等几十项改进措施都来自于学生的建议。

史家小学为学生创造一个敢于发表意见、敢于质疑问难的宽松环境。对学生提出的各种观点，哪怕是不成熟的点滴想法，教师也都能够充分予以尊重和鼓励，用积极的语言消除学生的恐惧心理。

学校要求，教师的教学活动应以学生的认识发展水平和已有的知识经验为基础，内容的呈现应采用不同的表达方式，以满足多样化的学习需求。为学生创设问题情景，让他们发散式地思考，培养他们乐于探索的积极态度，掌握科学探索的方法，形成发现问题、分析问题、解决问题的能力。

史家小学管理者说，在史家小学当教师一定要有这样的心理准备：我们要面对的是这样一群可爱的、富于思想的学生，他们会挑战教师，并给我们的课堂注入意想不到的元素。教师不但要接受，更要学会如何应对。

优秀的教师就要善于捕捉学生看似"不着边际"的想法，并把它变成课堂教学有意义的"生成点"。

3. 包容学生

史家小学原校长、史家小学终身名誉校长卓立非常欣赏"犯错误是孩子的权利"这样一种观点，他对史家小学的教师们提出了对学生七个方面的尊重，其中第七条就是尊重孩子的错误。他认为，孩子犯错误无非是两种：一种是不明理，一种是不知道。

在卓立看来，不明理和不知道是孩子的权利。如果他什么都知道还上学干什么？正因为孩子年幼、不明理、不懂，才来上学。学习过程哪有不犯错误的道理？

史家小学的教师非常包容学生，对那些"个别生"尤其能给予特别的关爱。

专栏2

包容每一个孩子

有一名学生非常聪明，但是做出的行为有些让人接受不了。有一次，班里的教师下午要上公开课，精心打扮了一下。没想到中午给学生分饭时，这名学生突然间把酸奶洒在这位教师身上。如果是一般的教师肯定怒火中烧，但这位教师没有，去上课前还笑着对其他教师说"我头上还有酸奶呢"，接着简单收拾了一下就去上公开课了，情绪没有受到影响。

这名学生一直是让老师比较费心的学生。他的优点是特别聪明，但是行为比较鲁莽，在学生中不受欢迎。对待这样的学生，老师仍然非常包容，对他日常行为表现中的问题，总是单独与学生真诚地沟通，从来不在全班学生面前批评他，以保护他的自尊心。同时，激励他发扬在写作方面的长处，保持优势。这名学生逐渐认识到了自身的问题，到小学毕业时变化很大，成绩也比较优异。①

---

① 王欢、金强、金少良、王伟：《和谐教育：史家小学的教育理念》，中国发展出版社 2012 年版。

"无错原则"目前已经深入史家小学每位教师的心中。在史家小学，不会有教师在课堂上任意批评孩子，即使有的学生回答教师提出的问题时出了错，教师也不会轻易否定，而是采用这样的方式："别的同学有不同的意见吗？大家帮助这位同学想一想。"训斥、挖苦等话语是违反"无错原则"的。"你怎么不听讲"此类的话语已经在史家小学的课堂上绝迹。史家小学教师绝对不可以打学生，即使批评学生也要讲究艺术，高声批评学生绝对不被允许。有一位刚参加工作的教师曾因为多次提醒学生上课听讲无效，而把作业本撕坏了。这位教师后来向全班学生道歉。史家小学对教师对学生的不尊重是"零容忍"的。即使有的教师为了让学生安静下来敲桌子，也会得到学校干部或其他教师的善意提醒：用这样的姿态对待学生是不对的。

史家小学的教师善于发现每一个孩子的闪光点。

专栏3

激励每一个孩子

学校里有一个学生非常淘气，平时还有些口吃，但有一次他在大礼堂的表演让大家非常惊讶。他在台上表演得非常好，只要有台词，他就不结巴。到了二年级，学校挑选红领巾电视台成员。校长知道后，让这名学生参加了红领巾电视台。这名学生在红领巾电视台发挥了自己的长处，建立了自信，最后以优异的成绩毕业。[①]

在教师眼里，所有的学生都是人才，教师要善于发现每个孩子的长处和闪光点。学校要求老师把每个学生都作为人才来加以培养，不要嫌弃任何一个学生。

史家小学认为，教育的成功是使每个学生都能成为祖国需要的人，而教育者的责任就是为他们成长铺平道路，而不能单纯地认为学习成绩优秀、乖巧听话就是好孩子。就社会需要而言，孩子的组织能力、应变能力、交往能力、耐挫折能力、表达能力、合作精神、宽容的品质等都是非常重要的。

---

① 王欢、金强、金少良、王伟：《和谐教育：史家小学的教育理念》，中国发展出版社2012年版。

（二）技艺高超

师以能为本。

现代教育理论认为，和谐的教育除了要求教师要有良好的认知能力、表达能力、实践能力、交往能力和教学能力外，还必须要有把所掌握的教育理论转变成教育教学的实际能力。总之，现代教育不再需要只有某种专业知识的教书匠式的教师，而需要既有专业知识、又有教育理论和教育能力的教育家式的教师①。

1. 多元化的知识结构

师者，所以传道授业解惑也。史家小学认为，虽然不同的时代有不同的教师观，但教师的职责是育人，这一点是共同的。在素质教育的今天，教师的知识结构不能再局限于传统的"学科知识＋教学知识"，而是应该拓展到多学科、多领域。

首先，教师应有文史哲、数理化、天地生、体音美等各个学科的知识，即教师最好能够"上知天文、下晓地理"。其次，在广博的基础文化知识的基础上，教师必须能够对一个学科的专业知识系统掌握、深刻理解、透彻分析，这样才能真正教好一门课。再次，教师还应该掌握教育科学理论，即教师必须有正确的学生观、教学观、教材观、课堂观，对自身角色定位、学生认知特点、学生学习方式、教程特性特点、科学建设课堂等有全面深入的了解，明白"怎样教"。最后，教师还应该掌握科学研究方法，以自己教学实践和理论应用中积累的经验和遇到的问题为基础，积极探索专业化成长的道路。

史家小学的教师在从"教书匠"向"学者型教师"、"研究型教师"转变的过程中，通过自我学习、专家引领、"走出去"、自主研究等多种方式实现了教师教育教学理论、学科知识、科研方法及基础文化知识等多方面的成长和进步。

2. 个性化的实践智慧

所谓实践智慧，指的是在教学实践活动中形成的有关教学整体的真理

①　王道俊、郭文安：《教育学原理》，人民教育出版社 2009 年版。

性的直觉认识。实践智慧来源于教学经验，是教师通过对具体的教学情境和教学事件进行反思，将个人感受、教学经历加以归纳总结，发现其中的规律和窍门，并把这些全都内化为教师个人的做事方法、处理方式的过程。

教师形成个性化的实践智慧时，最为关键的两个因素就是"用心观察"和"坚持反思"。史家小学教师坚持"用心观察"、"坚持反思"，将实践经验内化提升，变成了自己的智慧。

3. 扎实的研究能力

在史家小学，教师们已经能够很好地监测教学、反思教学，并且能够根据自己的知识储备、经验积累，选择正确的研究方式和研究方法，开展教学科研。研究已经成为史家小学教师工作不可缺少的一部分，反思也成为教师一种自然而然的习惯。每一位教师都形成了大量的教学叙事、教学案例、教学论文，并广泛发表在报刊上，这些都是教师反思后的成功和有力证明。

随着教师实践反思能力的提升，教师的成果也在逐渐变得更有深度、更加难得。以前，教师最擅长撰写的是教学案例和教学叙事，将所经历、所感受的东西简单记录。现在，教师已经能够以一个教育教学事件为契机展开更加深入的思考，能够自己做小课题，甚至申请到国家级、市级、区级的课题。

（三）终身学习

终身学习是指社会每个成员为适应社会发展和实现个体发展的需要、贯穿于人的一生的、持续的学习过程，即我们所常说的"活到老学到老"、"学无止境"。

教育专家关于终身学习的论著颇多，观点各异。1972 年 5 月，联合国教科文组织《学会生存——教育世界的今天》报告中强调，人必须"在一生的一切时间和空间中学习"。1973 年，印度教育家达夫在《与学校课程的过程》中论述，包括学校正规教育和非正规教育，通过学习实现个人或社会的适应机能的革新机能。1994 年，在意大利举行的首届世纪终身学习会议，提出了终身学习是 21 世纪的生存概念。目前，终身教育的理念被越来越多的人接受，终身学习成为时尚。

史家小学认为，教师应学习先进教育理论，了解国内外教育改革与发展的经验和做法；优化知识结构，提高文化素养；具有终身学习与持续发展的意识和能力，做终身学习的典范。

史家小学一位教师说："师者情怀首先就是学习。学习伴随着我的教育生涯，也指引着我的教育方向。"

她在《成长的历程中》写道："我在 1992 年到史家小学实习后被留在史家，留在了史家班主任的沃土上，一干就是 22 年。1992 年卓立校长提出和谐教育，我就是在和谐教育的氛围下成长起来的班主任教师。史小提倡教师要做科研型、智慧型、学者型教师，这一理念始终引领着我不断充实自己。从 1997 年开始我进入学历进修，直到参加了北师大教育心理学专业研究生课程班的学习，在北师大学习的五年时间里，还参加了各级各类的培训及进修。从 1997 年至 2003 年，这 7 年的时间里，无论是学历的提升，还是专业的培训，都为我从事的班主任这一职业，打下了坚实的理论基础，培养了我的综合素质。我用知识武装自己，用科研引领自己，让自己的羽翼逐渐丰满，努力做一名扎扎实实的科研型、学者型的史家教师，朝着智慧型教师进军。"

学习型组织的创建，使学校形成了一批热爱教育事业、教育观念新颖、专业知识丰富、教育教学能力强、科研水平高的教师队伍，为史家小学发展成为北京市窗口学校奠定了坚实的基础。

三、史家小学教师的精神家园

有研究者认为，一所学校的成长取决于"学校精神"的塑造。如果把学校比作一棵参天大树，那么优美和谐的环境和完善的硬件设施就是这棵大树的繁枝密叶，良好的行为文化是树的枝干，全面和规范的制度是树的茎脉，而学校精神则毋庸置疑是大树的深根，是树的灵魂所在。

学校精神是学校主流文化、先进文化的反映，是学校教育价值观念的选择。一所学校的精神文化不是一代人就能建立起来的，而是经过几代人的努力，一代一代传下来，形成全校师生的共识，形成传统。有了这样的传统，学校就有了灵魂。

史家小学就是这样一所有"灵魂"的学校。在和谐理念的引领下，史家小学教师形成了大气、包容、创新、奉献、向上、感恩的精神文化。

1. 大气

史家小学教师的大气，在北京教育界是有口皆碑的。在一般的学校，课件、教学资料都是"秘而不授"的，而在史家小学，一切教育教学资源都是共享、共建的。这种大气曾经给刚刚调入史家小学的一位老师不小的"震撼"。

专栏4

共享教学资料

在其他学校，如果想要教师的课件，总会被以各种各样的理由搪塞过去。而在史家小学，有时甚至不需要教师提出要求，只要其他教师听说有教师要做公开课，就会把现成的资料主动拿出来。乔红老师当年初来乍到，并不知道教师们手里都有什么资料，总会有教师主动告诉她这些消息。有的教师上过相关内容的校内研讨课，或在自己的班级里上过这节课，就会主动把上课的资料，包括教学设计、课件、图片、教学反思等教学资料在第一时间提供给她。①

乔红原来所在学校有一位教师要上一节科学课，她听说史家小学的杨春娜老师上过这节课，希望乔红向杨老师要一些相关的资料，当时这位同事询问时忐忑不安，也没敢抱什么希望。乔红教的是语文课，与教科学课的杨老师交往不多。结果，乔红对杨春娜老师说了这件事后，杨老师不但把教案、课件及其他资料都发过来，而且还告诉人家她的电话，并表示如果有不明白的地方，可以打电话来问她。②

可贵的是，史家小学的教师"对内"和"对外"都是如此。

---

①② 王欢、金强、金少良、王伟：《和谐教育：史家小学的教育理念》，中国发展出版社2012年版。

史家小学的这种胸怀和大气，是与和谐理念共生而来的一种品质。乔红说，和谐教育理念实施 20 年，潜移默化中对教师产生了巨大的影响。即使是后来调入学校的教师在这种氛围中也会逐渐地被感化，即使刚来的时候不是大气的人，受到其他人无私帮助多了，慢慢被动地变得大气，最后变成主动地大气。

2. 包容

"和而不同"是史家小学教师人际关系的原则和特征。"和而不同"出自《国语·郑语》："夫和实生物，同则不继。以他平他谓之和，故能丰长而物归之；若以同裨同，尽乃弃矣"；"以土与金木水火杂，以成百物"；"以和五味以调和，刚四支以卫体，和六律以聪耳，正七体以役心"；"声一无听，物一无文，味一无果，物一不讲"。这里讲的是金木水火土相合生成万物，酸甜苦辣咸五种滋味满足人们口味，协调六种音律来悦耳，端正七窍来服务于心智。意思是说，多种因素相互配合、协调来组成新的事物或达到理想的效果。相反，只有一种声音谈不上动听的音乐，只有一种颜色构不成五彩缤纷的景象，只有一种味道称不上美味。也就是说，只有允许不同的事物存在，才能形成五彩缤纷、繁荣向上的局面；否则便陷入单调、乏味乃至死亡的境地。

"和而不同"中的"和"是有差别的多样性统一，因而有别于"同"。史家小学整体的文化精神是"和"，学校文化要有一个和睦、和谐的环境，全体教师同心同力，兼容"不同"，集众芳之美，达到更高层次的和谐。就教师发展而言，个性差异是力量，失却差异就没有多元化发展，就没有"和"，只有"同"；各种不同个性或特长的教师互相碰撞和交流，才能形成发展所需的"百花齐放满园春"的美好图景。

陈凤伟副校长 1999 年调入史家小学，她来到史家小学的第一个感受是："史家小学是一个卧虎藏龙的地方。"教师们在各自不同的领域学有专长，而且无论是年长的教师还是年轻的教师都非常富于"个性色彩"，有特色和个性。这恰好印证了这句话："没有个性的教师培养不出来有个性的学生。"史家小学的教师非常有特色，教师的个性和特色在史家小学得到保护，并拥有适合的空间得以发扬光大。

在史家小学，学校不仅包容保护每一位教师，并且为他们提供尽情释放自己潜质的舞台。

3. 创新

德国教育家第斯多惠说过，若希望引导别人走正确的道路，激发别人对真和善的渴求，使别人的素质和能力得到最高发展，他应当首先发展他本身的这种优秀品质。也就是说，要想培养高素质的创新人才，教师必须首先具有创新精神和创新能力。只有具有创新精神和创新意识的教师，才能对学生进行启发式教学，培养学生的创造能力；只有教师自身具备不断学习并提高的能力，才能教会学生如何学习，如何研究问题，并增长才干。

史家小学教师群体最突出的特征是思想活跃，不墨守成规，勇于进行教育教学改革与创新。而学校的和谐文化也为教师提供了勇于创新的环境。

史家小学的教师在学生评价、学生学习方式、德育方法、班级管理等方面有许多的创新实践。教师们为了达到最佳的效果，不断创新教育教学模式与方法。史家小学"小博士工程"至今仍非常有影响力，其探究式的学习成为史家小学的特色。《和谐》（原名为《童心》）是史家小学非常有影响力的校内刊物。红领巾电视台既是学校信息化建设的创新，又开创了德育的新模式，同时对校园文化的宣传亦起到了不可低估的作用。史家小学出现了一批富于创新精神的教师，教师们在日常教学工作中的创新不胜枚举。

4. 奉献

"不待扬鞭自奋蹄"，这是史家人对待工作主动、自觉的生动写照。

在史家小学工作，教师的收入不会比其他学校教师高，但劳动量却高于其他学校。实事求是地讲，史家小学的教师们没有按正常下班时间回家的，教师们经常自觉加班，但没有人在金钱方面计较。学校统计教师代课情况时，大多数教师都没有填表。他们认为，这是同事之间非常正常的互相帮助。多年来，史家小学的教师们早来晚走，甚至利用休息时间组织学生参加课外活动。

史家的教师追求卓越，追求完美，共同维护史家小学的品牌。外界都知道，史家小学的教师非常要强，"有一种说不出来的劲儿"，做任何事情都带着一个共同的信念：不能辱没学校的名声。这种要强，实际上是史家小学的尊严、风范和精神面貌的一种体现。

史家小学的教师有一种突出的奉献精神。"非典"期间，史家小学的教师心里想的是学校，想的是孩子。教师们主动到学校值班，给学生录课。任何教师都没有怨言。教师们考虑的是学校的名声，考虑的是孩子，把个人放在后面。

5. 合作

一般来说，优秀教师集中的地方，产生的内耗也大。通常能力出色的教师鹤立鸡群之后，很容易孤芳自赏。而史家的教师则不同，他们常说："史家小学的任何一项成绩都不是个人的，而是属于集体的。"

的确，史家小学的任何一项集体荣誉或任何一项大型活动，都是全体教师群策群力的结果；任何一位教师所取得的成绩，都离不开背后强大团队的默默支撑。

学校管理者很早就意识到，如果一所学校只有个别教师优秀，还不能形成团队的优势，并且这个优势很难保持。另外，从教师成长的规律来说，教师之间的相互学习和带动是教师获得成长的重要因素。因此，史家小学非常注重团队建设，发挥整体优势。

学校管理者清醒地认识到，史家小学要发展，必须减少内耗，形成合力，形成团队的凝聚力。他们说："事实上，和谐教育理念实施所取得的重大成果之一，就是学校凝聚了一支团结、合作的教师团队。"

6. 向上

史家小学有这样一个信条：任何事情不做则已，要做就做到最好！追求卓越，已经成为史家小学教师自觉的精神追求。

已退休的黄守圣副校长见证了史家小学 30 年的变迁，有时会对年轻教师讲起史家小学那些动人的故事。

"别看现在政府对史家小学的投入比较大，以前可没有；学校之所以有今天，是史家小学的历任校长、老教师们一点一滴干起来的。"

学校的门窗坏了，教师自己动手修理，从不向上级要钱。那时候教室不够用，新盖了两间教室，电灯等都是教师自己安装。教师买灯管和电线，自己爬到顶层布线，全是自己动手。正是在这样的基础上，学校才逐渐有了更大的影响力，才逐渐有了国家拨款。①

有人评价说史家小学底蕴深厚，的确，史家人的艰苦奋斗、努力创新、自尊自强是最宝贵的精神财富。

7. 感恩

在史家小学，经常听到教师们这样说："我现在的一切成绩都是史家小学给的，我对学校的最好回报就是努力工作，培养出更优秀的学生。"

在《教育是温暖的——一位班主任的 18 个教育故事》一书里，一位老师讲述了这样一件让她感动并牢记一生的事情。

那是我来史家小学不久。有一天，班里的三个学生准备下楼玩网球，一传一接，没接住，网球一颠，落到了二楼领操台上方的玻璃上，玻璃被撞碎了一小块。当时正是中午午休，一个三年级的女孩恰好在领操台上比画着学领操，一仰头，正赶上玻璃被撞碎那一刹那，一粒小玻璃碴恰巧划破了她的眼睛，当时就流血了……

学校用最快的速度将孩子送入医院，并在学校另一位老师的父亲的帮助下以最快的速度安排了检查、手术，但看到孩子眼睛流泪加流血，让人揪心……

"卓校长找你！你们班的孩子惹祸了！"

当我听到这句话时，人都傻了。我记得那是在老校二楼会计室前的楼道，我晕晕乎乎地站在卓校长面前，就准备挨他的批评，因为他的脸真的很严肃、很严峻……

"对不起校长，我没带好学生，给学校添麻烦了！"我急得直掉眼泪。

"事情的经过知道了吗？孩子已经处理过了，是白眼球划伤，过一段时间能恢复。你别背包袱，好好吸取教训。万一有什么事情，责任我来承担。"

"责任我来承担！"这句话分量不轻啊。在危急时，在困难时，听到这样的话，当"兵"的人心暖！初来史家，我牢牢记住了校长的话，第一次

---

① 王欢、金强、金少良、王伟：《和谐教育：史家小学的教育理念》，中国发展出版社 2012 年版。

感受到了史小这片沃土的温度。

这位教师说，回顾自己的成长，最忘不了，是在她工作遇到挑战的时候，学校总是给她以信任、鼓励和帮助；最不能忘的，是在她生活上遇到坎坷时，生病住院时，患病治疗休养时，学校给予她的关爱、呵护让她能够战胜困难，挺起来，走过来……这么多年了，史家就像家一样，让人感到温暖。

"为什么我的眼中饱含泪水，因为我对这片土地爱得深沉。"艾青的这句诗也可用以描绘史家人对学校的感情。

对一般学校的教师来讲，学校是"职场"，但对史家小学的教师们来说，学校是"家园"。他们说，史家小学是一个让人感受到温暖、追寻人生价值的地方。因此，史家小学的教师们是在用"心"来工作，用"情"来投入。

史家小学的两位教师在北京市基础教育界有很高的知名度和影响力。她们退休之后，许多学校向她们伸出了"橄榄枝"，甚至不惜重金吸引她们到学校工作。但是，她们都没有走，而是选择留下来为史家小学继续付出。孙蒲远老师曾经如此表示她对史家小学的忠诚："人在史小，心在史小，情在史小。"

第二节　和谐教育塑造职业教师

前清华大学校长梅贻琦说过："所谓大学者，非谓有大楼之谓也，有大师之谓也。"①

大学需要大师，小学也需要名师。在史家小学管理者看来，真正决定课程的不是写在书上的各种观点与规定，而是天天和学生接触的教师。目前，学校已经凝聚了一批师德高尚、业务精湛的职业教师。在这个基础上，如何进一步促进职业教师队伍的成长，是史家小学未来发展的关键。

---

① 梅贻琦（1931 年），在清华大学校长就职演说时的讲话。

一、史家小学重视教师个人的职业成长

教育学者叶澜曾指出："没有教师生命质量的提升，就很难有高的教育质量；没有教师精神的解放，就很难有学生精神的解放。"

根据马斯洛的需求层次理论，工资福利只能满足人中低层次的需要，而教师们还有自我价值实现的需要。史家小学认为，尊重知识、尊重个性、集体奋斗是学校事业可持续发展的内在要求。学校承认和尊重每个人的双重价值权利：在尊重个人权利的基础上，积极鼓励其集体主义的精神，通过有效平衡两种权益关系，形成学校统一的价值观。通过建立科学、合理的精神激励机制和物质激励机制，最大限度地调动每一名教职员工的潜能和积极性。

（一）史家小学师资建设目标

史家小学师资建设的总体目标是：在和谐教育理念的指引下，使队伍建设与学校发展协调同步、相互促进，形成骨干教师引领、专业教师齐备、梯队建设合理、名师名家涌现、教育新秀辈出的良好局面。特别是积极引导干部、教师提升师德修养和业务素质，提高和谐育人的综合能力，关注职业发展个性，实现自身人生价值，共享高品位的教师生活，最终使和谐教育观念真正地走进班级、走进课堂，并外化为教师日常的教育教学行为。

这个总体目标体现在两个方面：名师和梯队。一方面，史家小学在和谐教育中锻造一支职业素养优秀、业务技能高超、工作作风扎实、岗位业绩一流的师资队伍。特别是进一步转变干部管理理念和教师育人观念，加速培养一批能够彰显史家办学品质的"金牌教师"。史家的目标是，争取三年内将特级教师、市学科带头人和各级骨干教师的数量在现有基础上有较大增长，占全体教师比例不低于60%，这将大大增强和谐教育的发展牵引力。

另一方面，史家小学着眼于学校的可持续发展，长远规划、长期培养一支结构合理、数量充足的教师储备队伍。在现有老、中、青年龄分布和高、中、低职称配比的基础上，科学划分干部、教师梯队，合理设置重要岗位的储备比例，建立一整套程序化运作的人才考察、选拔、培养、淘汰、

使用机制，努力促成教育新秀辈出和梯队衔接有序的良好发展态势。

（二）史家小学教师培训方案

1. 史家教师培训

强调教师"整体素质"的提升是2012年北京市中小学校长大会的重要精神。史家小学教师队伍是多层次的，处于不同发展阶段和不同发展水平的教师有着不同的成长需求。学校通过和谐教育研究会，整合多种教育资源，下设不同发展群体的成长平台，促进每一位教师的专业成长。

面向全员的"史家讲坛"。聘请校外教育专家和史家教师共叙教育、共话和谐；使学校教师近距离接触、感受名家名师的学者风范，为广大教师带来心灵的启迪、思维的开阔。

"特级教师工作室"。特级教师是师德的表率、育人的模范、教学的专家，学校充分发挥特级教师的引领作用，为之成立特级教师工作室，带动优秀教师群体，开展互为资源的研修活动。

"骨干教师工作坊"。以教师共同的"兴趣"为"盟点"，以不同学科的骨干教师为中心，带动周边教师积极参与，形成了各具特色的教师工作坊，组建互为资源的教师共同体，形成富有活力的教师研修团队。

"青年教师社团"。进行新老教师结对，充分发挥老教师引领、示范、带动作用，营造有利于青年教师专业成长的良好氛围。

2. 培训者培训

温家宝同志在"两基"（基本实施九年义务教育和基本扫除青壮年文盲）工作会上讲话中强调，要把教育发展的重点放到提高质量、促进均衡发展上来。发挥优质教育资源辐射作用，促进教育均衡发展是史家小学义不容辞的责任。在东城区"深度联盟"、"学区化管理"等政策支持下，史家小学的优质资源辐射作用已扩展至七条小学及学区的11所学校，已基本形成"1＋1＋11"的良好发展格局。和谐教育研究会的成立将进一步把史家优质教育资源辐射范围推向全国。目前，学校承担了来自全国各地的挂职校长和挂职教师的短期培训活动，还与北京顺义、延庆、怀柔以及天津、内蒙古等地区的学校建立了长期干部、师资培训交流计划。培训工作已成为教师的常态化工作。

在这些短期和长期培训工作中，诸多史家教师担任了培训者的角色。如何建设一支高素质、相对稳定的专兼结合的培训者队伍，并通过培养与培训，提高培训者的素质，提高培训者的能力是目前学校各项培训工作顺利开展的焦点。为此，学校依托和谐教育研究会及《和谐教育丛书》开展系列培训者培训活动，提高培训者培训素养，把和谐教育的精神和理念及北京市东城区优秀的教育经验带给全国更多的教育工作者。

二、史家小学如何塑造职业教师

教师队伍建设是提高学校人才培养水平的基础。现代教师发展理论认为，处于不同专业发展阶段的专业需求不同。因此，史家小学提出，要根据教师不同的发展需求提供发展机会，实现个性化发展。史家小学教师队伍培养遵循"全员培训、梯队培养、有效激励、科研兴教"的工作思路，在整体提高教师专业化水平的基础上，针对不同发展梯队分层培养，并进行科学评价和有效激励，从而激发教师队伍活力。

（一）全员培训

1. 加强师德建设，激发教师职业情感

师德是一种信仰，学校弘扬教书育人精神，开展师德师风建设，把"立德树人作为教育的根本任务"。一方面，树立师德典型，继续以卓立、张效梅等老一辈史家优秀教师为教师楷模，树立品行端庄的文化人形象，传承和谐教育理念，真正践行"为了孩子，为了明天"的史家精神。另一方面，加强师德建设的制度化、规范化。设立史家小学师德师风建设月，集中开展师德师风建设和宣传活动。以《史家小学章程——教师专业化塑造》、《史家小学教师行为规范》为依据，规范教师言行和教育教学行为，进一步强化师德监督激励机制。

2. 增强职业自觉，提升教师专业素养

教师的专业发展关键在于提升专业自觉意识。让教师明确专业发展的

价值与意义，才能激发和保持教师专业发展的内驱力，从而提高教师专业发展的自觉性。学校积极为教师搭建学习和交流平台，增强职业自觉，整体提升教师专业素养。

开发史家智库。有效整合史家在职教师、退休教师、学生家长及所有关心和支持史家发展的有识之士等资源，开办史家讲坛，共叙教育，共话和谐，每学期推荐一位学校优秀教师登上史家讲坛。组建"教师专家团"和社会资源团队，为各个学科组配备具有较高理论修养和实践指导能力的专家团队，充分发挥史家智库的引领带动作用。

打造史家文库。持续积累和谐教育的实践成果和现实经验，不断丰富学校发展的准确素材和科学依据。为老师搭建著书立说的平台，将和谐教育理念固化为系列教育教学成果，形成以学校办学理念、各学科教科研成果、教师个人教育论著和优秀论文为主体的史家文库。

构建"史家教师培训课程体系"。以学校多维立体的校本教研模式为依托，结合学校立项课题，积极搭建包括史家和谐教育理念、教育教学基本理论、各学科专业研修课程等在内的教师培训课程体系，以行动研究的方式开展自主研修和同伴互助学习活动，让教师的学习活动渗透在日常的教育教学工作中。

（二）梯队培养

国内外关于教师专业成长的研究普遍认为，教师的成长大致经历四个阶段：适应期（新手教师）—胜任期（合格教师）—熟练期（教学能手）—成才期（专家名师）。结合已有研究与史家教师现状特点，史家小学把学校教师专业成长路径简化为四个主要阶段：新任型教师、胜任型教师、骨干型教师、专家型教师。

1. 新任型教师（迅速融入，适应教学）

新任型教师主要是指学校的青年教师。由于缺乏教学实践知识，所学理论知识尚未顺利转化为合理的教学行为，因此该阶段教师的成长应遵循如下策略——

角色转换：通过开展新教师培训，新教师座谈等活动，激发职业情感，传承史家和谐教育理念，完成教师角色转换。

榜样引领：为青年教师配备师傅，进行新老教师结对，充分发挥老教师引领、示范、带动作用，通过师徒"传帮带"不断提升新教师的专业素养。

任务驱动：一方面，督促青年教师在日常的教学活动中完成每学期规定的教学案例、教学展示、教学反思、教育叙事等任务，形成良好的成长氛围。另一方面，以东兴杯教学大赛、班主任基本功大赛以及各类教育教学展示活动为契机，检验青年教师基本功，促进专业成长。

同伴互助：以教研组、青年教师社团为载体，以日常教学中存在的共性问题和突出问题为切入点，展开同伴互动交流，相互学习，共同提高。

2. 胜任型教师（反思总结，不断提升）

经过一定时间的磨炼，新任教师成长为胜任型教师，具有一定的教育教学经验，初步具备将理论知识与实践经验相融合的能力。胜任型教师往往具备了小学高级职称，但是此阶段的教师若不能很好地进行职业生涯规划、积极反思和总结已有教学成果，就容易造成停滞不前的状况。该阶段教师的成长应遵循如下策略——

科学规划：结合该阶段教师个人发展规划，学校干部及专家团队关注教师发展的需求，帮助他们解决职业发展中的各种问题，加深他们对教师职业的情感认同，激发他们进一步学习和发展的动力。

创设氛围：创设相互学习、共同分享的成长氛围，引导教师积极开展教育教学的自我反思，不断审视并修正自我的教育理念和教育行为，明晰专业成长的方向。

展示交流：为该阶段教师积极搭建参加学校接待课、校级展示课等教育教学展示平台。在展示和交流过程中，促使教师形成职业的自尊和自信，促使他们在成功体验的基础上实现教师职业角色的自我完善。

3. 骨干型教师（固化成果，扩大影响）

骨干型教师即学校的各级骨干教师，是学校发展的中坚力量，具有较高的教育教学水平，形成了较为稳定的教学风格，但易进入职业发展的高原期，遭遇发展瓶颈。该阶段教师的成长应遵循如下策略——

科研导向：鼓励处于该发展阶段的教师积极承担或参与各级教育教学科研课题，使教师正确认识自己专业成长的现状，发现自己在专业成长中存在的问题，并采取主动研究的方式，科学探究解决问题的手段。

示范引领：作为学校优质教育资源代表，骨干教师应积极进行师徒传帮带，参与学校承担的区县乃至全国的教师培训活动，在培训他人的过程中实现突破自我。此外，学校定期组织骨干教师交流研讨会和骨干教师资格认定，充分发挥骨干教师示范引领作用。

总结提升：以市级骨干教师为主，领衔组建骨干教师工作坊，不断完善学习制度，构建互为资源的教师研修团队，促使教师在互动交流中，不断总结和提升已有教学成果，形成具有个人特点的教育模式。学校适时总结推广骨干教师优秀的教育思想、研究成果，提高骨干教师在全市乃至全国的知名度和影响力。

4. 专家型教师（示范辐射，成就名家）

专家型教师是指在某一专业领域具有丰富的理论知识和实践性知识，教学风格鲜明独特，取得了有较大影响的教育教学成果，具有一定的教育知名度的教师。学校的市级学科带头人、特级教师、市区级金牌项目第一负责人符合这一发展阶段教师的特点。他们是学校重要的师资培训资源，学校将继续为专家型教师搭建优质的发展平台。通过举办名师教学思想与实践研讨会，进一步扩大教育影响力；组建名师工作室，充分发挥特级教师和学科带头人在教书育人、教育科研、指导培养骨干和青年教师方面的辐射示范作用，带动学校优秀教师群体共同提升。

学校将协助处于这一发展阶段的教师进行教育教学成果的整理、分析、提炼，汇成教育教学专著，积累宝贵的教育资源，为东城区教育家名师工程输送人才，努力打造在北京市乃至全国有较大影响的专家型教育名家。

（三）有效激励

学校综合运用各种激励方式，不断完善学校激励机制，创新教师评价模式，满足处于不同发展阶段和不同发展水平的教师的发展需求。

1. 评选"史家新秀"

面向教龄 10 年以下的教师，学校每两年进行一次"史家新秀"评选，学校将努力为其搭桥铺路，创造锻炼的机会。

2. 评选"校级骨干教师"

进一步加大"校级骨干教师"评选力度，校级骨干教师比例不低于全校教师的 30%。

3. 任命"主任级教师"

为提高老师的校外影响力，增强社会认同，学校任命为史家做出卓越贡献的教师为"主任级教师"，主要包括北京市特级教师、北京市骨干教师、年级大组长、金帆团金鹏团第一负责人。

4. 增设"史家和谐教育奖"

"史家和谐教育奖"的评选范围为：①长期工作在教育教学一线，获得中学高级职称满 5 年，且在史家工作满 10 年的老师；②长期在一线岗位兢兢业业教书、勤勤恳恳育人，且在史家工作满 30 年的老师。史家和谐教育品牌离不开这些老师默默无闻的奉献与毫无怨言的付出。作为史家精神的传承者，学校视他们为学校发展的重要力量。

5. 评选"教育家卓立奖"

依托和谐教育研究会，设置"教育家卓立奖"，奖励为和谐教育发展作出突出贡献的优秀教师和团队，弘扬老一辈史家人的教育家风范，传承史家教育的质感与温度。

（四）科研兴教

许多人认为，科研和教学是两张皮，粘不到一块儿。但史家小学的教师们说："事实不是这样的。教师的科研和教学其实是相辅相成、相互融合的。"

"纸上得来终觉浅，绝知此事要躬行"。史家小学经验表明，研究让教师了解什么是科学的教育教学方法，有研究经历的教师，能够更主动地按照教育规律教学，并且能够在教学过程中不断观察、不断反思。正是由于体验到研究对于改进教育教学工作的巨大价值，史家小学教师从而端正了科研态度，走在正确的、可持续发展的道路上。

1. 树立科研意识

科研意识指的是研究者探究、认识未知的觉察力和主动性。具有科研意识的教师能够认识到科研的必要性、重要性和科研的价值，能够主动地在教育教学过程中学习科研、开展科研。

早在"九五"期间，史家小学教师就开始参与各类校外专家主持的研究课题。在这个过程中，学校管理者逐渐认识到科研的作用，并通过研究生课程班、聘请学术科研副校长等方式，着手培养教师的科研能力，建设史家小学的科研体系。尤其在新课改提出"校本科研"理念之后，学校开始酝酿申报史家小学独立承担的课题。一直以来，学校管理者都把实施校本科研、实现"科研兴校"作为重要的战略之一，成立了由校长负责的学校科研指导组，指导组成员由学校主管领导和校内外专家组成，对学校的科研进行全方位的指导。

经过多年的发展和积累，史家小学的教师们已经具备了很强的科研意识，个个愿意做科研，并且能够在科研中感受到幸福。史家小学英语教师金琳说："如果要用一句话总结科研，那么我想说科研是很过瘾的！我喜欢看到自己在科研中不断进步。"

2. 形成研修文化

文化是科研兴校战略的内核。

史家小学在科研发展的进程中形成了自己独特的研修文化，即宽松民主、共谋共识、共为共享、和谐发展。史家小学为教师营造的是自由民主的科研氛围，没有行政命令或者高压政策，有的只是兴校的鼓励支持。教师自主决定是否参与科研、参与什么形式的科研、开展什么主题的研究，整个机制是宽松、民主的。

3. 遵守科研规范

所谓科研规范，主要是指从事科研活动的行为规范，是以科研道德为基础，以科研共同体为主体，对科研及其相关行为做出的规制性安排。美国社会学家默顿提出科学规范应包括普遍性、公有性、祛利性、有条理的怀疑性四个方面。

史家小学严格落实校本管理，聘请专家监督，要求教师遵守科研规范，做规范化的科研，鼓励人人做科研，要求教师要追求真理、分享成果，保持科研的纯粹性，保持怀疑精神。教师们自觉遵循，养成了良好的科研习惯和严格的科研纪律，科研规范已经成为一种教师群体中的共识和文化自觉。教师们自主做研究，人人都能享受学校提供的丰富资源和支持。教师们不抄袭别人成果，而是脚踏实地获得自己的研究成果，追求实践问题的答案。

4. 坚持科研精神

史家小学坚持务实、严谨、创新的科研精神。其中，务实意味着教师在选择主题、搜集资料、开展研究等过程中坚持实事求是的态度，坚持科研要解决实际问题，科研要对改善教育教学实践有所帮助；严谨是指教师们在科研过程中严格要求自己，用一种科学谨慎的态度对待科研；创新指的是教师能够在研究室追求新思路，找到新方法，带来教育教学的新变化。

5. 开展课题研究

史家小学坚持以教师遇到的困惑为课题，鼓励教师立足问题、依靠课题、解决实践中的难题。课题研究是科研的基本途径和形式，没有课题就谈不上研究，更谈不上科研兴教。

在教育科研的带动下，史家小学迅速地实现从"经验型"教师向"研究型"教师的转变。学习浓厚的教科研氛围涵养了教师知性、理性的气质。教师在研究中成就了自己，促进了专业素养的全面提升；同时也成就了学校，教师不断探索教育教学规律和方法，不断研究学生、研究自身，这些都是完善和谐教育理念的重要途径。通过研究，史家小学教师始终走在教育教学改革的前沿，始终保持教育教学理念的领先。

第三节　和谐教育打造合作团队

相传，佛教创始人释迦牟尼曾问他的弟子："一滴水怎样才能不干涸？"弟子们面面相觑，无法回答。释迦牟尼说："把它放到大海里去。"

的确，一个人再完美，也只能是一滴水；而一个团队才可能成为大海。

一个有竞争力的组织，不但要求有优秀的个人，更要有优秀的团队，一所学校同样如此。

马卡连柯在《论共产主义教育》中论述："应该有这样的教师集体：有共同的见解，有共同的信念，彼此间相互帮助，彼此间没有猜忌，不追求学生对个人的爱戴。只有这样的集体，才能够教育儿童。"①

史家小学之所以能够成功实施和谐教育，由一所办在旧庙（史可法祠堂）里的普通学校跃入北京市乃至全国的名校行列之中，很重要的一个原因就是较早地提出了和谐教育理念，非常有远见地培养了一支具有高度责任感和使命感的优秀教师队伍。

一、史家小学重视教师之间的团队合作

史家小学原校长、史家小学终身名誉校长卓立校长说，一所学校努力按照三个面向（即教育要面向现代化、面向世界、面向未来）的要求创设现代化的育人设施和育人环境固然重要，但更重要的是锻造一支优秀的教师队伍。如果一所学校只有个别教师优秀，不能形成团队的优势，那么这个优势是很难保持的。因此，史家小学的教师队伍建设不是要锻造屈指可数的名师，而是给予每位教师发展的机会，从而打造"名师团队"。

（一）团队合作的内涵

1994 年，组织行为学权威、美国圣迭戈大学的管理学教授斯蒂芬·罗宾斯首次提出了"团队"的概念：为了实现某一目标而由相互协作的个体所组成的正式群体。在随后的 10 年里，关于"团队合作"的理念风靡全球。

所谓团队合作，是指一群有能力、有信念的人在特定的团队中，为了一个共同的目标相互支持、合作奋斗的过程。团队不同于群体，它强调 1 + 1 > 2，强调的是工作中的合作与沟通、主动与责任，强调要有一种统领一切的精神，在这种精神的指引下，既实现整体的成功，又促成个体的发展。

----

① 马卡连柯：《论共产主义教育》，人民教育出版社 1954 年版。

教师的团队合作，就是指教师这一群体在学校这一特定环境中，为完成学校教育目标而相互支持、相互合作、共同奋斗的过程。

（二）史家小学的团队合作观

史家小学认为，团队的力量是强大的。一所学校只有个别教师优秀，不能形成团队的优势，那这个优势很难保持长久。因此，学校给每位教师发展的机会，从而打造"名师团队"。既然称为团队，就需要具备"团队精神"。学校非常注重培育团队精神。实施和谐教师理念过程中，史家小学全体教职工认识到，团队协作精神是人的一种基本素质。一名优秀的教师除了专业知识以外，还应该有优秀的团队合作能力，这种合作能力与专业知识技能一样重要。在集体中，每个人都有自己的地位和价值，要想得到别人的帮助，必须先帮助别人。每一名教师都把对同事的支持视为最优先的事，懂得取胜要靠大家协调合作的道理。在团队中，教师要学会欣赏别人，认识到欣赏是一种人格修养、一种气质的提升，它有助于自己逐渐走向成熟、走向成功。

卓立校长说："建好的教师队伍不是说校长、局长把最好的老师放在你们学校。每个学校都有好的、中间的、差的。怎么好呢？整体优化，这也符合马克思主义系统论的思想。这是一个系统，不是个别。就像一架机器似的，不是这架机器全拿合金钢做就是好机器。关键在两条：一是选择合适的材料，二是每部分都要发挥作用。一个学校也是这么两条：一是选择合适的岗位，二是充分调动积极性。"

在这一理念的指导下，卓立校长和王欢校长从不轻言解聘教师，而是尽量挖掘每位教师的特点和潜力，把他们放在合适的岗位上，"只要有才能，在史家小学不会浪费"。

现在，和谐教育理念已经融入史家小学每位教师的思想和行动中。在和谐教育理念的凝聚作用下，整个教师团体形成的堡垒很坚固、很强大，方方面面都能发挥作用。

"史家小学的任何一项成绩都不是个人的，都是属于集体的"，许多教师这样由衷地感叹。的确，史家小学的任何一项集体荣誉或任何一项备受瞩目的大型活动，都是所有教师群策群力的结果；任何一位教师所取得的成绩，都离不开背后强大团队的默默支撑。

二、史家小学如何打造合作团队

史家小学近年面临的问题是，学校办学规模扩大，每年都有数量比较多的新教师加入到教师队伍中来。2005 年，史家小学搬入新校址以后这种情况愈加突出。在原校址时，史家小学共有教师 60 多人，到了新校址，教师队伍急剧扩张到将近 300 人。现在，史家小学的教师队伍结构发生了很大的变化，教师队伍的数量也是原来的五六倍。

随着教师队伍的扩大，史家小学通过师徒结对、同事互助、集体合作等方式，帮助新教师融入整个教师团队，最终将教师团队打造成为一支"坚不可摧"的力量。

（一）师徒结对

所谓师徒结对，简言之就是安排一位有经验的教师来担任新教师的指导教师（即师傅），与新教师结成对子，进行一对一的"传、帮、带"。在教师入职领域，有一个与之较为相近的概念——师徒式教学指导。

1. 师徒制历史渊源

师徒制在我国由来已久，即老师带领学生进行学习、工作、生活，使学生更好、更快地融入工作当中的一种形式，曾一度成为青年掌握技能的重要途径。过去新工人进厂，均由企业指定技能高超的师傅进行传帮带，2 至 3 年学徒期满后，则由企业对其进行技能考核，确定徒弟的技能等级，达不到要求者还要延期出徒。

学校中的老教师带新教师的这种师徒制，实际上体现的是同事间的一种特殊的合作关系。这种合作关系与陶行知先生所提倡的"艺友制"师资培训方法有诸多相似之处。陶行知在《艺友制师范教育答客问》一文中系统地解释了这一方法。他说："艺友制是什么？艺是艺术，也可以做手艺解。友就是朋友。凡用朋友之道教人学做艺术或手艺便是艺友制。"推而广之，"凡用朋友之道教人学做教师，便是艺友制师范教育。""艺友制"强调师与生之间亦师亦友，强调"人人以'朋友'之道互为艺友、互教互学、共同进步"。在学校里，老教师既是师傅又是朋友，新老教师在合作中共同进步，共同成长，这便是学校中的师徒制。

2. 国外的师徒制

在各个国家的入职引导计划里，许多国家都采用了为新教师指定指导教师的"师徒制"方法。美、英、日等国均制定了有关"师徒制"的相关法律法规。

（1）美国的新任教师入门指导计划

新任教师入门指导计划是美国 20 世纪 80 年教育改革的产物，是加强师资队伍建设的重要举措之一，受到广泛关注并成为"发展最迅速的运动"之一。截至 2003 年，美国已有 38 个州设置了新教师的入门指导计划。其中，22 个州为新教师的入门指导计划提供资助，29 个州将导师制作为新教师入门指导计划的策略。由于美国实行的是分权式的教育管理体制，因此各个州的教师入门指导计划不尽相同。但是"师徒结对带教"是一种被美国中小学广为采用的新教师培训模式。

（2）英国的新教师入职培训制度

1999 年，英国正式推出了新教师入职培训制度。按照《1998 年教学与高等教育法案》的规定，1999 年 5 月 7 日以后获得合格教师身份且第一年参加工作的新教师必须完成三个学期（或相当）的法定入职培训，才能在培训结束后继续在公立和私立中小学中任教。英国新教师入职培训制度规定，每一个初任教师都有一名指定的指导教师，一名指导教师可以指导一至多名初任教师。如果学校中有两个以上的指导教师，还需要引导协调者协调他们的工作。这标志着一种全新的教师培养模式的确立，使入职培训处于与职前培养和教师在职进修同等重要的地位。

（3）日本的新教师研修制度

1987 年，日本文部省在试行初任教师研修制度时，制定了《年间研修计划要领方案》，其中对指导教师的指导重点和教育中心的研习内容作了具体的规定。如指导教师要在校长及教导主任的指导下，为初任教师的校内研修制定年度计划，填写培训日志，汇报培训实际情况以及有关培训会议的详细评论，并做好指导的后续工作。而初任教师都要参与校内研修，都有相应的指导教师负责他的校内研修。日本对新教师这种一对一的指导方式带有一定的强制性，在初任教师研修制度中对其作了统一的规定。

3. 史家小学的师徒制

近年来，国内不少学校也都采取"师徒制"的方式来促进新教师的成长。然而，这种方式却因为诸多客观因素并没有成为普遍适用的培训方式。

而在史家小学，师徒制早在 20 多年前就已经确立，并在培养青年教师方面取得显著效果。这种传统延续至今，并被发扬光大，成为新教师融入团队、提升专业素养的有效机制。

史家小学一贯重视年轻教师的培养，一贯重视新老教师的传帮带。年轻教师来到学校的第一件事就是认师傅。在师傅的带领下，年轻教师经历从入门到胜任、再到成熟的过程。他们在上一节课之前，先带小马扎去听师傅如何上这节课，与师傅交流之后再讲自己班的课。前任后勤副校长南春山，他的师傅是胡老师。胡老师曾带着南老师一起备课，知无不言，言无不尽。第二天，胡老师讲，南老师听，下午反过来。两节课上完之后互相讨论，分析总结教学中的优点和不足。

每位史家小学的教师，都曾受惠于师傅在各方面的引导，都有说不完的关于师傅的故事。通过这种口耳相传的方式，学校端正的风气、优秀的经验得以代代相传。就这样，老教师一点一滴地把教育教学经验传递给年轻教师，慢慢地把他们带起来。师傅对徒弟的影响是多方面的，年轻教师从老教师身上获得的不仅是能力的提升，还有对教学工作一丝不苟的敬业精神和扎扎实实的工作态度。同时，师徒之间也结下了深厚的情谊。

专栏5

王继荣书记眼中的"师傅"——刘淑敏

刘淑敏老师 1955 年参加工作，一直在史家小学任低年级班主任。我能成为她的徒弟，这是我教师生涯中的幸事。

在跟师傅学习的日子里，几乎每天师傅都要给我上示范课。我总是先听师傅的课，再上课，就这样听一节上一节，师傅耐心地手把着手教我，我才学会了如何备课、上课、辅导学生、判作业等。是刘老师的引路，是刘老师毫无保留地把自己的经验全部传授给我，使我在史家小学这片沃土上快速成长起来。

刘老师不但要上课、带徒弟，还要经常做接待课、观摩课。听师傅的课真是一种享受！

刘老师的课非常有特点。

①师傅上课特别有激情。不管在什么时候上课，她总是精神抖擞，以饱满的热情全身心地投入到课堂之中去。

②刘老师的课富有极强的感染力，生动、活泼，特别符合低年级孩子的特点。

③刘老师上课说话的表情极为丰富，她的眼睛会说话，肢体语言恰到好处。她的表情和以姿势助说话的动作特点深深地吸引着孩子们，使他们爱上课、爱老师。就连我这个天天听课的大学生每天都被感染着。

那时候上课没有多媒体和电脑，就连幻灯片都没有，就靠一支粉笔、一根教鞭，最多就是几张识字卡片。想想看，45 分钟的时间全靠教师在前面表演、引导，该有多难！然而，刘老师的课总是很有趣：一个表扬的眼神、一个安慰学生的手势、一句鼓励孩子的话语，深深地吸引着孩子。学生饶有兴趣地跟着她在知识的海洋里遨游。

那时候，我们学校的接待任务也很重，经常在大礼堂做公开课。为了锻炼我，有时候师傅特意安排让我上。为了让我更好地展示史家小学教师和学生的水平，师傅全面指导我，包括汉语拼音的发声、教师的范读、领读、书写，一步一步地指导、演示、模拟。听课的人来了，我有些紧张，她就坐在我旁边给我打气助威。这些动人的场面，至今想起来还历历在目。我就是在史家小学老一代教师精心地指点下，逐渐成长起来的。①

史家的优秀传统之一就是传帮带。2005 年，史家小学搬入新校址以后，学校的办学规模快速扩大，每年都有二三十位新教师加入到史家小学，大

---

① 王欢、金强、金少良、王伟：《和谐教育：史家小学的教育理念》，中国发展出版社 2012 年版。

量新教师的涌入，并没有像原来担心的那样给史家小学的校风、学风带来
冲击，不但没有冲淡史家小学和谐教育这杯浓茶，反而增加了学校的生机
与活力。一方面，这说明史家小学的传帮带作用非常强大，新教师很快融
入学校和谐的工作氛围中；另一方面，也说明和谐教育理念得到了新教师
的接受和认同。在接受和认同的基础上，这些新教师自觉地以和谐教育理
念指导自己的教育教学工作和人际交往，很快融入以年级组为单位的教师
团队。他们接受了学校的办学理念，把工作做得很好，丝毫没有给和谐教
育理念带来冲击。

和谐教育理念是深入人心的。现在年轻教师的思想非常多元，强制教
师们接受学校的办学理念非常困难，只有教师自觉、自愿地认同，和谐教
育才能得到有效的实施。

（二）同事互助

和谐的工作氛围，不仅能够愉悦身心，而且能够激发教师的工作激情。
和谐氛围取决于学校领导为教师们营造的人文环境，也取决于教师之间的
关系。教师之间的关系包括不同年级教师之间的关系、各个学科教师间的
关系、同年级教师间的关系、同学科教师间的关系、班主任与任课教师间
的关系等等。

教师间由于年龄、经历、所任学科及兴趣、能力、气质、性格方面的
差异，难免在工作中存在矛盾与冲突。但在史家小学，教师们非常和气，
没有"小集团"。教师之间的沟通非常真诚，每一个笑容、每一句话语都是
自然流露，教师之间没有戒备，更没有敌意。

"愿意来学校上班"，这句朴实的话道出了史家小学教师之间的相互信
任。许多教师视史家小学为家园，因为在和谐的关系中，每位教师体会到
了"家"的温暖和支撑。

1. 互通信息，增强交往

由于平时教师们都在自己班级里工作，与教研组以外的教师交流得相
对少，尤其是不同年级之间的教师交流得更少。

因此，每年假期，史家小学都想方设法让教师们到全国各地旅游。旅

游不是为了休闲游玩，一是为了促进教师之间的交往，二是为了给教师增加更多直观的知识。教师讲海港，如果自己没见过海港，那讲出来的内容肯定与亲眼目睹过的不一样。教师如果没有见过大海，也不能充满感情地讲大海。

同样，史家小学还经常组织教师家庭游，教师之间的交流也得以促进。学校组织家庭游也不是单纯地为了玩，而是学校与家庭之间、教师之间进行交流沟通，增进彼此的相互理解。通过家庭游，不同年级组的教师成了好朋友，家属之间也成了好朋友，更加配合学校的工作。

2. 互勉共进，团结协作

在史家小学，教师之间团结协作、共同帮助、谦虚谨慎、互相学习。青年教师虚心向老教师请教，真诚接受老教师的指导。老教师也要虚心向青年教师学习长处，热情指导他们，帮助他们提高教学水平。

并不是只有师傅对自己的徒弟非常关爱，所有老教师对年轻教师都是非常关心的。

专栏6

教师互帮、互助、互学

有一次，宋莉老师上完一节课后，不知道该向谁请教，因为学校只有她一位英语教师。这时，王仲生老师主动把宋老师叫到办公室，认真细致地对这一节英语课进行了点评。虽然王老师是体育特级教师，但他对英语课堂的点评非常到位。他同时告诉宋老师："别的教师听完你的课后，你一定要拿着笔记本请别的教师评论一下，这对提高你的教学水平大有帮助。"这让宋莉非常感动。老教师把自己的经验倾囊相授。后来，找听课的教师评课的习惯，宋莉老师坚持了许多年，确实受益匪浅。[1]

史家小学的教师从来都不是一个人在战斗，一位教师遇到问题，所有人都会自愿地提供帮助。

---

[1] 王欢、金强、金少良、王伟：《和谐教育：史家小学的教育理念》，中国发展出版社2012年版。

闫欣非常幸运，她工作一年后，学校请刘淑敏老师当她的师傅。在师傅的指导下，第二年，她就有机会代表学校做市级公开课。

史家小学为年轻教师搭平台，教师们成长很快。为了做一节课，整个年级组的教师共同备课，有了初步的设计后还要去教研室征求意见，回来后再反复备课。刘老师当时是返聘教师，一直陪着去教研室，这让闫欣非常感动。卓立校长和项红校长也都亲自过问。这种关心让她有压力，更多的是动力。在正式讲课那天，她的师傅刘淑敏坐在台下听课，课上得很成功，刘老师激动得流眼泪。①

3. 互相尊重，心理相容

一所学校的工作氛围特别重要。如果一所学校的工作氛围不好，教师经常持不同意见，将不可避免地产生矛盾和冲突。和谐的工作氛围能够减少内耗，让人们感觉到快乐和幸福，把精力放在工作上。如果教师之间相互敌视或防备，没有人愿意在这样的环境中工作，肯定也会非常痛苦。

专栏7

教师之间需要和谐的工作氛围

寿小曼老师在英语组德高望重，她常常引导大家体会"吃亏是福"的道理。她说："别总想着自己多做一件事就吃亏了。你做了好事，大家都喜欢你，你为自己营造了愉快的工作氛围，如果有一天你需要别人的帮助，别人一定会不遗余力地帮助你。刚开始可能觉得是在吃亏，但事后想一想，你可能学会了很多东西，是一种工作经验和人生阅历的积累。不能总想着，我做了别人没做。每一位教师都尽量多做一些事情，尽可能地帮助别人，这样的团队才会和谐、有战斗力。做任何事情都会从中学到一些东西。"②

在史家小学，每一个教师都散发出来一种温暖的气息，这种温暖一直包围着你，让你感觉到学校上班就是一种幸福。即使工作很忙，一个事情

①②　王欢、金强、金少良、王伟：《和谐教育：史家小学的教育理念》，中国发展出版社 2012 年版。

接着一个事情，但是只要有求于同事，有时甚至不用打招呼，就肯定会有人伸出援手，获得的不只是帮助，更是一种直达内心的温暖。

如果遇到哪位教师外出，需要有一些承担代理班主任的工作，通常这种事情根本就不用学校出面协调，其他教师就会主动请缨，只有外出时间过长时，学校才会找到相关学科教师代课。代理班主任负责学生的日常学习生活。有时候他自己的课也非常多，但都会自己克服困难，争取不给学校添麻烦，让外出的教师在外工作分外踏实。教师们都有这样的一种想法：把眼光放长远，就会收获更多的东西，不要计较眼前的得失。教师在学校的时间比在家的时间都长，如果工作的环境能像家里一样和谐，同事之间能像家人一样互敬互爱，那每个人都愿意来学校上班。

4. 集体合作

史家小学的任何一项集体荣誉或任何一项备受瞩目的大型活动，都是所有教师群策群力的结果；任何一位教师所取得的成绩，都离不开背后强大团队的默默支撑。

2009 年 11 月 22 日，人民大会堂内一片欢声笑语，7000 多名学生、校友、家长齐聚参加史家小学 70 周年校庆，温家宝总理亲笔为该校成立 70 周年题词"学思知行"。

晚会突出和谐的思想，校友、教师、学生同台演出，学校合唱团、管乐团、舞蹈团等多个团队的 1000 多名学生参加演出。老师、校友、学生朗诵了诗歌《阳光校园》，著名演员濮存昕朗诵诗歌《我的小学张老师》，中央电视台少儿频道主持人花儿姐姐、小时姐姐、红果果、哆来咪与同学们同台演出，特别是学校把在史小工作 30 年以上的老教师请到会场，与他们的学生相聚，感人至深。整场晚会喜庆、热烈、温馨。

一位学生家长在博客中写道："晚会给我印象最深的不是华美的舞台、璀璨的灯光、精彩的节目，而是晚会严密的组织，可以说是滴水不漏。近千名演职人员，加上庞大的后勤队伍，6000 人的观众，居然井然有序，热闹而不杂乱，这是功夫，这也是史家的特色吧。搞这么大的活动，也能做到从容不迫、挥洒自如！"

70 年校庆可以说是史家小学办学成就、教师风采的集中展示。校庆的整个组织过程突出体现了学校干部团队"只补台、不拆台"的精神。校庆筹备过程中，范汝梅副校长负责台上所有的节目，金强副校长负责台下组织协调工作。如果没有其他干部和教师的全力配合，校庆不可能取得成功。

人民大会堂参加校庆活动的校友、家长、教师、学生近万人，要做到进场和退场井然有序非常不容易。学校干部带领教师之前做了许多细致的工作。校庆开始前，学校主管后勤和德育的干部到人民大会堂和学校周围实地考察，根据实际情况绘制了车辆停放位置和交通路线的图纸。有了这张图纸，不同年级、不同班级的学生所乘坐车辆的车号、停放位置和路线一目了然。学校的每一位干部负责一个年级学生的组织协调。每一辆车都有指定的教师负责，分工非常明确。到达人民大会堂后，由指定教师按既定顺序引导学生和家长到达指定座位。校庆结束，满载学生的车辆从人民大会堂返回学校，家长根据学校提供的图纸找到自己孩子所在班级的车辆停放的位置，把孩子带回家。这些工作需要许多部门、许多教师的通力合作。

学校所有的大型活动突出学校整体的精神状态，团结协作的精神表现得淋漓尽致。任何一个活动都是各个部门协作完成筹备工作，只依靠一个部门的力量根本无法完成。有些大型活动在其他学校可能是不可想象的。史家小学组织所有的活动都井然有序，没有因为组织工作失误而造成活动无法开展。在活动中也会遇到意想不到的事件，每个人看到之后都不会不管，都会积极想办法解决，这是一种主人翁的态度。史家小学的团结不是虚假的表面功夫，内在与表象完全一致。

第四章 尊重 理解 协同

——关于家长的和谐教育观

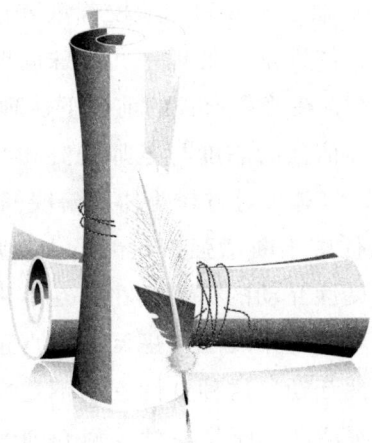

　　教育离不开家校合作。正如苏联教育家苏霍姆林斯基所说，"最完美的社会教育是学校教育和家庭教育的结合"，只有两者形成合力，才能促进学生的健康发展。小学教育更是如此。学校和家庭的和谐共进，不仅能够为孩子提供良好的成长环境，还能促进形成良好的亲子关系和师生关系，对孩子一生的成长都会产生积极影响。

　　但在当今社会，部分学校和家长之间存在很多误解。例如，有的家长认为学校需要的只是百分百服从的家长，而有的教师也抱怨家长只会用怀疑和批评的态度审视老师。在这种情况下，学校和家长很难就怎样教育孩子达成一致，会对孩子的健康成长产生很多不利影响。

　　作为和谐教育的践行者，史家小学的家校合作则是一种协同教育，学校和家长是一种平等的伙伴关系，在相互尊重和相互理解中形成合力，不断提高教育水平。综观史家小学的家校合作实践可以发现，首先，尊重是其形成良好家校关系的基础。一方面，学校尊重家长，把家长看作合作伙伴。在日常的家校相处，特别是在处理一些特殊问题的过程中，把平等的理念作为尊重家长的基石，在尊重家长的前提下达到教育效果。另一方面，家长也尊重老师，以一种信任的态度与老师交流和配合，当与学校的教育理念发生冲突和矛盾时，将尊重对方作为协商解决问题的前提。长此以往，学校和家长对彼此的信任感不断增强，在无形中形成了良好的家校关系。其次，理解是实现家校良性互动的抓手。在相互尊重的前提下，史家小学的老师和家长经常站在对方的角度上考虑问题，真正实现了相互理解，通过共同协商实现家校良性互动。这种良性互动不是光靠生硬的说教，也不仅依赖于一次沟通或一次活动，而是在学校耐心细致的每一次工作中得到体现，在家长的每一次主动沟通中得到加深。史家小学和谐的家校环境正是在这种良性互动中逐渐形成的。最后，协同是提升家校合作水平的关键。尊重和理解为学校和家长之间的高水平合作奠定了基石。学校不仅仅将家长看成是支持者，家长也不单纯把学校作为管理者，家庭与学校成为相互关联相互依存的统一整体，双方在沟通协商中不断提高家校合作水平，通过集体行动共促孩子健康成长。

在相互尊重和理解的基础上达到协同共进，史家小学的家校合作在实践中摸索出一种行之有效的模式，这一模式的成功不仅仅是"尊重、理解、协同"这六个字的简单诠释，更多地体现在学校、老师和家长对于家校合作的每一个具体理念和每一次实践中。

第一节 构建以学生为中心的平等家校关系

对小学生而言，家庭和学校是其成长过程中最重要的两大教育系统。这两大教育系统既相互独立，又相互联系。"协同教育"即在素质教育观念的指导下，学校和家庭等方面教育资源、教育力量彼此主动协调、积极合作、形成合力，实施同步教育。①

为让家庭教育和学校教育紧密结合、携手育人，促进学生健康快乐成长，一直以来，史家小学都将家庭教育视为学校整体工作中不可忽视的教育资源，在家校合作的实践中逐步形成了独具特色的家校协同理念。

一、史家小学的家校协同理念

学校的家校合作理念直接影响到教师和家长对家校合作的态度，对家校合作效果起到至关重要的作用。史家小学在家校协同中注重以学生为中心，认为家长在其子女的教育上与学校是平等的伙伴关系。这些理念已成为其和谐教育必不可少的组成部分。

（一）以学生为中心

美国学者爱泼斯坦的重叠影响域理论曾提出，学校和家庭的决策、父

---

① 孙庆曜："谈小学德育协同教育的策略"，《教育探索》，2002 年。

母与教师的互动以及他们对家校合作的理解与反应，将对孩子的学业成就和社会化发展产生极大影响。因此，要将学生置于重叠影响的中心，即无论家庭与学校之间的重叠区域如何变动，孩子永远处于中心位置。①

当前，我国的家校合作实践往往只关注家长与学校的联合管理，而忽视了这一过程中学生的参与。由此导致部分学生产生畏惧或者抵抗心理，影响了家校合作成效。史家小学秉承"一切为了孩子"的教育理念，在家校协同中十分注重学生的感受和参与，切实将学生看作家校合作的主体，在活动设计中重视学生参与，致力于通过家校合作为学生发展创造更好的成长环境，促进其身心协调健康发展。

史家小学的一位老师表示，家长、老师、学生三者虽然每人都有着不同的角色，但学校可以通过引导、组织把三者有机结合起来，提高教育实效性。比如，家长可根据老师需求提供必需的社会资源，而老师把这种资源恰当的组织起来，通过精心设计，有目的地引导学生，在活动中调动起学生兴趣，发挥学生的主观能动性，最后教师再把组织好的活动呈现给家长。这样一来，一方面，学生在活动过程中锻炼了各种能力，促进了与家长的沟通；另一方面，家长看到学生各种能力的展现，不仅对孩子有了更多的了解，还会感受到与老师合作能够发挥最佳教育效果，从而形成合力，共同促进学生的健康快乐成长。

而这些，都需要学校通过自身的专业教育职能，引导教师发挥知识与技巧，有效地把三者融入其中，达到共赢。这样不仅能增进家长、教师、学生三者之间的感情，还有利于帮助解决今后教育中所遇到的难题。例如，在一次"学会感恩父母"的班会中，这位老师组织家长提供一些有效的资源———一些有纪念意义的物品，例如给孩子记录下来的成长日记、精心设计的相册、保留下来的小衣服、为孩子留下来的有纪念意义的东西等，以及一些从没有对孩子讲过的事情或想对孩子说的话。这些事情家长可能做过，但是可能没有适时的机会给孩子看，并且有些话，包括自己内心的感受，也从没有和孩子交流过。而作为老师就要恰当地组织、引导、利用好

---

① Epstein, J. L, School, Family, and Community Partnerships: Preparing Educators and Improving Schools. US: Westview Press 2001. P31.

这些资源优势，给家长和孩子搭建这样一个平台。

　　教师在和家长沟通后，要对每一个家长提供的纪念物进行分类、筛选、编排，对于有些家长提供的有意义的纪念物还要进行个别指导。大部分家长提供的分别有成长日记、小衣服、脱落的乳牙、胎毛、成长相册这几类，个别家长也提供了一些有"纪念意义"的东西，例如，有的家长送给孩子的是救活自己孩子性命的一枚挑针用的"钢针"；有的提供的是儿子从小到大吃穿用的小东西；有的家长为孩子编辑了出生后的成长声音；有的家长提供的是孩子刚出生几天时孩子"吃喝拉撒的琐碎小事"的记录……作为教师应把这些比较特殊的、具有典型的东西筛选出来，最为重点发言对象，同时对个别内容有效地进行编排。例如，让那个送钢针的家长说说"为什么送钢针"并进行录像，在班会上放给同学看。有的还可根据学生的平时表现及特点与家长再次沟通，请其提供更好的资源。例如，某学生经常因为学习与妈妈吵架，这次他妈妈提供了自己在怀孕时就开始给孩子记录的成长日记本。于是老师请求家长把为什么要送这本日记以及自己想对孩子说的话录下来，当场放给孩子看，以便让孩子理解这种爱，并化解彼此之间的矛盾。

　　接下来，教师就要对班会的具体环节进行精心安排。班会虽然就两个大环节，但是每一个环节中的细节也要重视。在"感受父母的爱"环节中，学生拆开礼物与信件的同时要播放一些比较抒情的音乐来烘托气氛，老师在学生交流礼物与信件的同时要精心设计好导语；在"回报父母的爱"环节中，教师对学生应有必要点评和适时互动，让每个家长参与其中，感情融为一体。最后，让孩子们为父母唱起手语歌《感恩的心》来结束班会，使感情达到最高潮。在一切工作准备就绪后，还为家长送去了精美的邀请函，欢迎家长到场参加。

　　班会召开当天，在拆开爸爸妈妈送给他们的礼物并朗读爸爸妈妈写给他们的信时，孩子们哭了。在交流过程中，他们渐渐感受到父母给予他们的爱是那么宽广、那么深沉、那么无私……在场父母也从孩子的言语中感受到了孩子的成长、孩子的懂事。孩子不仅从家长的信和礼物中感受到父母的爱，同时也感受着其他家长对同伴的爱。这样一来，每个家长、孩子都会在这种真实的爱中相互感染、相互教育。当孩子谈到要怎样回报父母之爱时，场下的父母们也落泪了。

班会开得很成功，每一个学生都在以后的生活中有了不同的变化。同时，家长也说："不仅孩子有了变化，这节班会也使我们家长受到一次精神上的洗礼。我们会配合学校教育自己的孩子，不仅要学会感恩父母，还要学会感恩老师、感恩学校、感恩社会。"

这次班会活动之所以开展得比较成功，源于家长与老师的合作，而最关键的是教师恰当地组织、引导家长这个天然的"资源优势"，让学生感受与体会不同家长对待同一事物的不同感受与态度，充分调动了学生积极主动地去理解与关心他人的情感。所以，家校合作只有围绕学生为中心展开，才会达到完美的教育效果。

（二）平等的家校关系

协同教育理论认为，学校和家庭作为教育大系统中处于不同位置的子系统，要想形成高效的协同效果，必须首先建立理想的协同关系。而现阶段，国内的家校关系多为以学校为主导的较低层次家长参与，具体表现为家长开放日、作业展览等形式上的活动，家长仅仅享有知情权，难以与学校形成教育合力。

史家小学在家校协同中强调家校双方主体地位的平等，认为两者是具有平等地位的主体，各自在小学生的成长和成才过程中具有相互不可替代的作用，只有相互尊重、相互理解，才能更好地达成合作共识，发挥各自最大的资源优势，并最终形成教育合力。史家小学平等的家校协同关系不仅体现出学校对家长的影响，在家校合作中搭建平台，创设良好的家校合作氛围，为家长提供专业的家庭教育指导；也表现为家长对学校的影响，通过为家长提供更多参与学校教育的机会，让老师在与家长的相互交流中逐渐成长，不断增强自身的教育职业性。

例如，为增进学校与家庭之间的相互了解和理解，促进家长间的沟通和交流，充分发挥家长在学校管理中的作用，共享教育智慧，形成学校和家庭教育合力，史家小学建立了家长委员会制度。史家小学家长委员会由校级、年级、班级三级家委会组成。2014 年，史家成立了新一届校级家委会，共 26 人，所有成员均通过家长自荐、年级家委会推选、学校推荐三种方式产生。

依据《史家小学家长委员会章程（草案）》，家长委员会拥有以下权利：①知情权：获知学校的办学理念、工作计划和工作总结，有权提出自己的相应意见和建议。②参与权：参与学校教育教学重大活动，对学校的教育教学工作和日常管理提出意见和合理化建议。③监督权：作为其他家长代言人，对学校工作及教职员工给予监督和评议，向学校反馈家长的意见和要求。④表达权：制定家长委员会工作计划，组织召开有关会议，研讨有关事宜，表达和传递广大家长的意愿。家长委员会应承担如下义务：①优化教育环境：向广大家长和社会团体宣传学校和谐教育理念和办学实践，宣传学校的教育教学工作成果，争取社会各界对学校的理解、信任和支持，为学校不断发展、壮大做出贡献。②整合教育资源：充分利用自身专业优势，为学校发展提供教育资源和志愿服务，参与到学校文化建设、校本课程研发、金牌项目推进和五大基地建设中来。③沟通家庭与学校：听取家长对学校工作的意见和建议并及时反馈给学校，主动协调学校、班级、家庭之间的矛盾，消除相互间的误解。④开展家长教育工作：通过开办家长学校、组建家长俱乐部等形式，组织开展家庭间的沟通和交流，为家长创造良好的学习氛围和环境。

家校委员会的成立，从制度层面对学校和家长的高层次协作进行了深化，不仅体现出史家小学家校合作中的"和谐"理念，也使家长能够以平等的身份参与到家校合作中，形成学校和家庭教育合力，促进学生健康快乐成长。

二、发挥教师在家校合作中的桥梁作用

教师是家校实现真正合作的桥梁，在家校合作中起着十分重要的作用。一方面，教师是学校的代表，是家校合作理念的具体实施者，必须要深入理解并消化学校家校合作的相关理念和做法；另一方面，教师又是与家长的直接接触者，要将家校合作的理念具体化、有形化，以家长容易接受的方式引导其形成正确的教育理念和方法。因此，教师素质的高低和对家校合作理解程度的强弱直接影响到家校合作的效果。

史家小学的教师在家校合作中本着相互尊重、相互理解的原则，不仅能够在实践中恰当运用心理学和教育学知识，还时刻体现出因材施教、育人为本的爱心和耐心，在帮助家长形成科学教育观和态度的同时，实现较好的教育效果。

（一）"引导"而不是"灌输"

当前，还是有部分教师在家校合作实践中仅仅将家长看成是旁观者，习惯于向家长发号施令，影响了和谐家校关系的形成。而史家小学的教师在实践中十分注重发挥专业和引导作用，以具体问题为切入点推进家校协同，而不是一味向家长灌输自己的教育理念。

一位老师曾经遇到过这样一个男孩小G，他控制不住自己的语言，常常在不该说话时说话，和同学相处时经常先出言挑衅，偶尔还会对同学动手。小G虽然调皮，学习成绩却一直都很不错，在班里名列前茅。父母对他要求很严格，考不好会有惩罚，挨骂挨打是家常便饭，还经常被惩罚抄卷子。因此，小G虽然淘气，但是对成绩很紧张，只要考试成绩不理想，就会在放学之前碎碎念："回家又要挨打了。"有一段时间，小G成绩下滑很厉害，各科都出现了80多分，语文甚至只考了70多，作文写得也很费劲，经常是各种凑字，但总达不到字数要求。

这位老师看到这些情况之后，经过了解，发现小G的父母文化水平都不高，教育孩子方法简单，考试成绩和老师电话是唯一的衡量标准，只要达不到要求，必定是一顿好打。小G的爸爸工作很忙，不常在家，偶尔回家听到的往往是诸如孩子把同学打了、考试不好等各种"劣迹"，因此爸爸经常怒火中烧，把孩子打得挂彩。妈妈性格相对文弱一些，随着孩子年龄的增长，妈妈的说教和训斥作用不大，因此经常把小G的表现攒着一次性告诉爸爸，由爸爸来实施惩罚。小G挨打后还要机械地抄写卷子、课文等。时间久了，这种粗放的教育方式呈现出反作用，小G经常刚挨完打就故态复萌。

针对这种情况，老师认为，只是单纯告诫家长不要打孩子是不起作用的，正确的家庭教育理念不可能一朝一夕形成，必须在实践中加以正确引导，制定具体的实施方案，才能达到良好效果。因此，老师首先通过沟通和小 G 的父母明确了以下内容：①简单粗暴的管理方式已经失效，孩子年龄增长，对皮肉之苦的承受力增加，产生了自暴自弃的想法，认为回家不过是一顿暴打，先痛快了自己再说；②大量的机械抄写打击了孩子的积极性，使孩子认为学习没有乐趣，过分追求分数；③爸爸每次打完都会心痛，会想出各种方式补偿，对孩子也造成了不良的心理影响；④不是不能打，但是绝不能所有的事情都用打解决，应该通过反复讲道理的方式让孩子改掉坏毛病；⑤帮助孩子培养信心，多去肯定他，让他相信自己是受欢迎的。

在此基础上，结合小 G 的在校情况，老师同其家长制定了以下策略：①请小 G 担任班级语文课代表，帮助老师分担工作，管理班级事务，培养其责任感，主动为大家服务；②考试成绩出现问题时，逐题写出错误的原因，根据不同原因总结经验，弥补不足；③针对小 G 害怕写作文的问题，和家长商定，每天回家之后如果和小朋友之间发生了纠纷，要用作文的形式把事情的经过记录下来，其中动作和语言一定要写清楚、详细，有字数要求；④在班级里提出向小 G 学习认真写字、积极完成作业的倡议，帮助他在班级里建立自信，引导同学发现他身上的闪光点；⑤即使出现再大的问题，都要先和孩子谈话，搞清事情经过，由孩子来决定今天的状况是不是应该挨打，如果不想挨打，那么要怎么改正，并自觉选择劳动代替挨打作为惩罚。

经过多次引导沟通，小 G 家长的教育方法有了明显改善，小 G 的情况也逐步好转，考试成绩稳步回升，担任课代表工作认真负责，课间经常协助老师完成班级事务，主动为班集体干活，语文的作文写作水平也明显提高。

从教育学角度来说，不管是什么程度的打骂都会误导孩子，让孩子产生误解。如果这就是家长对待孩子的方式，孩子也将会用不好的行为来引起家长注意。作为一种惩罚方式，打孩子只能将错误行为变成"地下行为"，即孩子在父母面前装作很听话，再背后行事。因此，打孩子不会产生任何积极效果。如果出现家长打孩子的现象，老师应该积极加以引导，不能认为单纯告诫家长"不能打孩子"就行了，而要通过生动的例子循循善诱，并制定具体的措施帮助家长一起克服"打孩子"的冲动，以帮助孩子的健康成长。

（二）"沟通"而不是"传达"

当前，部分教师在家校合作中最容易产生的误区是"过分自信"，对家长实际参与家校合作的能力表示怀疑。这在具体的家校合作中表现为信息以学校为源头单向流向家庭，教师以传达代替沟通，压制甚至抹杀了家长在孩子成长中发挥的作用。

史家小学的教师在家校协同的实践中十分重视交流沟通，注重调动家长的参与积极性，而不是仅仅把家长视为配合者。

正如一位老师所说，孩子之所以出现较为突出的问题，或多或少家长都有责任。要想解决孩子自身的问题，班主任要从做家长工作入手。在这里，做家长工作不单单指孩子有问题就给家长打个电话告知传达情况，而是要站在家长角度考虑问题，发现家教方法不妥时，要及时提出正确方式；当家长无奈至极想随它去时，要耐心疏导家长的心情；只要孩子有一丝进步，就要立刻和家长一起分享孩子的成绩，因为家长也是非常需要鼓励的。

这位老师曾遇到过这样一个孩子小 z：他能量极大，每节课只有十分钟时间能听讲，还要在讲他喜欢的内容的前提下；作业拖拉，磨磨蹭蹭，每天班中学生仅用半小时就能写完的作业，他要用近两个小时，还是在妈妈给请了家教的前提下；他自控能力弱，经常违反校规和班规，妈妈常常为了他学习成绩平平而纠结和焦虑；他在老师提出与自己想法不同的意见时，能幼稚地"诅咒"老师；什么代币制，对于他来说根本作用不大，因为还没到约定日期就会犯下另一个新错误；有时他在老师和他妈妈面前所叙述的事实总是有很大出入，经常造成双方误会。面对这种情况，老师并没有放弃他，而是通过大量的沟通工作来化解和家长之间的误会。经过长时间的相处，小 z 的妈妈越来越信任和依赖学校和老师，一旦孩子在家有什么情况需要帮助，马上就会以短信或电子邮件形式把孩子的所有表现包括所说的话发给老师；遇到疑惑和难题也会虚心请教，从不隐瞒和保留，包括孩子对老师处理问题方法的不理解。经过老师和小 z 妈妈的共同努力，小 z 一直在进步。

由此可以看出，正是老师与家长间的换位思考、求同存异与充分尊重理解，才使彼此之间建立起了真诚、和谐的沟通桥梁，达到了比较好的教育效果。

（三）"有的放矢"而不是"流于形式"

目前，部分学校的家校合作存在随意性强、计划性差等问题，很多活动设计不求实效，往往流于形式。

史家小学教师的家校协同实践，是建立在前期大量的研究准备工作的基础上，这样不仅能避免为了家校合作而盲目开展活动，而且能够根据不同学生的情况采取有针对性的合作方式，取得了较好的效果。

专栏1

培养学生良好读书品质的家校协同实践

为培养学生广泛的阅读兴趣、扩大阅读面、增加阅读量、养成良好的读书品质，李娟老师在一个48位学生的小学高年级班中进行了培养学生良好读书品质的家校协同实践。此次家校合作之前，为了解情况，李娟老师首先对班级的读书现状进行了调研。调研发现，班内学生读书状况存在以下问题：①学生读书时间太少，班中60.42%的学生没有每天读书的习惯；②学生没有良好的读书习惯、盲目读书，27.08%的学生平时阅读书籍囫囵吞枣，粗粗浏览一遍即阅读，54.17%的学生即使做了笔记，也无非是抄几个词；③学生对读书类别涉及的范围较小，难以产生兴趣，家长倾向于给学生购买是优秀作文选、阅读练习册等辅导书籍，很少涉及古今中外的优秀名著、民间传说、科幻读物、百科知识等类别。

针对这些问题，教师根据班级的实际情况，采取了如下干预措施：①家校协同，为学生创设读书的时间。首先取得家长的配合，让家长了解读书是对学生课内学习的补充，是提高学生自身素质的途径，对学生今后的影响是深远的。请家长在家中适当督促并给学生提供在家进行读书的时间。其次，在学校也适当给学生提供读课外书的时间，如晨读、午休、课后管理班等，这样就能保证学生每天读书的时间。②激发学生读书的兴趣，适当开展读书方面的活动，定期向家长汇报展示。首先，平时有意地向学生介绍古今中外热爱读书的一些名人名家，如文学家高尔基、伟大领袖毛泽东、大作家老舍、叶圣陶；并在班中树立典型来激励学生，使学生逐渐认识到只有多读书、肯读书才能提高阅读写作能力。鼓励学生热爱书籍，从书籍中汲取无穷无尽的语言营养、精神食粮。其次，在语文课中开设了课前三分钟活动，每月安排不同内容进行交流，讲求人人参与。例如，通过"成语大师"（讲成语故事）、古诗文诵读、"国事、家事、天下事，事事关心"（新闻交流）、解读名人名言、了解"世界未解之谜"、推荐好书好文章等主题内容，引导、鼓励学生多读好书、勤积累，让学生在交流中提高广泛阅读的兴趣。此外，还定期将这些内容以"队报"或"班刊"的形式编辑出来，在班中壁报中展示。同时将电子稿件或图片发至班级博客或公共邮箱中供家长们赏阅。③结合语文课堂向学生有目的地推荐课外书目，让家长配合购买，不让学生漫无目的地读书。在开学初或授课时定期向学生推荐与本学期教学内容相关的书籍，使读书不仅成为语文课堂教学的延伸和补充。这样将课内外有机的结合可以适当减轻学生的课业负担，更能赢得家长的配合与支持。还针对不同类型的学生推荐不同的读物，例如，针对阅读速度快而且爱读书的学生还给推荐一些老舍、鲁迅、季羡林、冰心、朱自清的文章；推荐喜欢自然科学的学生看《百科全书》《十万个为什么》《探索奥秘》；喜欢诗词、历史的学生看《古诗词赏析》《上下五千年》……④指导学生读书的方法。培养学生的读书方法，遵循课内带课外、扶放相结合的原则，切忌拔苗助长。要让学生掌握一般的阅读顺序，即先初读，感知课文大意，然后精读品析，最后评议摘录。学生只有正确合理地选择自己所需作品，快速准确地运用阅读方法，做好读书笔记，课外阅读才有效率、有收获。⑤指导学生做不同类型的读书笔记。关于读书应让学生养成"不动笔墨不读书"的良好习惯，教师根据不同阶段的学生要求他们做不同类型与不同内容的读书笔记。五年级刚接班时，让学生每天做以"摘抄型"为主的读书笔记。他们可根据自己的兴趣爱好去摘抄好词好句、科学珍闻、生活常识、新闻报道等，以丰富语言、增长知识、启迪思维、陶冶情操，最主要的是培养他们课外阅读兴趣与习惯。到了五年级第二学期，便让学生做以"提纲、感想型"为主的读书笔记。要求学生在读过一本读物后，把其中的要点或基本内容提纲挈领写下来，掌握读物的内容及作者的思路，从中学习表达事物的方法，然后再简单写出自己的感受。到了六年级，让学生做以"提纲感想型"为主，有能力的还可以做一些"想象型"的读书笔记。特别说明的是，六年级学生写读书感想时就要结合现实和个人经历写出对有关问题的认识及感想和体会，提高分析事物的能力。对写作感兴趣的学生还可以发挥自己的想象续编故事，改写故事或自创作品，以发展学生的联想和想象能力，从而培养创新思维。⑥家校互动，监督检查，定期交流。首先，学生的课外阅读一般都在家中进行，因此一定要争取家长配合，督促、检查孩子的阅读，每周请家长填写一次"学生读书记录卡"。其次，教师每天检查、批阅读书笔记。通过批阅读书笔记，了解学生阅读书籍的内容、种类、数量，并指出笔记的优缺点，明确努力方向，并将好的读书笔记上传博客或公共邮箱供家长共同阅读。最后，充分利用语文课的"课前三分钟"，每人轮流汇报。在班中每月召开"读书交流会"，邀请部分家长参与。让学生在交流中相互碰撞，提高阅读的质量。

读书记录卡

学生姓名：_____ 班级：_____ 阅读时间：_____ 记录时间：_____

读物名称：_____ 字数：_____ 读物类别：□童话寓言 □世界名著

□历史地理 □科幻小说 □卡通故事 □自然科学 □学习辅导材料 □其他

家长签字：_____

经过一段时间的家校合作，该班级读书状况取得了良好效果。①学生的读书时间保证了。活动开展一年多后，班中已由39.58%的学生能够做到每天课外阅读上升到97.92%的学生做到每天进行课外阅读。②学生初步养成良好的读书习惯。班中已有52.08%的学生经常做读书笔记，31.25%的学生每次读书都有做笔记的习惯。③学生课外阅读所设计的范围越来越广泛。活动前只有27.08%的学生读中外名著，而活动后班中有100%的学生开始读中外名著，读书范围也越来越广泛。④读书有效地帮助了学生掌握语文知识，使学生看待问题更深入、更全面、更客观，而且学生还学会了思考，能将从课外书中获取的信息有效地运用到课堂中，语文成绩也随着大量读书而稳步提高。⑤课外阅读大大提高了学生的作文水平，通过大量的课外阅读使学生积累了语言、拓展了思维、增加了鉴赏的能力、拓宽了

交流空间，学生能够将自己的积累运用到自己的作文当中，使自己的文章不仅因真实具体而精彩，更因语言优美、结构新颖、构思奇特、大胆创新、见地深刻而令人赏心悦目。班中先后 16 人次近 33.33% 的学生获得全国作文比赛一、二、三等奖；两名学生的文章先后发表在《作文宝典》和《童心校刊》中。

由此案例可以看出，此次家校合作实践取得的巨大成功主要源于教师与家长有组织、有计划的配合，尤其是老师在此次合作前对班内情况的提前调研，以及活动实施过程中针对实际情况制定的有针对性的策略。史家小学不仅在开展特殊的活动时注重前期准备工作，在平时教育学生的过程中也会对其家庭教育环境进行大量的了解。这样不仅大大提高了教育的实效性，而且可以增进家长、老师、孩子之间的相互了解与沟通，促进三者之间的感情，同时也升华了教育效果。

第二节　家校协同形成教育合力

作为小学教育中不可缺少的一环，家长是家校合作取得成功的重要因素。良好的家庭教育理念，不仅能够为孩子提供健康的成长环境，还可以成为学校教育的有益补充，促进形成健康的师生关系。一方面，家长能够帮助孩子更好地适应学校生活。从行为主义心理学的角度来看，小学生从家庭到学校这个全新的环境之初，需要适应教师提出的各种不同于家庭生活的行为规范，这一转变也是很多小学生不能适应学校生活的重要原因。只有家庭与学校共同努力，才可以帮助他们顺利实现从家庭到学校的过渡，尽快适应学校生活。另一方面，家长可以调和共性与个性发展间的矛盾。世界上不存在两片相同的树叶，人与人之间的差异性是客观存在的。然而，在以班级授课制为基本形式的学校教育中，学校提出的统一要求未必适合每一位学生的发展水平。而家长更能关注自己子女习惯发展的独特之处，并在此基础上引导子女养成个性化的习惯，促进儿童在差异性基础上的全面、健康成长。因此，家庭与学校的良好合作可以取长补短，弥补双方教育模式的不足，提高教育的连贯性和持续性，促进孩子的个性发展和全面发展。

当今社会，受到"功利主义"、"金钱至上"等不良思想的影响，原本单纯的家校关系正面临很多挑战，很多家长将孩子的不良表现一律归咎于教师的在校教育，导致家校纠纷乃至暴力冲突事件时有发生。事实上，家长和学校在培养孩子这个根本目标上是完全一致的，双方之间并不存在难以调和的矛盾，很多问题的产生是由于家长对学校存在认识上的偏差。要纠正这种偏差，一方面，学校要把家校工作做得更加细致，另一方面，家长也要充分信赖学校，并与老师之间进行不断的沟通和交流。得益于学校在创造良好家校环境方面的努力和引导，史家小学的家长在实践中形成了对家校协同的正确理解，不仅与老师之间形成了相互支持、相互配合的伙伴关系，还通过自身的示范作用帮助子女树立起正确的人生观和价值观，促进了孩子的健康成长。

一、家长对家校协同的理解

史家小学和谐家校关系的形成，既来源于学校对家校协同的正确认识和引导，又来源于家长对学校协同理念的理解和消化。

（一）注重孩子的"身心健康"而不仅是"学习成绩"

受我国传统教育思想唯智主义和应试教育的影响，很多家长认为家校合作最重要的目的就是提高孩子的学习成绩，而忽略其在孩子性格、心理健康发展等方面所起到的重要作用。曾有学者对近几年来研究论文中有关家校合作方面的问卷调查进行了整理分析，发现家长对于家校合作内容关注的倾向和重点仍然是学习问题，而对思想品德、人际交往、兴趣爱好、身体状况等其他素质发展有所忽视。[①]

得益于学校素质教育的良好环境，史家小学的家长在家校协同中普遍更重视孩子的身心健康。

---

① 张瑜："我国基础教育阶段家校合作的问题及对策研究"，硕士论文，2008 年。

某学生家长曾表示："虽然孩子成绩未进三甲，也不是班委，但是当看到孩子搀扶邻居奶奶过马路时，捡起路边的废纸小跑着丢进垃圾箱时，遇到挫折抹去眼泪咬牙坚持时，却感到无比的自豪与欣慰。正如史家小学的校训'勤勉文雅活泼奋进'，又如班训'阳光宽容坚强健康'，在孩子的成长过程中，成长比成功重要，品质比成绩重要。高分低能甚至自私自利的学生，一定不是教育的目标和家长的期望。我们是伴随着中国的改革开放成长起来的，我们有过贫穷，有过财富，有过追求，有过坎坷，无论世事如何变幻，我们做人的原则不能变，宽厚待人的心胸不能变，胜不骄、败不馁的奋斗精神不能变，并且要把这些当作传家宝传给孩子，发扬光大。"

（二）"主动交流"而不是"被动接受"

目前，家校合作存在的误区之一就是家长缺乏主动性，对孩子的教育问题偏向于被动接受老师意见，很少与学校进行主动交流。

在学校多年的引导下，史家小学的家长在实践中能够主动与教师进行交流，不仅支持了学校工作，也有益于孩子的健康成长。

例如，学生小侯的妈妈在日常生活中发现女儿是个比较敏感、胆小、不够自信的孩子，历任班主任和科任老师对她基本都会有一句共同评语"希望你大胆发言，勇敢地表达自己"。当老师们创造一些让她锻炼的机会时，小侯同学一般都会说"我还是不太适合吧"、"还是算了吧"；期末数学考试前，她在家哭了好几次，担心考题不会、时间不够用、粗心等，等到知道自己考了98分，竟然又哭了一场，觉得自己考得太差，没有满分。久而久之，她的"内向"让妈妈心里急得冒火。

面对女儿这样敏感好强又缺乏自信的状态，她的妈妈并没有埋怨老师教育不当，或者听之任之，而是选择主动向班主任老师求助。老师告诉她："不要苛求孩子一下子长大，不能着急，慢慢来。孩子其实各方面都很优秀，要理解她，欣赏她。孩子的内心其实很好强，追求完美，她需要从一个个小的磨炼中突破自我、找到自信！"史家小学的老师一直很包容孩子成长中存在的各种问题，非常注重根据孩子性格采取相应的沟通方式。在了解这些情况之后，该学生的妈妈消除了急躁情绪，主动配合老师工作。经过多方鼓励，小侯学生参加了班里的"中国梦"演讲比赛，结果获得同学们高票数认可，代表班级参加比赛，并最终获得了代表学校参加外部比赛的资格。

（三）"尊重理解"而不是"推诿责任"

当家庭教育和学校教育有冲突和不一致时，家长对学校的不认同与不理解等问题时有发生，这不仅导致家校合作难以开展，加深了学校和家庭之间的矛盾，也会影响孩子的身心健康发展。

在史家小学家长的调研中，很多家长表示，当与学校的看法不一致或者不能理解学校一些对待孩子的处理方法时，应首先本着尊重学校、尊重老师的态度去了解情况，而不是不分青红皂白便责怪学校。

小林同学的家长林爸爸通过两件事讲了自己对家校合作的理解。第一件事是换班主任风波。根据学校安排，四年级班主任老师作了调整，新班主任根据孩子的学业要求、年龄状况以及学校的规章纪律，对孩子们的要求更高了，特别是在纪律方面和集体观念要求方面。一开始，孩子有点不太接受，甚至有些抗拒。有一次，班主任让同学们诵读小学生行为准则。孩子们表现出不满，主要原因是认为自己并没有违反纪律，不需要诵读，只有违反纪律的同学才要诵读，不能代人受过。林爸爸认为，孩子的这一想法有一定道理，但显然不全面。班主任要求孩子们诵读小学生行为准则，既有教育引导不遵守纪律同学的考虑，又有让同学们知道纪律要求、自觉遵守纪律的考虑，还可以锻炼记忆能力，是合理的。林爸爸和孩子说了班主任有多方面的考虑，不是为了惩罚你们。当天晚上也帮着把任务给完成了，后来与班主任进行了交流。当孩子明白老师的考虑，明白不同的老师有不同的教学教育方法的时候，当他明白通过沟通可以解决问题的时候，孩子就慢慢适应过来了。现在，孩子学会了与老师沟通，知道可以把自己的想法告诉老师，知道怎么适应环境，能够和老师、同学们很好地配合。

第二件事是孩子被退出合唱团的事。有一次林爸爸去接儿子，孩子一言不发，眼眶噙着泪水，问他有什么事他也不说。几天后，孩子终于说了，自己被退出合唱团。孩子喜欢唱歌，自己也认为唱得不错，加上学了那么多年钢琴，不缺乏乐感，对自己很有信心，又争强好胜，被退出合唱团无疑对他是重大打击。但林爸爸并没有去找音乐老师评理，也没有觉得要去责怪谁，而是感觉要让孩子经受得住挫折，要勇敢地接受现实。后来，孩子主动说是因为在一次测试中高音总是上不去。孩子妈妈跟他说，一个人不可能在所有方面都是最优秀的，要做自己擅长的事，不参加合唱团，你还有画画、钢琴的业余爱好，只要把这些做好了，就是最棒的，什么都想做好，反而什么都做不好。很久以后，孩子以"得与失——落叶的启示"为题发表了一篇博文，文中这样写道："树叶是会落下，但树叶落在地面上，可以变为树木的肥料，帮助树木长得更高！落叶如此，人生也如此。一件事从它发生的那一刻起都有得与失两面，我们可能无法改变事情本身，但是我们可以改变自己。失败为成功之母，我们可以看到得的一面，从失败中得到启示。被落叶不断滋养的参天大树会更加茁壮，被一次次风雨洗礼了的人生会离成功越来越近！"经过林爸爸的努力，孩子知道了挫折，懂得了取舍，对今后的成长大有裨益。

小学生仍是很小的孩子，正是需要家长和学校引导和熏陶的年龄。作为孩子成长中最亲近的老师，家长的一言一行直接影响到孩子未来的发展。当孩子出现问题和困惑时，如果家长不主动寻找具体原因，而是一味指责学校，不仅无法解决问题，还会使孩子走进思想误区，影响其健康成长。家长应从尊重、理解老师工作的角度出发，多了解子女的在校情况，经常和孩子谈心，帮助他们逐渐树立正确的人生观。这些教育思考和教育干预不仅可以避免和化解家校合作之间的矛盾，还能够成为学校教育的一个有益补充，促进孩子的健康成长。

二、多元角色与学校良性互动

一直以来，史家小学都致力于通过多种方式让家长在家校合作中扮演不同的角色，这不仅有利于家长对学校有更多的理解，也能够促进家长形成对教育更切合实际的认识。在这些角色的尝试中，史家家长逐渐与学校建立起尊重、理解基础上的协同关系，成为教师的同伴，在与学校的良性互动中促进孩子的健康成长。

（一）学生角色

史家小学定期举办的史家讲坛，会根据内容邀请家长参加，请专业人士讲授一些科学家庭教育的方法。此外，在日常的教学过程中，老师也会根据实际情况，向家长普及教育知识。

专栏2

六年级的一堂家庭教育课

孩子将来拼的是什么？实力。

实力从何而来？影响，熏陶，感染，积累。

据悉：

①我总是见不到我爸，他从来不管我！

②我妈特忙，很晚才回家！

③我爸妈总吵架，我妈又没回家！

④我妈出差了，我爸不和我住在一起。

⑤我跟姥姥住，回家写完作业就睡觉！

问题儿童是怎样产生的？问题家庭。

您千万别不高兴，用点心思管管孩子吧！是谁毁了孩子，答案是什么？老师们每天对待学生就像对待自己的孩子，爱他们，关心他们，但那总是有限的，那只会是一年、两年顶多三年，而家长是孩子终生的守护神。您将给孩子留下什么？挣钱、挣房，那都是物质财富，总有用完用尽之时，而精神财富、精神影响永远挥之不去。问问自己：

每天跟孩子谈话吗？谈些什么内容？

今天给孩子带来了哪些精神食粮？

孩子的哪些优点是我影响的？孩子有哪些不良习惯？我又做了哪些积极的努力和影响？不良习惯改掉了吗？

我的孩子是如何完成作业的？学习上还有哪些困难需要我帮助？

我的孩子智商以及和谐的人脉关系如何？我给了孩子哪些正面的影响？

我想，思想上的问题解决了，家长开始重视孩子的教育问题了，那我说什么您都一定能听进去，您说是吗？

目前，孩子们存在的问题是：

A. 懒惰，依赖他人，表现是：知识储备少。

望每日都有 15 分钟课外作业，为自己负责任。

另外，抄作业，抄全解，预习时抄答案，自欺欺人。

望家长关注孩子的作业过程。

孩子的作业是怎么完成的？

B. 快乐体验比任何结果都重要。

爱学、乐学、会学，千万不要死读书、死背书，只知其然不知其所以然。

今天学习快乐吗？有哪些趣事？

家长多问问孩子，多引导孩子。

C. 持之以恒的精神：每天记录五件国内外大事，并讲给父母听，坚持下来将影响孩子一生。有些学生为完成作业而写，会很累，但慢慢积累，形成习惯，你会从中得到许多快乐的体验。

各位家长，能做到每天与孩子共同商讨一些有趣的事或班中发生的新鲜事吗？

扩大知识面，提高表达力，增进情感互动。

千万别给孩子带进情感沙漠。

D. 有些家长苦于教育没办法，总问：人家孩子为什么那么优秀？不妨思考：孩子到底哪儿出问题了？并努力找到解决的办法。

通过在家长会上进行的这些问题引导，刘老师与家长进行了良好的互动，对今后家校合作的开展起到了事半功倍的作用。

（二）同伴角色

在史家小学的家校协同实践中，家长的同伴角色不仅体现在家长之间就各自家庭教育方法进行相互交流，同时也表现为家长成为老师的同伴，为学校发展出谋划策，为教育孩子提供丰富的教育智慧，成为学校教育的有益补充。

史家小学曾召开"传媒文化"与"史家文化"主题家长论坛。家长们在听取王欢校长阐述学校办学理念和"十二五"发展规划整体框架后，从专业角度寻求"传媒文化"和"史家文化"的契合点，为"史家品牌"的识别和"史家文化"的传播提出了许多意见。多位家长表示愿意为史家品牌的提升、推广提供智力支持。王欢校长表示本次论坛是难得的学习机会，将认真梳理总结专业人士对学校发展的建议，为"史家文化"的进一步凝聚和提炼奠定基础。

此外，学校也通过举办家长论坛听取家长们促进孩子健康成长的多层面经验陈述，了解家庭教育的细节，为学校教育提供有益的借鉴。例如，2013 年 10 月，史家小学举办"家校共促·健康同行——史家小学、七条小学六年级家长论坛"，两校全体老师聆听了 14 位史家家长与 3 位七条家长的健康教育感悟。家长们依次就身体健康、心理健康、习惯养成、陪伴成长专题，与老师们分享了视角多样、事例丰富、观点鲜明的家教经验。这些关于促进孩子健康成长的多层面经验陈述，让老师们了解了更多家庭教育的细节，也为学校教育提供了有益的借鉴。同时，家长不仅能够了解其他家庭的教育方法并从中获益，而且能够为与大众分享自己的观点和建议而感到自豪，从而增强自身的责任感。

（三）教师角色

史家小学在多年的家校合作中发现，各位家长有着丰富的生活阅历、职业经验、专业知识和文化素养，这其中蕴含的巨大潜能是一笔丰厚的教育资源。因此，在家校协同实践中，学校十分注重整合家长教育资源优势，引导其成为学校的另一支教师队伍。

例如，为给学生提供更加开放的课程领域和多元的课程文化，增强学校的课程建设，不断拓宽学生的成长视野，史家小学通过进一步整合家长教育资源优势，在课程建设中探索实施"家校联动模式"，筹划开设了面向学生的"星期六课程"。

史家家长们对"星期六课程"表现出浓厚兴趣和极大支持，自学校征求意见以来，学校收到近百位家长的开课申请，课程内容涉及儿童健康、科技发展、艺术欣赏、经济金融、法律文明、新闻传播等多个领域。为达到促使学校课程的生活化和综合化的目的，学校调研了学生的学习兴趣和个性需求，并为各开课家长配备最完善的课程支持，以确保"星期六课程"的顺利开展。

目前，"星期六课程"已经成为史家和谐课程体系的重要组成，不断完善着课程的生存、生活、生命价值，促使各位同学在文化传承、交流表达、创新创造、习惯养成、视野开拓等五个方面得以和谐发展。

2014年5月17日上午，史家小学三年级学生家长庄岩先生化身一位"视觉魔术师"给170余位同学及家长带来一堂题为"视觉盛宴——立体电影揭秘"的"星期六课程"。"不戴立体眼镜，我们看到的世界是立体的吗"、"我们是怎么看到立体世界的呢"、"怎么记录并回放立体效果呢"，庄岩先生通过层层设问及多个动手小实验带领同学们探究了立体视觉的成因，了解了立体电影的奥秘，展望了立体视觉技术的未来。在现代化教学设备的辅助下，在前期多次备课、试讲、调试设备的基础上，庄岩先生展现了一堂和传统教学不一样的视觉盛宴。同学们纷纷在"星期六课程学习手册"中填写了学习感受及未来探究方向。课程结束后，王欢校长为庄岩先生颁发了史家小学"成长导师"证书。

这种让家长利用自身特殊才能为学生提供补充教育的方式，使3700多名史家小学孩子在享有学校在册教师队伍的教育之外，又拥有了至少1万多名家长的关爱与呵护，有利于促进其全面健康成长。与此同时，家长也在无形中增强了对学校教育和家校协同的认识和理解。

专栏3 家长体验"星期六课程"

完成"视觉盛宴——立体电影揭秘"后的感悟

□庄岩（学生家长）

感谢王校长超前的教学理念，我才有这个机会参与到课外的教学活动中，成为周末课堂的一份子，共同实践"家校一体"这个史家特色教育方向。

作为周末课堂的第一位讲师，我觉得压力山大。我的选题是"立体电影大揭秘"，面向没有物理学基础知识的小学生，怎么能以深入浅出的方式使同学们既能了解立体视觉中应用的科学原理，又能开阔眼界，并对未来应用展开无穷联想呢？经过与校领导的多次讨论，我最终确定了充分利用学校现有的先进仪器设备，辅以简易光学教具，多实验、多互动、多参与的讲课形式。

立体视觉的应用在日常生活中是非常广泛的。作为北京奥运会、伦敦奥运会图像服务供应商，我所在的公司研发了大量计算机图像生成和播放的技术，也率先在国内实施了大屏幕立体影院和制作了大量立体影视作品。同学们在电影院也可以欣赏到大量高水平好莱坞立体大片。动感逼真的画面给大家带来视觉震撼。那么为什么戴上立体眼镜才能看到立体效果？立体画面是怎么做出来的呢？同学们心中肯定早就有这些疑问了。

我的课件共有四个章节：立体电影赏析，立体视觉作用，立体拍摄和回放的技术发展，立体视觉未来应用。为了说清立体效果的发生原理和立体照片的制作过程，我还和三年级的儿子一起，动手制作了简单的模型教具；并且借助学校演播厅现有的立体摄像、立体电视和立体投影设备，请同学们现场体验了立体电影的制作过程。这样结合亲身体验、动手实验，同学们能够更好地理解学到的理论知识。

在准备教案时，基于学校领导提出的高标准和严要求，我在科普讲解的基础上增加了课程的理论高度。在立体视觉体验这条明线里，我增加了人类探索立体视觉的过程的暗线，强调了透过技术实践的不断发展来看科学原理的一致性；也有理解观察自身和自然界的必要性，提升同学观察力和敏锐度的暗线；明线和暗线交织在一起，促进同学们通过立体视觉这个案例理解科技发展完善的过程，树立正确的理解科学、研究科学的方法。

戈主任、金校长的多次指导，提升了讲课内容的逻辑性，增加了和同学们的互动，丰富了讲解的手段，最终的亮点有如下。

①利用现场动手试验观察裸眼立体效果还有卡通对比效果，展示了立体成像对捕食动物的重要性，使同学们理解科技创新来源于自然来源于生活观察。

②现场体验了不同的立体成像技术，尤其是可以体验100多年前的技术雏形，使同学们理解"科技原理是一致的，实现手段不断提升"这个科技应用的普遍规律。

③举例说明，立体效果除了电影，还可以应用在汽车设计、建筑设计、医疗、军事、娱乐等领域，使同学们理解技术怎么改变各行各业，技术怎么提升人们工作和生活水平的。

刚开始讲课的时候，我还是有些担心的：从没给小学生讲过课，孩子们听不懂怎么办？当看到同学们争先恐后地参与各项试验，并且纷纷坐到讲台边来听讲、看演示时，我悬着的心才渐渐放了下来，孩子们强烈的求知欲也深深地感动了我这个临时讲师。

现在全社会都关心教育，家长们也总是焦虑：如何在应试教育的现实环境中，尽可能加强对孩子们的素质教育；还要平衡孩子们的负担。我觉得史家小学倡导的周末家长课堂是一个非常有意义的尝试：引入学生家长参与，带来知识分享，拓展孩子们的视野，体会学习知识的乐趣。

能够参与到这项有意义的活动中，我作为学生家长也受益匪浅。史家老师们的严谨治学态度给我留下了深刻印象。在这次备课的过程中，老师们组织了多次研讨论证和试讲评审，小到课件前后观点的逻辑关系是否严谨，大到如何深入浅出地讲解知识和寓教于乐地调动学习兴趣，学校老师都给了我很多建议和帮助。真是教学相长啊。我钦佩校领导的远见卓识，并衷心感谢老师们的辛勤付出。希望能够与更多家长、老师交流，愿史家小学和周末讲堂越办越好。

用飞天梦想共筑和谐教育
——参加史家小学"星期六课程"有感
□郭凯（学生家长）

"宇宙有多大？黑洞是什么？飞船是怎么上天的？航天员在太空怎么生活？航天精神是什么？"6月21日上午，作为史家小学三年级学生的家长，我在题为《千年飞天梦——中国载人航天工程探秘》的"星期六课程"上为同学们解答了种种疑问。当看到同学们专注地听讲，踊跃地回答问题，自信地说出梦想，我为他们感到高兴，更为史家小学能为同学们送上这样特殊的学习礼物而感到赞叹和欣慰。通过这次授课，我的感触很深，希望谈一谈自己的体会，为更好地开展这项活动提供一些有益的经验和探索。

一、学校怎么做

"星期六课程"是史家小学家校协同、资源整合、内外一体的全新和谐教育实践模式，是为同学们搭建起的又一座丰富多彩的学习乐园。学校是主导，要做好顶层设计和统筹安排。一是课程选题要紧贴时代、特色鲜明。

从第一讲《视觉盛宴——立体电影揭秘》到第二讲《千年飞天梦——中国载人航天工程探秘》，选题都非常有特色，不但是当今时代的热点话题，又都蕴含着科学、历史、传奇和神秘，同学们几乎一看讲座题目就能马上被吸引而产生极大的参与欲望。学校也采取大会推介、海报宣传、分级报名、综合报导等方式扩大影响，取得了非常好的效果。二是课程把关要严谨细致打造精品。面向小学生讲课，对于我们这些即使经常登台汇报宣讲的家长可能也是第一次。一试讲才知道要想当好一名小学老师可真不是件容易事，在学校名师的指导下转变角色反复练习是必不可少的。讲课的语音语调、内容的通俗易懂、结构的科学合理、时间的控制把握，史家小学的教育专家严格务实，博学善教给了我很大的帮助和指导。三是课程保障要整合利用呈现精彩。好的内容要靠好的形式呈现才有效果，我非常幸运能在史家小学演播大厅这么好的软硬件环境展现我的课程。老师们非常热情，开放了所有的平台供课程使用，有宽大亮丽的 LED 屏，有高清的 3D 双镜头投影，有高端完善的多媒体控制平台，更有一批优秀的专业演播控制老师进行全方位的配合保障。讲座前，我先到现场认真熟悉演播系统的特点和功能，制作课件时充分利用设备条件，大量使用高清视频、动画和图片营造出宇宙的深邃和载人航天工程的震撼壮观场景，使整个课件呈现出科幻大片一样的精彩视觉和声音效果，给同学们和来宾留下了深刻的印象。

二、家长怎么讲

为了讲好这次课，我经历了半年左右的精心思考和准备，感觉重点应把握好三个方面。一是要体现思想性。围绕史家小学人与自身、人与人、人与知识、人与社会、人与自然的和谐教育理念，我们授课首先要力争融入先进的思想内涵，为同学们铸魂立志。这是一种社会责任，也是弘扬中华民族的传统文化和优秀品德的有益实践。我把载人航天精神"特别能吃苦，特别能奉献，特别能战斗"、"干惊天动地事，做默默无闻人"的价值理念贯穿于这次讲座内容。同学和家长们都深有感触地说："孩子们不仅学习了航天知识，还懂得了如何执著追寻自己的理想，受益匪浅。"二是要体现知识性。课外课程是课内课程知识的补充和完善，要启发同学们热爱科学，养成良好的思维方式和学习习惯，知识性要强。对知识的讲解既要有深度和广度，又要深入浅出易于学习。载人航天工程本身包含的是博大精深、纵贯古今的系统科学知识和理论，我定位于高年级科普的高度，重点引入光年光速、牛顿定律、微重力等知识概念，再通过大量精美的视频和图片说明问题，使同学们应用现有知识就能理解把握。三是要体现趣味性。将近两个课时的内容一气讲下来，对孩子们的感观承受能力是个挑战。要在疲劳点设置趣味环节，缓解视觉和听觉压力，主要可以采用实践体验、知识问答、互动交流等方式。这次授课运用提前设置问题串起整个讲座始终，邀请同学自发主持有奖问答环节，回答正确赠送科普读物的方式，有效激发了同学们认真听讲的热情。很多同学边听边认真做笔记，回答时非常踊跃，场面热烈开心，听课效果非常好。

三、学生怎么听

为了听好"星期六课程"，家长们也应该为孩子们提前做好功课，引导他们如何听讲以取得更多收获。一是培养高尚情操和优秀品德。学习是为了什么？长大了想成为什么？家长们要根据讲座内容引导同学们带着期望和问题来听。使同学们从小就有树立起正确的学习观、人生观、价值观和世界观的追求和意识。二是拓展眼光视野和知识领域。课内的知识是有限的，同学们对知识的渴望是打开知识宝库大门的金钥匙。同学们懂得的越多，越会感觉自己知道的少，这是一种站得高、望得远的学习境界。星期六课程的讲座都是家长们精心准备、反复锤炼的精品知识课程，选题和内容含金量都非常高。带上笔记本，甚至带上小相机，让这个过程变得更加充实和值得回味。三是提升创新思维和探索精神。每次课外课程对很多同学来说都是一次意外的惊喜和心灵的触动。因为他们在短短的时间内可能飞跃千年历史，探密神奇的未知领域，了解人类重大技术革命的创新过程，能够激发同学们潜在的学习动力，对同学们的思维方式、求索理念的开启和升华都具有极其微妙的促进作用。

同样，"星期六课程"不仅对同学，而且对听课家长、老师和我这样的授课家长都是一次全新的教育学习与实践过程，家校协同使史家的课堂得到延伸与升华。听课家长在学习感受中写道："作为家长，跟孩子重回课堂受益匪浅，感谢学校为家长和学生提供的这个将德育教育、知识学习、技能培养融为一体的活动。"作为史家小学的一名普通家长，我为孩子们在这样的环境中健康成长而感到快乐和幸福！

第三节 家校共促和谐亲子关系

家校合作的系统生态理论认为，"学校里的一切问题都可以在家庭中折射出来，而学校教育过程中所产生一切困难的根源也都可以追溯到家庭"。因此，良好的亲子关系不仅是家庭教育的核心和保障，也是确保学校教育效果充分发挥的前提和基础。当今社会，每个家庭的育儿方法都是多重因素综合作用下的结果，包括社会教育环境、家长自身经历、家庭经济条件等，这些不同的家庭教育方式不仅直接影响到孩子与父母之间的感情，也在孩子的性格塑造、品德培养中起着至关重要的作用。因此，为了孩子的健康快乐成长，史家小学一直致力于帮助家长完善家庭教育，促进和谐亲子关系的形成。

一、帮助改善孩子的家庭环境

良好的家庭教育环境有利于孩子的健康成长，反之，则会对孩子起负面的影响。家校合作应本着"以人为本，和谐育人"的教育理念，面向全体学生，特别是那些处在特殊家庭背景下的学生，而绝不能仅仅关注部分优秀学生的发展。对于一些特殊家庭环境的孩子，史家小学的老师注意从实际情况出发，不仅给予了特殊的关怀和照顾，而且致力于通过家校协同改善孩子的家庭环境。

（一）离异家庭

离异家庭出来的孩子，一般都经历了一定的精神痛苦和折磨。如果不能弥补其精神世界的创伤，将非常容易形成自卑或与人为敌的心理障碍，很难与同伴相处。因此，对父母离异家庭的孩子，需要给予更无微不至的关爱。

例如，一位老师曾经教过一个 12 岁的小学六年级学生 A。他少言寡语、性格孤僻，总是喜欢独来独往，不愿与同学一起参加活动，学习成绩也很差，且对学习有很强的厌倦情绪。上课时，他不能专心听讲，大多数时间都在愣神儿，两眼直勾勾地盯着某一个地方。在课堂上提问到他时，他并不因回答不上来而感到难为情，相反，还总是满不在乎。在日常生活中，A 对事物的反映很敏感，对任何人都采取防守反击的架势，暴躁易怒，待人总有敌意。

经过深入了解与分析我们发现，A 的厌学、孤僻、自卑、多疑与其生活、学习的环境不利有着直接的关系：离异家庭，缺少关爱。A 很小的时候，父母离异，他跟随母亲一起生活。这使他本来孤寂的性格又增添了一层无名的恐惧感。再加上母亲的教育过于简单粗暴，他开始怀疑全部感情的寄托者母亲已不再把全部的爱给予他，心理上产生了一种被遗弃的感觉。更为重要的是，母亲工作非常忙，不能时时伴他左右，甚至经常会出现他已经睡觉，母亲还没回家的景象。用他的话说，保姆和他的相伴时间比母亲还要长。直到现在，已经六年级的他，每天的记事本和作业的签字，母亲没有一天可以完成。伴随着一天天长大，A 面临越来越多的"小麻烦"和"悄悄话"，却无人倾诉。就这样，他每天都在孤独寂寞中生活着。对于他的学习，他的母亲因为工作忙，同时不知该如何下手，从没有给予足够的重视和更多的关心帮助，这让他非常苦恼和气愤。同时，母亲忙的时候，可能一句问候都顾不上，有了一点时间就把所有时间用来给孩子补课，伴随着责备和絮叨。这种一会儿冷一会儿热的状态让孩子情绪极为波动。

小学生的生活空间主要是家庭和学校。家庭使 A 失去了温暖和快乐，母亲的做法使他产生了烦躁感及失落感。然而，事与愿违，由于学习成绩差，又没有任何可以引人注目的"亮点"，同学们把他拒之门外，甚至有意讽刺、伤害他。这对 A 来说，无疑是雪上加霜。因此，他少言寡语，性格孤僻，不爱学习，试图以无所事事、远离人群来逃避一切。在一次和同学发生口角后，他居然很冷漠地收拾起书包，准备回家，说需要冷静一段时间再回来。

为了帮助 A 唤回生活的热情、学习的信心，老师从改善外部环境入手，立足于提高他的自信。①进行家庭辅导，改善亲子关系。首先和他母亲取得联系，告诉她主动与孩子聊聊天，常带孩子出去玩玩，拉近与孩子之间的心理距离，多方位地了解孩子在各方面的想法和需求，并给予合理的满足，使 A 逐渐从感情上接纳母亲。同时，建议她每天尽量让孩子说说"我今天学会了×××"，并和他一起探讨所学的知识，完成好家庭作业。有了进步，给予肯定和鼓励；存在问题，心平气和地分析原因，找到弥补措施。这样使 A 渐渐体会到母亲是那么关注自己的成长，自己的家庭是温暖安全的港湾，使他感到自己被浓浓的爱包围着，从而重新唤起他生活、学习的热情。另外，告诉母亲，对于自己儿子独特的性格，批评教育要做到短平快，别絮叨，可能效果更好。而对孩子说，女人都是这样，唠叨是天性，作为一个大小伙子，要绅士，要接受。同时要求母亲有事不方便和孩子沟通的，随时给老师电话。②调控班级氛围，改善同学关系。在班里，启发同学们认识到同学之间存在差异是很正常的。人人都有优点和不足，要善于发现他人的长处，不能"哪壶不开提哪壶"，伤害他人的自尊心。还给同学们讲关心他人、尊重他人的故事，引导他们认识到自己以前那样对待 A 是不对的，从而使 A 在班内不至于受到嘲讽和歧视。与此同时，组织班干部一起研究怎样帮助 A，并身先士卒主动和他一起交谈、游戏、学习，带动更多的同学走进他的生活，让他体会到周围的老师、同学都在关注、爱护着自己。渐渐地，他能和同学们一起嬉戏了，脸上也露出了久违的笑容。③开展心理辅导，改善自我评价。A 的现状和他看不到自己的优势、总认为自己做什么都不如别人有关系，所以他在与人交往中缺乏自信心。他过低的自我评价使其在学习与人际交往中总是回避退缩、不思进取。针对这种情况，温老师一次次和他促膝谈心，从一件件的小事上帮他寻找自己的优点——热爱劳动、关心集体、自理能力强，使他看到老师也在时刻关心着自己，自己和别人一样可爱，一样能够自豪地说"我能行"，从而帮他鼓起快乐学习、生活的勇气和信心。老师还鼓励他进行"自我竞赛"。在"自我竞赛"中，让他将昨天的"我"和今天的"我"进行比较，使他在不断的比较中发现自己的进步和优点，逐步培养他的自信心，提高他的自我评价水平。④创造展示机会，体验成功快乐。小学生很爱表现自己，同时对表扬和鼓励特别看重，哪怕是老师一个肯定的微笑，都能让他们兴奋不已。因此，在课堂上温老师经常选择一些适合他水平的问题让他回答，并抓住机会给予"放大"的鼓励。同时，温老师发现 A 非常爱护班级，非常爱劳动，就把很多事情交代给他做，让他有班级的角色感，感到自己有用武之地。就这样，在不断被发掘的闪光点中，在众多的自我表现和展示的机会中，A 逐渐有了成就感，体验到了成功的乐趣，重新树立起学习的信心，消除了他的厌学情绪。

经过一个多学期的不懈努力，A 的母子关系缓和很多，恢复了学习的自信心，成绩更是突飞猛进。

（二）隔辈家庭

随着时代的变迁，目前小学生中的隔辈教育家庭越来越多，而"隔辈亲"也是中国社会的一个普遍现象。老年人因为年龄的关系，往往对待孩子比年轻的父母更为疼爱，表现出更多的耐心和宽容，但由此也容易出现溺爱等问题，影响到孩子的健康成长。面对这种情况，学校和老师不能一味指责家长，而应该根据实际情况加以引导，改变孩子的家庭教育环境。

例如，8 岁的男孩小海生性顽皮、任性，稍不顺心就大发脾气，只要同学指出他的缺点，他就想方设法地报复人，且下手狠，从不考虑后果。一次，数学课上小海一节课都趴在桌子上画小人，一点课都没听，老师提醒他好几次他都不予理睬。为了不耽误课程，老师只好不再管他。下课后，其他同学都高兴地去操场活动，老师把正要跑出教室的小海叫住，要利用课间休息时间给他补课。小海老大不愿意，撅着嘴，耷拉着脸，极不情愿地坐下，把书狠狠地摔在桌子上。他趁老师不注意拿起桌上的一个针头朝老师胳膊上扎了一下，老师"哎哟"叫了一声，批评了他。他还不在乎，低着头偷偷地乐。小班干部急忙跑到办公室把事情的经过告诉了班主任，当班主任带着怨气和那个小干部急步走进教室时，看到他若无其事地坐在座位上继续画着画，班主任走到他面前询问他刚才做了什么错事。他看了那个小干部一眼，知道是他告状了，恶狠狠地瞪了一眼，带着不满的情绪大声地对我说："怎么了?"一边白了老师一眼，一边双手往怀里一抱。老师厉声地斥责了他一顿，当老师责问小海时，他却满脸不服气，气哼哼地说："该，谁让她告状的！"小海的出现，使班里每天打架的事情不断发生，学生家长对他意见极大。如果哪天班里秩序井然，那准是他病了或有事没来上学。

面对这样一个极特殊的孩子，老师找到小海的家长做了细致的长谈，发现造成小海这种不良行为的原因是家庭教养方式：小海小时候和爷爷奶奶一起生活，隔辈人疼孙子，把他宠得不得了。上幼儿园时就自我意识强烈，常常欺负人，甚至动手打人。爷爷奶奶认为这是孩子的正常表现，还为孩子感到骄傲。孩子的父母发现孩子的问题，也不敢说，一说老人就会大发雷霆，护着孙子。上学后，小海以自我为中心的问题越来越严重，爷爷奶奶无法可办，父母望子成龙心切，动不动就罚站墙根儿，甚至不许吃饭，打孩子。缺乏对孩子的说服教育，教育方法单一。家长的这种教育方法使他产生了逆反心理，挫伤了自尊心，让他感到解决问题的方法只有"武力"，因此与同学相处存有敌意，遇到不顺心就一定会大打出手，不计后果。

老师认识到，家庭教育的方式对小海的行为问题起着至关重要的作用，所以首先必须做好与家长的沟通工作，并向家长推荐一些亲子关系、同伴关系的有关材料，让他们学习借鉴，并与小海及其家长一起制定行为措施和规章制度，以强化小海行为的正确性。①要求家长多带孩子参加集体活动，在活动中让他观察其他同伴的行为，教给他与人友好相处的方法，指导他去谦让他人后帮助他人。②要求家长每天晚饭后，要和他一起做会儿游戏，倾听他在校一天的生活，增进亲子关系，促使其将内心的感受表达出来，发泄出来。要求父母给予更多的关爱和理解。③定期和家长联系，开设联系本和电话热线，共同研究矫正孩子行为的方法，并对孩子在校、在家的文明行为和不良行为及时加以相应的赞赏与教育。④推荐家长去听心理咨询讲座，请专家对其进行心理指导，帮助矫正小海的行为。

与此同时，老师在日常教学中更注重尊重、理解、关心他，在他犯错误时不大声斥责，而是循循善诱地和他促膝谈心，共同分析错误原因；和他交朋友，让他在一件件具体的事中感受到老师对他的爱，从而激发他的道德情感，乐于接受教师的教育，并主动争取进步。在与小海的接触和交往中，发现他特别爱画画，而且对动物情有独钟，就准备了十二张彩色的卡通十二生肖的喜报，上面写上他想要的表扬的话。和他约定一天当中只要不和同学发生口角，就奖励一张生肖喜报，他连续三天都得到喜报高兴得直蹦高。在此基础上，一方面及时与家长联系，告诉他孩子的进步；另一方面，对其提出新的要求，每天除在校表现好外，在家也要注意言行，如果都能做到，除了奖励生肖喜报外还奖励玩儿一次游戏机。孩子又连续三天都能按要求做，老师也履行了诺言，最后他真的得到了全部十二张生肖喜报，老师在班里为他开了一个小型庆祝会。在与家长的联系中，家长反应小海真的变了："这是因为老师信任他，同学信任他，他想变好。"

经过大家的共同努力，好多老师都认为小海有了明显的进步：不那么自私，能较好地和同学相处了，并且在班里还有了几个要好的朋友；其他同学之间发生不愉快，他能去劝解；和同学有了摩擦，也能谦让；还能主动帮班里做事。

小海的班主任祖老师表示，学生的不良行为不是一天养成的，所以在矫正的过程中不能急于求成，不能只是单一使用一种方法，而应该多种方法并用，并要及时调整矫正方法，改变学生的不良行为。

（三）特殊儿童家庭

在小学班级中，有这样一些个别儿童，主要表现为与年龄不相称的注意力易分散，注意广度缩小，不分场合的过度活动和情绪冲动。经医院诊断，可确诊为注意力缺陷障碍（ADHD），又称多动症。有研究表明，单一的药物治疗能够控制儿童的注意力缺陷多动症状，但是不能改进学业成就和技能，也不能帮助他们提高应对问题的能力。[1]

针对这种现象，史家小学一位老师通过研究发现，此类儿童并不是从入学就存在如上诸多问题，而是一个不断严重的过程。从一年级到六年级，即使由医院确诊并经过治疗，他们的行为心理状态也并没有多大的改善，反而有着愈演愈烈的趋势：由最初的注意力无法集中、学业不良、控制不住自己的行为，到后来的厌学、不作为、人际关系恶化，给大多数教师和管理者带来了相当大的困扰，他们自身也在承受着越来越大的压力。著名

---

① 陈勤霞："儿童注意力缺陷多动症的健康教育"，《护士进修》，2002 年第 9 期。

的积极心理学家马丁·塞利格曼指出：习得性无助是一个放弃的反应，是源自"无论你怎么努力都于事无补"的想法的行为。解释风格是你对为什么这件事会这样发生的习惯性解释方式。乐观的孩子在遇到同样的厄运时，会认为现在的失败是暂时性的，每个失败都有它的原因，不是自己的错，乐观的孩子不会被失败击倒。在面对恶劣环境时，他们会把它看成是一种挑战，更努力地去克服它。悲观的孩子相信坏事都是因为自己的错，这件事会毁掉他的一切，会持续很久。悲观的孩子会认为自己无能为力，就此一蹶不振[①]。所以要解决孩子的行为问题，需要学校和家长共同努力，尤其要注意家庭成长环境对其的影响，以帮助这些孩子从习得性无助到习得乐观，从而改变儿童的表现。

例如，这位老师班内曾有一个 11 岁的男孩小 Z，班级人际关系紧张，经常无预警动手打同学，无法忍受老师的批评指责，后经医院诊断为注意力缺陷障碍（ADHD）。为帮助这个男孩，吴老师首先对其情况作了深入的了解：①该男孩为独生子，父母皆为高级知识分子，很关注孩子的学习状况，对孩子期望较高，家庭条件较好。进入四年级后，亲子关系较为紧张。②从生理上看，身高体重符合同龄儿童标准，外表没有生理缺陷，身体健康。但是肢体协调性较差，体育课各项指标不合格。③从心理上看，自尊心很强，敏感，不易信任他人，对拉手、触碰等亲密行为很抵触。对自己的身体健康状态非常关注。容易紧张，紧张时身体僵硬，反复扭动手指。④从学习上看，学业在一二年级时能够保持班级平均水平，数学成绩尤其好，三年级下学期开始无法完成任何考试卷子，主科成绩只有 30 分上下。平时作业基本上无法完成，如果母亲在家辅导，能够完成部分作业，但是每天都写到深夜。⑤从适应行为方面看，不大喜欢和班里同学玩，上课时无法控制自己的行为，表现为在地上躺着或者走到教室外面。有时打扰同学上课，和其说话或者翻看同学的东西招致同学反感。喜欢数学老师，和英语教师发生过多次冲突，表达能力强。

了解这些情况之后，老师对男孩的这种行为进行了分析，认为其冲动

---

① 马丁·塞利格曼著，洪兰译：《活出最乐观的自己》，万卷出版公司 2010 年版，第 16 ~ 17 页。

行为的背后是自尊心受挫，周围老师和家长、同学的评价让他感受到自己根本就是不可能变好的，因此就放任自己的情绪。要改变这一现状，就要改变其周围的环境，而在所有的外部环境中，家庭环境对其影响又起着不可替代的作用。为此，老师与其家长进行了重点交流，交流后发现，小朱的父母虽然带着孩子去医院确诊，但是从内心不愿意接受孩子的情况，总是认为学习成绩差是态度问题，因此对小朱十分严厉，每天盯着他学习到深夜，言语上也大有恨铁不成钢的态势，讽刺挖苦不断。这也是小朱为什么会越来越无助，从学习成绩下降发展到根本不写作业的原因。了解到这些情况之后，老师通过交流让家长认识到自己的行为偏颇之处以及过高的期望给小朱带来的巨大的心理压力，无益于他现在行为的改善。家长要改变自己的行为，在沟通中加强自我控制，将乐观、自信、希望带给孩子。例如，小朱利用周末的时间完成了以前积攒的三张数学卷子，家长应该予以积极的鼓励，让他看到自己的能力："你看，你能一天完成三张数学卷子说明你有这个能力。"而不是以前的打击："你看，明明可以完成而以前就不写，这就是因为你太懒了。"

经过 3 个月的努力，该同学取得了很大进步。慢慢地可以完成一多半的作业，考试时努力写卷子，而不是像以前根本不写。期末成绩达到班级平均分。与班级同学无明显冲突，与他交谈时，他不再否定老师对他的积极评价。期末评优时，他自己主动走到讲台上希望同学们能够评他为进步最大的同学。

该案例说明，史家小学对注意力集中障碍儿童并没有将责任都推给家长和药物治疗，而是通过深入的家校合作改善其家庭成长环境，并收到了良好效果。

二、引导建立和谐亲子关系

（一）教育孩子学会尊重父母

在孩子很小的时候，对家长都是十分崇拜的，认为家长什么都懂。但随着年龄的增长，有些孩子开始觉得家长知识更新不如自己了，有些孩子则因为父母工作繁忙感到彼此之间疏远了，这些都会影响家庭教育的质量和健康亲子关系的建立。

面对这些问题，史家小学一方面通过"妈妈读书会"、"爸爸运动队"等丰富多彩的活动，激起孩子对父母的崇敬和爱；另一方面，也在平日的学校教育中注意方式方法，让孩子学会以父母为荣、尊重父母，这些都为家长平日的教育提供了很好的基础。

1. 妈妈读书会和爸爸运动队

美国著名的阅读研究家吉姆·崔利斯在《朗读手册》中写道："你或许拥有无限的财富，一箱箱珠宝和一柜柜黄金。但你永远不会比我富有，我有一位读书给我听的妈妈。"为进一步加强学校、家长、孩子之间的沟通与交流，促进孩子的社会修养、知识教育、能力素质与情感性格的全面发展，史家小学筹备了"妈妈读书会"系列活动。通过家校合作的方式，共同助力孩子快乐成长，也助力于良好亲子关系的形成。

在学校妈妈读书会的"选书活动"中，妈妈们并不仅仅充当陪伴的角色，而且还发挥了重要的引导作用。妈妈们根据孩子选书内容提出了自己的建议，建议孩子选择艺术品鉴赏、博物馆介绍方面的书，很好地弥补了孩子们选书的空白。

其他各年级、各班级也由此展开了各具特色的亲子读书活动。例如，一年级 10 班家长于 2014 年 5 月 18 日在北京青少年阅读体验大世界举办了以"书是我的好朋友"为主题的亲子读书活动，学生及家长共 90 多人参加。在活动的亲子阅读环节中，孩子们在家长的陪伴下，畅游在知识的海洋中汲取丰富的养分。图书室很安静，但你侧耳倾听———一个小伙伴正在悄声问爸爸："地球为什么有大气层而月亮没有呢？"一位妈妈轻轻地告诉小宝贝："我觉得这本数学趣味书最好看"。置身在这种环境里，对和谐亲子关系的感慨油然而生。

两个小时的活动结束时，家长们都不愿离去，孩子们更是意犹未尽，一张张小脸蛋上泛着幸福的喜悦和浅浅的惋惜。亲子读书是孩子多种能力与人格塑造的摇篮，可以使孩子们享受感情温暖，在开拓视野中增进与家长之间的感情。

为了教给妈妈们怎样和孩子一起阅读、怎样寓教育于阅读中，史家小学还专门组织了一次"听小雨姐姐讲故事"活动。

妈妈读书会

2014年7月3日下午，280余位一二年级的同学和妈妈齐聚学校演播厅，参加学校妈妈读书会组织的"听小雨姐姐讲故事"活动。

在将近90分钟的活动中，小雨姐姐给大家讲了《卖火柴的小女孩》、《爱的味道》、《皇帝的新装》等故事。绘声绘色的讲述、色彩丰富的插图、形象有趣的动画，给在场的孩子和妈妈们带来了一场视觉、听觉的盛宴。小朋友和大朋友们听得乐在其中、津津有味！

学校妈妈读书会组织这次读书活动，不仅仅是要以多种形式激发孩子们的阅读兴趣，还有另一个重要的目的，那就是教给妈妈们怎样和孩子一起阅读、怎样寓教育于阅读中。

在故事会中，有一个令现场沸腾的环节——演故事。演的是大家耳熟能详的《小红帽》的故事。孩子和家长扮演不同的角色，边演边说。通过演故事，妈妈把安全教育渗透其中："一定要走大路，别走小路或黑的地方。"这种演故事的亲子阅读方法，正是小雨姐姐要教给妈妈们的。在亲子阅读中，不仅可以一同捧书阅读，还可以分角色扮演，这样的方式更适合中低年级的孩子，有利于增强他们的理解能力。

《爱的味道》是一组触动心灵、引人深思的小故事。妈妈生病了，孩子笨拙地拿着药，端过水，递给妈妈："妈妈，赶快吃药，乖——"听了这一组感受爱、回报爱的小故事，孩子们感受丰富："爱的味道不是用舌头尝出来的，是用心感受的。""幸福就是爱的味道。""妈妈生病了，我照顾她，就是爱的味道。"看，几个小故事，让孩子感悟到爱蕴藏在生活的点点滴滴中。小雨姐姐还告诉在场的妈妈们：孩子是爸爸妈妈的复印机，父母平时怎样对待孩子，孩子就会怎样还给您，就像故事中的孩子哄妈妈吃药一样。

活动的最后一个环节是现场采访孩子们和妈妈们，大家畅所欲言。孩子们说的是今天听故事的感受："听了小雨姐姐讲故事，回家后我也想看看这个故事。""小雨姐姐讲的故事特别生动！"妈妈们则更多地思考着怎样把今天学到的方法运用到自己和孩子的阅读中，时时处处给孩子做好榜样。

学校提倡妈妈陪伴孩子阅读，就是希望在母女、母子阅读的过程中，妈妈将道德规范、行为习惯、意志品质的教育融入其中，以读书促进孩子品德的形成和全面的成长。正如王欢校长所说的：妈妈们，陪孩子共同阅读吧！在看书的同时，让高尚的品德、良好的品质传承在孩子心中生根发芽，感悟人生道理，受益终生。

与妈妈读书会相对应，"爸爸运动队"系列活动也取得了良好效果。正如"棒球亲子体验活动"组织者李享实同学的爸爸说："平时爸爸们都很忙碌，很少有时间陪伴孩子，这样的活动不仅能够让大家放松身心，更有利于亲子之间沟通感情。在组织活动的过程中，我得到了班主任王老师和家长们的大力支持和帮助，活动中看到孩子们灿烂的笑脸，更加激发了我的热情！我们都期待下一次更加精彩的活动！"爸爸运动会不仅使孩子们开阔了视野、强健了体魄，也让孩子们体验到了团结中胜利的喜悦，感受到运动的快乐，同时更增加了师生间、亲子间的感情，将会给孩子留下美好的童年记忆。

2. 科学的教育方法

为了让孩子学会以父母为荣，尊重父母，史家小学的教师在日常教育中非常注重学校教育对学生的影响，避免对学生产生负面影响。

一位老师认为分享了她的两条教育经验：①批评学生，不涉及家长。有的老师在批评学生时总是不由自主涉及家长，学生学习吃力，老师会说："你们家怎么养你这么个废物！白痴！"孩子行为出现问题，有的老师会说："你就是缺家教！"孩子表现比较自私，有的老师会说："这就是你们家的规矩吧？反正学校老师没有这样教育过你。"这些话都是对学生本人及其家长的极大侮辱和不尊重。史家小学的这位老师认为，老师批评学生要就事论事，不说别的，尤其不要牵扯到家长，否则不仅起不到教育效果，可能还会让学生产生逆反心理，引起亲子矛盾。②孩子犯错，不要训斥家长。孩子犯错是常事，即便有些错误和家庭教育有关，也不能把学生家长叫到学校，当着孩子的面批评甚至训斥家长。家长若遭到训斥，可能会将暴躁情绪发泄到孩子身上，孩子的暴躁情绪又会反馈到家庭和学校中，由此恶性循环，影响孩子的健康发展。

（二）引导家长学会尊重孩子

史家小学在教育实践中，还十分注意引导使每一位家长发现孩子的优点，让家长以孩子为荣。

1. 开家长会应该以表扬为主

心理学告诉我们：当人们受到批评、感到尊严受到威胁时，他们的精力就都用到反驳批评、维护尊严上了，根本没有精力去思考批评者的观点，也没有可能学习和发展。人类的个性需要爱也需要尊敬，人人皆有一种内在的价值感、重要感和尊严感。家长会是向家长报告孩子们情况的汇报会，是引导家长运用正确的教育方法教育孩子的交流会，是探讨问题解决问题的研讨会。家长来学校最想了解的可能是他的孩子在学校的表现，特别是好的一面。但很多班主任总想在家长会上谈点班上的问题，想借助家长的力量解决有些孩子存在的问题，家长会也因此变成老师罗列孩子问题的批评会。也会给孩子的心态带来很多不良影响。

史家小学的一位老师认为，开家长会要以表扬为主，班主任要特别忌讳当众点名批评某个学生或某个家长。这位老师在开家长会之前，都先让同学们集体讨论把各方面表现好的同学名单列出来，无论哪一次点名，都把表现最好的同学名字写在最前面，能写多少就写多少。包括德智体美劳各方面，如对集体的事情特别热心的，热爱劳动的，上课积极发言的，作业写得漂亮的，团结同学突出的，喜欢看课外书的，参加少先队活动积极的，美术音乐体育有特长的等等。这些名单往往一列就是一大片。开家长会时，老师就会不厌其烦地把这份表扬名单逐一念给家长听，这时家长不会厌烦的，他们每个人都会在每一项中竖着耳朵听有没有自己的孩子。这一项内容是家长会必不可少的内容。除此之外，还会把班上的好人好事像讲故事似的讲给家长听，是对孩子的表扬，也是在告诉家长，孩子中的什么行为是优良行为。还有一项内容是感谢各位家长在这一阶段对学校工作的支持，包括对孩子学习的关心、对班级开展活动的协助、为集体提供的帮助等等。班上的问题也要谈，但要注意态度，对孩子中出现的问题，不能埋怨，不能推卸责任，而是要抱着商讨的态度共同研究问题形成的原因，共同探讨孩子的教育方法。

老师这种以表扬为主家长会方式体现了教育的基本规律，满足了人的基本需要和尊严，具有积极作用，有利于家长和孩子之间和谐关系的形成。

2. 家访的目的不是告状

一般家长都会认为老师来家访，肯定是孩子出现了问题，之所以形成这种状况，和不少老师进行家访的目的有关。如果真的形成了一家访就告状，那么孩子和家长都会对家访保有抵触心理，害怕老师的家访。

史家小学的老师认为，家访的目的绝不是给孩子告状，而是主要体现在以下五个方面：①向家长汇报近期孩子的进步；②了解孩子在家的学习环境和生活环境；③了解家长的教育观点和教育方法，和家长交流教育孩子的体会，向家长宣传正确的教育方法；④征求家长对学校工作、对老师工作有什么意见和建议；⑤了解孩子在家的表现，特别是好的表现。这样做之后，家长和学生都会非常欢迎老师进行家访，为家校合作打下了一个很好的基础。

3. 科学地向家长反映问题

对于孩子出现的问题，作为老师，要心平气和地和家长谈，不能带情绪，不埋怨，不推卸责任，而且首先应先肯定孩子的优点和进步。反映孩子的问题，要实事求是，不夸大其词，思想感情要和家长一致，共同商讨解决问题的方法。

曾有一个孩子学习成绩还不错，但总是和同学发生摩擦，几乎天天有同学告他的状，谁都不愿意和他一个座位。而且无论他成绩多好，同学们就是不同意他当三好学生。当这位同学的家长向老师了解自己孩子的情况时，老师是这样说的："他上课时思维总是很活跃，思考问题比较到位，发言踊跃，对知识掌握得比较灵活。但是我不明白，他和同学的关系为什么总是处理不好。"老师是在和家长进行商讨，并进一步问他："您觉得孩子的问题出在哪里？""实话告诉您吧，我们经常跟同学们了解他的情况，一听他在学校的表现，我们就揍他，几乎天天揍。"老师一下子就知道了孩子在学校情绪反常的原因，又不能直截了当地指责家长，就这样说："听您这么一说，我心里特别难受。您天天打，打好了么？没有，就别打！常挨打孩子的心理上有障碍，他会到同学中去发泄。这也许就是他与同学关系不正常的原因。"以后他的家长不打孩子了，孩子也渐渐恢复了正常，毕业时当上了三好学生，也进了重点中学。①

只有这样科学地向家长反映孩子的问题，才能收到良好的效果，也才能促进孩子的进步。

---

① 孙蒲远老师的教育案例均引自孙蒲远老师所著的《美丽的教育》一书。

第五章 平等 开放 活力

——关于学校管理的和谐教育观

教育是什么？著名哲学家雅斯贝尔斯在他的《什么是教育》中写道："教育的本质意味着：一棵树摇动一棵树，一朵云推动一朵云，一个灵魂唤醒一个灵魂。"卢梭在其名著《爱弥儿》中说道："什么是最好的教育？最好的教育就是无所作为的教育：学生看不到教育的发生，却实实在在地影响着他们的心灵，帮助他们发挥了潜能，这才是天底下最好的教育。"海德格尔认为，教育"在路上、在旅途中"。以上哲学家对教育的理解各不相同，但他们都有一个共同的特征，理解教育一定要回归到育"人"本身。在这个意义上说，教育不是分数，而是幸福；不是训练，而是创新；不是约束，而是唤醒；好的教育最符合人性发展的基本规律。

然而，传统教育理念和学校管理常常忽视"人"的关键因素，造成无"人"的教育和无"人"的学校管理。

教育中无"人"。"人的教育"在教育中可怕地失落了，人的灵性和精神不见了，复杂的育人工程简化为考试训练，全面发展的教育异化为社会的工具，最应充满生命活力的课堂成为对标准答案。学生成为学习的机器，以知识为中心，以升学为中心，教育成为非人本的技能演练。

作为一个人，学生不仅需要知识，而且需要高尚的灵魂；不仅需要物质、功利，而且需要情感、意志、信仰和理念；不仅需要生存，而且需要创造和发展。这就要求学校管理者必须树立以学生为本的教育理念，真正确立学生的主体地位，把他们当作一个完整的人来塑造，提高整体素质，发展创造人格。有了这个"本"和"主"，学生才能由被动变为主动，才能找到自我，自我做主，自我选择，自我管理，自我发展。有了这个"本"和"主"，他们才能动起来，而动起来才能有力量，才能以苦为乐，以累为乐，以难为乐；才能有所发明，有所创造，品尝到成功的喜悦和快乐。

学校管理中无"人"。管理者只重视任务的完成和教育教学质量的提高，而忽视人的情感和需要，重罚轻奖，甚至只罚不奖，把教职工当成一种符号和工具，无民主、平等、自由、尊重关心和激励，教职工成为教学的机器，被一种外在力量牢牢地控制着，处在一种别人编制好的程序中动作，只有双手，而无大脑；只有服从，而无主体地位。

作为一个人，教职工不仅有物质上的需要，而且有情感的需要，有事业的需求，有精神层面的、高层面的追求。这就要求学校领导者和管理者必须树立以教师为本的管理理念，真正把教师确立在"人"的位置上，并以这个"人"为中心实现领导和管理。

而史家小学的教育实践证明，学校管理越来越注重人的因素，关心人的需要的满足和动机的激发，使史家小学的学校管理人本化色彩愈加浓厚。

第一节　以生为本的教育管理理念——一切为了孩子

以生为本就是为了学生的一切，一切为了学生，把学生的发展作为最根本的追求。以生为本是最根本、最自然、最永恒的教育理念，是放之四海皆准、超越时空的教育理念。"以生为本，返璞归真"才是教育的本质。[①]

史家小学名誉校长卓立提出的"一切为了孩子，一切为了明天"的办学指导思想在教育中得到很好贯彻，成为学校各项工作的指导原则。

"一切为了孩子"有三个基本含义：学校教育工作中所涉及的一切都以孩子为出发点，史家小学提出"教育即服务"；教育要使孩子全面和谐地发展，要关注孩子成长的全部内容，史家小学提出"促进学生全面和谐发展"；教育是公平、平等的，面对全体孩子，而不是少数孩子，史家小学提出"平民教育"。"一切为了孩子"的基础和前提是热爱学生。

从"一切为了孩子"这个理念出发，史家小学开展的一切工作、教师的一切教育教学行为、学校组织的每一活动都是为了学生，摒弃"作秀"和"形式化"的做法，凡是对学生成长有益的事情，学校都愿意努力去做；学生不分三六九等，所有的孩子都是教师们尊重和关爱的对象。史家小学教师善待每一位孩子，努力践行"无错原则"、"善于发现每一位学生的闪光点"等教育观点。史家小学的干部和教师们认为：教育就是为学生服务；

---

① 金子翔：《校长领导力与教育智慧》，浙江大学出版社 2013 年版，第 191 页。

对学校来说，许多事情可做可不做，如果不做，家长和学生也不会指责什么，但只要学生受益，史家小学不但要做，而且要做到最好。

史家小学提出的"三全、三爱、三服务"办学宗旨体现了"一切为了孩子"的理念：使学生德智体美全面发展、面向全体学生、对学生全方位负责；爱事业、爱学校、爱学生；为学生服务、为家长服务、为社会服务。

一、教育即服务

史家小学在 20 世纪 80 年代提出"教育即服务"。教育为学生的成长需要服务，让学校成为学生学习的乐园、精神的家园，使教师、学生、学校实现和谐发展。

教育即服务，体现的是以学生为本、服务学生发展的思想。"以人为本，就是把教育和人的幸福联系起来，和人的尊严联系起来，和人的终级价值联系起来，使教育真正成为人的教育，而不是机器的教育；使教育不只是人获得生存技能的一种途径，而且还能成为提升人的需要层次、丰富人的精神世界的一种方法。"① 教育领域倡导"以学生为本"的宗旨，注重学习主体的实践和体验，力求使学生成为主宰自己学习的主人。《世界人权宣言》第 26 条规定："教育的目的在于充分发展人的个性并加强对人权和基本自由的尊重"，教育是"人"的教育，应尊重学生作为"人"的权利和尊严。这就要求教育者关注学生的个性张扬，关注学生的自我实现和主体意识，尊重每一位学生的不同体验，以开阔的心胸包容学生的"不同声音"，满足每个学生不同的发展需要，让每个学生享受到应得的教育服务，在教育教学活动中始终以学生发展为起点，以学生发展为归宿。要求教师弘扬教育服务精神，视教育教学过程为服务于学生知识、能力、情感与价值观的生成发育过程，从多种角度寻找与学生个体相适应的教育切入点，尊重学生的主体地位。

学校特别强调，教师就是为学生服务的：其一，民主、平等、和谐的师生关系——要求教师要蹲下身子来跟学生讲话，教师与学生在知识、阅历、角色方面存在差异，但是在人格上是平等的；其二，学生是教育、教

---

① 叶澜、郑金洲、卜玉华：《教育理论与学校实践》，高等教育出版社 2000 年版。

学的主体——不能让学生为教师完成教学任务服务；其三，要照顾好学生一天的生活。

"儿童是成人之师"，这是史家小学教师在课堂教学中总结出来的实践智慧。史家小学课堂教学和课外实践非常突出的特色是尽最大努力满足学生差异性的、多样化的学习需求。史家小学的学生思维敏锐、需求丰富，这一切都得益于史家小学的教师视他们为学习的主体，尊重他们个性化的体验和需求。学校要求教师的教学方法适应学生的学习需求，而不是让学生"配合"教师的教学设计，被动地让教师牵着走，教学的"兴奋点"是学生启发教师产生的，而不是教师一厢情愿刻意追求的。

史家小学教师的教学设计充分体现出以学生需求为出发点的思想。教师的对象不同，教学设计也要进行相应的调整。凡是上过的课，第二遍再上不会完全相同，因为教学对象发生了变化，课堂上生成性的问题也会发生变化。教师随时关注学生的需求，并帮助学生更好地理解问题。教师善于把孩子的直觉和差异作为教学资源加以使用。教师要保护学生的直觉并利用学生的直觉进行教学调整和创新，以保护学生的敏锐性不会消失。教师在课堂上鼓励学生表达不同的观点，喜欢学生有不同想法。即使学生说法是错的，教师也会追问是怎么想的，鼓励学生说出想法，了解学生思维的过程，并有针对性地进行引导。史家小学的教师认为，学生的直觉刺激了教师提升教育智慧的敏锐度，教师尊重了学生的需求和特质，才能实现教学相长。

为了满足学生的成长需求，史家小学的班主任经常自发地、自觉地组织许多课外活动，培养学生的兴趣爱好。有的教师利用双休日带着学生参观北京市的博物馆，有的参加公益劳动……史家小学的教师认为，教育不应该局限于课堂，不应该局限于学校，学生的学习应该是体验的、实践的，学生应该了解社会生活，具有开阔的视野。

专栏 1

办好食堂和办好学校是一样的

学校关注为家长、为学生服务的每一个细节。学校非常关注学生的食堂，把办好食堂和办好学校一样对待。30 年前，史家小学坚持"为学生的健康服务"的思想，为学生提供营养配餐，开了北京市小学的先例。营养配餐非常受孩子们和家长的欢迎。学生吃得营养，吃得健康，这正是家长所需求的。

很多家长说："别的不冲，就冲这个饭，我也得把孩子送到史家小学来。"家长认为学校的食堂简直太好了，学校做的饭菜质量好，学生非常爱吃。

记得学校翻建那段时间，学校的教学楼都已经拆掉，但是搭个棚子也要保证学生有午餐，有时一个星期换一个地方，比如这周施工队开始挖这个地方，食堂的大灶就搬到另外一个地方，利用星期天一天搬完，星期一照常开伙。

学校的食堂受到欢迎，有几届毕业生的家长向学校提出要求，虽然孩子已经升入中学，但是还是希望中午能回到小学来吃午饭。为了满足家长的需求，学校曾经开过一个对外的小食堂，就是为了毕业生可以回来吃午饭，后来由于条件限制才停止。①

史家小学的课外活动非常丰富，比社会上办的各种补习班还要有成效。只要家长迫切要求，教师们哪怕是义务劳动，少拿钱或不拿钱，也要开展各式各样的课外活动。有些家长确实希望孩子多学点东西，愿意培养孩子各方面的兴趣爱好，还有一些家长却是在下午三点多放学后接不了孩子。接不了怎么办？家长有要求，希望学校把学生们组织起来，保证他们的安全和学习。这样，学校就组织各种各样的活动。这些兴趣班对教师们来说就是额外的付出，但这一切付出都是为了孩子的成长。史家小学从来不是为了组织活动而组织活动，而是为培养学生各方面的素质。20世纪80年代史家小学就组织了各种活动，学生参加书法、美术、无线电比赛都在北京市获奖。

有的家长希望学生住宿，学校开设了住宿部。

总之，只要家长有需求，校长总是努力去实现。家长有校车的需求，学校千方百计地满足。校车接送学生虽然给管理带来很多负担，但学校坚

---

① 王欢、金强、金少良、王伟：《和谐教育：史家小学的教育理念》，中国发展出版社2012年版，第50页。

持为学生服务、为家长服务，一直办到现在。

活动是育人的载体，史家小学精心组织每一次活动。史家小学实践真正的"大教育观"，让学生们在丰富多彩的活动中增长知识、锻炼能力、增加生命体验。

史家小学还有一个非常受学生欢迎的传统活动——春游和秋游，多年来一直没有间断过。很多学校担心学生出现安全事故，干脆不组织春游和秋游，而史家小学一直坚持组织这个活动。春游和秋游是学生接触大自然、贴近大自然的一个很好的活动。为了保证学生安全，并让学生玩得尽兴，校长把全校所有的教职员工都动员起来，每个班级除了班主任和副班主任，还有任科教师、扫地的工友和食堂做饭的大师傅们，一起负责孩子的安全。事先也会向学生讲出明确的要求。

凡是一些重大的节日，学校必定要组织活动。史家小学认为，"六·一"儿童节是儿童自己的节日，学校必须组织活动，而且组织的活动必须是学生喜欢参加的，能留下深刻印象的。学校在"六·一"儿童节组织游园活动，每个班级都组织各种游戏，学生自己组织，自己玩儿。有一年"六·一"儿童节组织了大型义卖活动，学生有的卖自己的书，有的卖自己的玩具，把通过义卖活动赚的钱捐给贫困小学。

史家小学的新生入学和毕业典礼都非常隆重。新生入学时，校长带着班主任在学校门口迎接新同学入学，给一年级的小学生戴上小花，别上校徽；路上有高年级的学生夹道欢迎，给一年级新生营造一种亲切、温暖、快乐的氛围，使他们热爱学校，愿意上学，在他们离开父母的时候，让全学校的同学用笑脸迎接他们。

专栏2

温暖史家，筑梦启航——记"梦开始的地方……"
史家小学 2014 届毕业典礼

2014 年 7 月 6 日，"梦开始的地方……"史家小学 2014 届毕业典礼在保利剧院举行。整个典礼庄严隆重、深情感人，师生、家长、来宾无不深深沉浸在温暖的气氛中……

温暖史家，筑梦启航，这是史家人的共同心愿。每一届学生的毕业典礼，不仅是学生的最后一课，更是史家精神的薪火相传。

"我把星星种在您的心田中……"大幕拉开，典礼在300多名毕业生的朗诵中开始。看到自己的孩子以挺拔的身姿站在台上，在场家长的心弦被轻轻拨动。随后，伴随着住宿班教师、家长和孩子们的温暖诗篇《史家，我们的家》，家长代表和学生代表的亲子感恩篇《小苗和大树的对话》（情景朗诵），六年级14位班主任的情景诗话祝福篇《对孩子们说……》，整个会场的气氛渐渐达到高潮。

保利剧院的舞台上，呈现着一幕幕精彩，绽放着孩子们的灿烂——体育社团的韵律操表演《一堂特殊的体育课》、金帆舞蹈团的舞蹈表演《飞扬的韵律》、管乐团六年级学生的钢琴伴奏交响曲《校园诗篇》及六年级小剧团曾获全国大奖的《一双球鞋的故事》……像一张张画卷徐徐展开，令人目不暇接。鲜红的队旗，庄严的传承，深深打动着每个队员的心。最后，由金帆合唱团及六年级毕业生演唱的《夕歌》和由史家学生作词作曲的毕业歌《蒲公英》，再一次将孩子们的心声送抵每个人的心中……

颁发毕业证书是典礼最重要的部分，王欢校长、洪伟书记将红红的毕业证书亲手发到每一位毕业生的手中。此刻，最感人的一幕出现了——大屏幕上依次出现了史家小学500多位毕业生一年级入学照与六年级毕业照的精心拼图，看着自己孩子六年的变化，望着大屏幕上一个个孩子的笑脸，所有家长的心被震撼了——时光流逝，童年六载，时光与成长是如此对接地敲动在场所有人的心……

校长致辞，毕业生家长代表致辞，毕业生向母校赠送礼物，全体毕业生宣誓，最后一次高唱史家小学校歌……120分钟的毕业典礼，是史家小学六年级孩子们的难忘一课，也是孩子们通向未来的梦的启程……

正如王校长在致辞中提到的三个关键词"感恩、责任、梦想"，她期望所有史家小学的毕业生走向新的学校、开始新的学业、步入人生新的征程时，都能够做一个会学习的人，做一个会思考的人，做一个知行统一的人，努力用行动践行温总理给我们提出的"学思知行"的为人标准。

这次毕业典礼得到了学校领导的高度重视。从主题的确立，到场地的协调、舞台光影设备的使用，以及学生安全等，都得到了最到位的关注。

一个典礼大小上百个环节、上千个细节，学校行政领导和六年级的老师以及相关事务负责人及时沟通，最长一次足足有 5 个小时之多；信息部、后勤部更在实际具体的环节落实中给予了六年级师生以最大的支持。

毕业典礼背后是史家团队的通力合作。从整体文案设计，到场内艺术、体育、各个篇章进行的推进环节，再到场地内所有场务安排的流畅衔接——这一届毕业典礼的计划文案多达 20 页。

六年级组的 14 位班主任齐心协力，在不同的岗位上为这一次的精彩典礼做着自己的贡献：上台演出，组织学生，协同社团节目排练，与家长达成默契的沟通，以及自身相互之间的协调与配合：细节、沟通、协商，老师们经过一次次讨论最终拿出了最佳典礼方案；而执行这一方案，付出的是每一位班主任的热情，忘我，敬业，以及对学生的无尽的爱。

史家小学的信息技术团队在汪忱主任的带领下，协同北京华融新媒广告有限公司的技术人员一起，将看似不可能完成的工作逐一落实，并且在典礼当天提供了最专业的信息技术服务。

体育组、舞蹈团、合唱团、管乐团、公益社团——史家小学的社团呈现了整个典礼最令人难忘的一幕幕。本届毕业典礼，重视"传承"这一教育理念的设计，请到了所有教过六年级的班主任老师们，让老师们体会到了孩子们放飞一刻的温暖；此外，除少先队《传承篇》外，三个艺术节目中都有低年级同学的身影。令人感动的是，年龄最小的舞蹈队的成员们却是最早来到保利剧院的，六点不到就已经在老师的带领下陆续进入后台开始准备了……

荟萃精彩的典礼，荟萃了史家人的共同祝愿——家长义工团队不辞劳苦，成为剧务后台以及环节协调的义工；学校食堂的工作人员为辛苦排练的同学们提供可口的饭菜；文印教务老师们更是有求必应，给予最到位的帮助；在典礼现场带班的数学、英语和品社老师们也尽职尽责，大家精诚合作，才成就了这样一台精彩的典礼。

温暖史家，筑梦启航——当台下的点点泪光与台上孩子们绽放的光彩相互映衬的时刻，大家都感到欣慰，因为真的实现了整体设想。老师们所有的努力都是为了能够让孩子们记住这一天：2014 年 7 月 6 日，史家小学——梦开始的地方……

"为学生成长服务"，是学校组织所有活动的出发点。史家小学把"活动育人"理念发挥到恰到好处，活动内容丰富，形式多样，所有学生参与其中，每一项活动的最终目的是最大限度地让每一个学生受益，摒弃"形式化"和"作秀"的做法。每一项活动都凝结着史家小学校长和教师对教育内涵的深刻理解和对学生成长需求的无限关注。史家小学每年至少有两三次全校规模的大型活动，德育、艺术、科技、体育等方面的活动有计划、有组织实施，有些活动已经成为学校活动的品牌和特色，比如学校的"万人运动会"、"科技节"、"艺术节"等每两年或一年组织一次。组织这些活动须举全校之力，占用教师大量休息时间，史家小学所有的管理干部和教师不计个人得失、全心全意为学生成长服务。

二、平民教育

美国作家爱默生说："教育成功的秘诀在于尊重学生。"一所真正有品质的学校，不会把学生区别对待，而是要给任何背景、任何资质的学生创造公平的学习机会。一个真正有人格魅力的教师，总是能尊重和宽容每一个学生，平等、公平地对待所有的学生，无论学生是聪明的还是愚笨的、乖巧的还是顽劣的，他们都能够让自己的爱像阳光般均匀地照耀在每一个学生身上。

史家小学提出并坚持实行"平民教育、有教无类"，坚决反对把孩子直接分成三六九等。在史家小学期间，学生一旦入校，便一律按照入学检测成绩分班。坚持"平民教育"不是一件容易的事情。一些学生的家长往往希望被"特殊照顾"——单独分班，配备最优秀的教师；但是，史家小学顶住了压力，为学生营造了平等、和谐的学习环境。

史家小学的教师恪守职业的尊严和个人的尊严。的确，有些学生家庭境况好些，但也有平民家庭的学生，甚至有些学生的家庭依靠政府的"低保"维持生活，差异非常明显。面对这样一个学生群体，教师如何坚守教师的"良心"和尊严？

对此，史家小学的教师给出了完美的答案。史家小学的教师是有尊严的，这种尊严体现在对所有的学生一视同仁。从卓立校长到王欢校长一直主张"平民教育"，他们顶住重重压力，把所有学生随机分班，随机配备班主任，让不同家庭背景的学生平等相处，不得不说这是一个非常有远见也是非常有魄力的事情。学校管理者的"平民教育"思想也深深影响了教师们。

从学生进入史家小学，他们就能感受到教师们对所有的学生一视同仁。一年级学生刚入学时，学生们各方面的差异比较大。有的学生见多识广、思维活跃、勇敢自信，而有些学生行为拘谨、举止羞怯。半个学期之后，学生之间的差异明显缩小；升到二年级的时候，学生由于原来家境造成的这种行为表现的差异不复存在，他们在教师营造的公平、公正氛围中成长得很快。一位老师负责低年级部的工作，对这一点深有感触。她把学生发生的变化做了个形象的比喻，把来自不同家庭环境的学生比喻成海绵，好的家庭环境下的孩子像一块已经吸了一部分水的海绵，而差的家庭环境下的孩子还是一块干的海绵，而一旦有了水，干海绵吸水的速度要快、效率要高。

即使是家庭贫困的学生，在史家小学也不会感到自卑，也会和所有的孩子一样快乐、健康成长。教师对所有的学生一视同仁，同时对学生的价值观念有适当的引导。有一次，一位教师问一名学生：如果一个同学向大家炫耀说他爸开奔驰汽车，你们怎么看。学生回答说："我们会瞧不起他。他在学校里团结同学吗？遵守纪律吗？在学校表现好吗？"学生的回答让老师很开心，说明教师们对学生的引导是到位的。

有些自认为孩子很优秀的家长，他们希望自己的孩子得到特殊的"照顾"，而史家小学的教师们往往不会屈从于这种压力。其实，当教师们坚持了原则，往往获得了更多家长的尊重。

史家小学的教师们很有教师风范，这一点得到了家长的充分肯定。教师从来不和某些家长刻意拉近距离，交往过程中非常注意分寸，不卑不亢。如果偶尔有教师流露出这方面的倾向，便会显得与这个团队格格不入。

学校实施的是平民教育，只要学生努力，各方面表现好，教师就会给予各种方式的鼓励和机会，而这些机会绝不会与学生的家庭背景挂钩。所有的孩子公平竞争、平等交往，这对所有学生一生的成长都有利。作为国家未来的建设者和接班人，就要学会与所有的人和平友好地相处。史家小学的教师对所有学生一律一视同仁，教师的态度也潜移默化地影响了学生对待他人的态度。

专栏3

对所有学生一视同仁

孙蒲远老师是一位德高望重的教师。她的班主任工作非常有特色，她的班级管理思想在北京市教育系统有特别大的影响力。退休以后，有许多学校希望请她介绍自己的班级管理经验。孙老师也获得了她教的学生的家长的尊重。孙老师对所有的学生一视同仁，从来不接受家长的礼品。很早的时候，有的家长硬塞给孙老师挂历和钢笔，孙老师一再对家长说："收了你们的礼品，我就不敢正视家长们了，别以为我不食人间烟火，但请让我有尊严。即使给我一个挂历，和学生的任何事情都完全不挂钩。我对所有的学生都一样。"

久而久之，家长不再搞特殊化，对孙老师的工作更加支持。有一次一位家长找到孙老师，希望能让自己的孩子当上中队长，孙老师知道这个学生家庭不一般，平时都有警卫员接送。孙老师直接告知了对方原因，同时以一种家长能够接受的方式拒绝了他的要求。孙老师幽默地说："反正我不管是谁家的孩子，我肯定公平对待。我也不相信家长会因为这点小事给我使坏。即使使坏，我也是最底层的教师，谁穿小鞋都不怕。教师对待学生不公平，根本谈不上教师的威信。"孙老师做过好多年的班主任，教过的家庭背景有权有势的学生不计其数，她没有对任何学生特殊"照顾"。①

三、全面发展

教育的本质是什么？古今中外很多教育大师都有经典论述。"教育即生活"、"教育即生长"、"教育即经验的改造"，是杜威教育理论中的三个核心命题；"依照自然的法则，发展儿童的道德智慧和分析各方面的能力"，是卢梭和裴斯泰洛齐对教育本质的定义；"为完满生活做准备"，是斯宾塞的

---

① 王欢、金强、金少良、王伟：《和谐教育：史家小学的教育理念》，中国发展出版社2012年版，第54页。

教育本质观；而通过"格物"、"致知"而至"诚意"、"正心"（树立正确
的道德观），最终达到"修身"的目的（形成完善的人格），则是孔孟一脉
相承的教育思想。诸如此类对教育本质的阐释，实际上都可以抽象出一个
基本共识：教育的根本目的在于对受教育者人格的完善，即塑造受教育者
的健全人格，使之不断地趋于完美。

史家小学的和谐教育是回归教育本质的教育，学校追求学生的全面和
谐发展。史家之所以成为史家，与其他学校不同的地方在于，史家小学的
办学思想追求学生的全面发展，对学生各方面的素质负责。有的学校以奥
数见长，有的学校以写作见长，有的学校以成绩见长，但这些都不是史家
小学追求的目标。这么多年来，外界对史家小学的评价是，学生并不是某
一方面好，而是整体好，没有短板。这一点可以说避免了"木桶效应"所
提醒规避的缺陷。①

教书育人，是贯彻、落实党的教育方针的客观要求，是培养国家建设
人才的客观要求，这既是学生成长过程的客观要求，又是教学规律的客观
要求。教学永远具有教育性，但要真正做到既教书又育人，是很不容易的。
在学校的实际工作中容易出现下面的偏差：一是把教书和育人截然分开、
对立起来，认为教师只是传授知识，育人是管理部门或德育部门的事情；
二是把教书和育人混为一谈，混淆了教书和育人各自确定的内涵，用教书
代替育人，管理部门认为教师传授了知识，就自然而然地完成了育人的任
务；三是把教书和育人从另一个极端混为一谈，混淆教书和育人各自确定
的内涵，用育人代替教书。而史家小学既教书，又育人，并实现教书与育
人的科学统一。

史家小学有这样的共识，要为学校的未来负责任。只对学生某一阶段
负责，是最低层次的负责。史家小学的校长和教师对学生的终身发展和国
家的未来发展考虑。未来社会需要全面发展的人，而不是只会死读书的人。
因此，史家小学的历任校长均立足于国际社会的视野和远见，思考教育将
面对什么样的社会发展，为学生未来发展储备知识、意识和能力。

---

① 王欢、金强、金少良、王伟：《和谐教育：史家小学的教育理念》，中国发展出版社 2012 年
版，第 56 页。

　　和谐教育理念不仅局限于让学生学知识，还要让学生形成健全的人格；立足于国际化的发展趋势，为学生的一生奠基。在这种理念的指导下，史家小学的学生可持续发展能力强、后劲足。在小学阶段没有刻意强调分数，但在后来的发展中成绩也非常优秀。史家小学的学生为什么在社会上有一定的口碑，就是因为学生素质全面。史家小学的学生，成绩未必是最突出的，但绝对是全面发展的，到社会上立足也是能笑到最后的。

　　史家小学的学生给人最深刻的印象是兴趣广泛，全面发展。学校几乎所有的学生都有一定的特长，学生从中也能获得自信。低年级开设形体课，学生在课堂上非常注重仪态。史家的学生面对再大的场合也不会发怵，学校开展的很多活动让每一位学生都有展示自己的机会。六年级的毕业典礼，每个学生都有机会上台展示自己；学生还有机会自己组织毕业活动。教师有意识地把一切成长的机会提供给学生。

　　为了促进学生的全面发展，史家小学各个学科都有无比丰富的校本课程和兴趣小组。这些课程和活动作为课堂教学的延伸，培养了学生的各种兴趣。史家小学每年都有大型活动，学生参与的机会非常多。学校为学生搭建了广阔的平台。

　　史家小学的每位老师都关注学生的全面发展，每位教师都愿意为学生全面素质的提升竭尽所能。举一个小例子，金帆合唱团成员外出演出，偶尔会缺课，这时，各个学科的教师和班主任一律开绿灯，支持学生参加更多的活动锻炼自己。比赛结束后，所有学科的教师主动给学生们补课。史家小学所有的大型活动，都是大家齐心合力完成，所有教师都有一个共同的信念：成就全面发展的学生。

　　史家小学有丰富多彩的活动，但如果只组织活动，学生各方面的素养不行，也会受到质疑。学校决不牺牲学生的天分，来获得一时的成绩。史家小学课堂教学质量在北京市有口皆碑。

　　每个教师在进行班级管理时非常注重细节。比如对红领巾如何摆放都有详细的规定，可能对有的教师来说太难了；但对于史家小学的师生来说，这已经成为习惯。当学生的习惯还没有定型时，教师就对他们进行严格要求，经过一个多月，学生们多会习惯成自然。如果平常不要求，学生松散惯了，这项工作推进起来就很困难。

专栏4

教学设施全方位为学生服务

在改善学校办学条件时，学校管理者提出"服务教学的原则"。也就是说，办学条件的改善是为了提高育人水平，而不是盲目攀比和单纯追求办学条件的现代化。学校在配置信息化设备时，目的是为了提高课堂教学质量，提高教学效率，使学生在课堂内能够收获最多。因为有这样的信念，史家小学成为北京市第一个所有教室都是多媒体教室的学校。在当时资金非常紧张的情况下，自己想办法筹集资金，节约成本，所有的教室都装上正投影、投影幕和音响，还配备了软件，使教师上课得心应手。

搬到现在的校址以后，所有教室都安装了普罗米修斯白板，对教师进行相关的培训，并专门针对培训效果进行考核，要求很严格。白板技术在学校很快就得以普及，教师应用该技术提高了课堂教学的效率。

史家小学追求的教学条件改善并不是单纯地为了有什么而有什么，所有的硬件设备，一切目的都是为了学生发展，为了让教师更好地教，让学生更好地学。硬件条件的改善，或者是德育教育的需求，或者是课堂教学的需求，学生能够很快地领会所需要学的知识。为了更好地提高课堂教育，使学生更能够容易参与到教学活动当中去，改变教师讲、学生听的传统课堂教学模式，让学生能主动地学习，更好地建构自己的知识，所以才配备相应的硬件。绝不是为了显示学校的设备多么先进，而教师不使用只会成为摆设。显示教学设备的先进，一点没有意义，而且还会造成资源的浪费。

史家小学管理者的一切做法都是从和谐教育理念出发，遵循教育发展、学生学习的规律的。[1]

---

[1]　王欢、金强、金少良、王伟：《和谐教育：史家小学的教育理念》，中国发展出版社2012年版，第60页。

第二节 以师为本的教育管理方式
——人与人之间的和谐

在史家小学的学校管理中，最重要的管理理念是"以人为本"，这里"以人为本"的重要体现就是以"教师为本"。在史家小学，绝不会看到管理者对教师颐指气使，数任校长在管理团队中强调"服务、共赢"的理念。教师的利益、需求、困难从来不会被忽视，学校管理者深知，教师们的默默付出和无悔坚守，是史家小学教育品质的保证。

一、管理团队与教师的和谐

史家小学的管理团队从不以"领导"自居，而是把自己定位为服务者。为教师服务并不难，难得的是用真心和真情为教师服务。史家小学的管理者设身处地为教师考虑，尽量为教师排忧解难。学校管理者与教师不是敌人，不是对手，而是朋友，是合作的关系。

史家小学的教师们把学校比作一艘大船，校长是船长，而管理团队就是舵手，他们共同把握前进的方向。学校的日常工作、大型活动、对外交流能顺利开展，离不开管理者的组织协调。史家小学的和谐来自于教师之间的和谐、师生之间的和谐、学科之间的和谐，更来自于干群之间的互相支持、团结协作。无论是哪一环出现问题，学校整体都不可能达到和谐状态。学校整体都不可能达到和谐状态。学校的管理者不但关注学校的教育教学质量，也关注全校的协调关系。

作为学校的管理者，最重要的是尊重教师和包容教师。正确对待教师所犯错误，对犯错误的教师要讲工作方法，不能一棍子打死，不让他发展，而要真心实意地帮助教师，引导教师走上正确的轨道。

史家小学的管理者和教师能够换位思考，互相理解。学校要求干部们凝聚团队，鼓励开展各种增进了解、增进感情的各种活动。各年级组、各教研组或学科组每年组织外出，教师们非常愿意出钱、出力、出点子。

学校通过创建"工会小家"的机制来促进干群、教师之间的和谐。"工会小家"在调动教师的工作积极性，促进干群之间生活、情感方面的交流，发挥了特别好的作用。在建设"工会小家"的过程中，干部和教师们在一起轻松地交流，能够很快融合在一起。教师们暂时放下工作，放松地表达内心的想法。平时教师工作压力非常大，在"工会小家"可以释放压力，使紧张的情绪得到平静。

史家小学的管理者非常讲究工作方法。对于教师工作中的问题，管理团队会在保护教师自尊心、自信心的前提下开诚布公地进行交流，教师只要能够改正，管理干部绝不会把影响扩大。这样做的目的在于让教师能够有一个好的心态面对学生，积极地提高教育教学质量。工作中的分歧只限于工作，对事不对人，个人关系丝毫不会受到影响，生活中还是好朋友。

学校的管理者都有一种为教师铺路搭台的意识。一位教师做公开课或有其他活动，相关部门的负责人和校长全部到位，给予情感支持和智慧支持，史家小学平台大，教师学习展示的机会多，这对教师个人成长非常有利，教师技能的增长是在实践中历练、环境中熏陶出来的。可以说，每一位教师公开展示的背后，都有全校各级干部全力以赴的支持。常常是一位教师做课，调动所有部门来协助。"东兴杯"是北京市东城区的重要赛事，每次参赛，学校管理干部布置全局，给选手组织备战小组。教学主任对参赛选手的每节课都要亲自把关。

有了学校管理者的支持，参赛教师心里踏实，拼搏的时候更有底气。第六届"东兴杯"前一天，天气不好，沙尘弥漫，所有参赛教师的备战小组都出现在学校的会议室里，所有的管理者一位不缺。王欢校长给教师们鼓劲，令教师们深受鼓舞。校长带领干部团队与教师并肩作战，为史家小学的品牌而战。在"东兴杯"总结大会上，领导对史家小学给予了高度评价："为什么史家小学所有的选手冲进决赛？为什么每一节课都那么精彩？大家只需要看看周日那么恶劣的天气里，史家小学的领导和教师都在干什么，就会明白了。"管理者和教师们会齐心合力做好一件事情，领导的关注、教师的努力缺一不可。

在史家小学，这样的案例信手拈来。例如，2010 年中秋节前夕，学校工会干部向每位教师要了一张照片，教师们事先并不知道照片用来做什么。中秋节那天，教师们聚在学校礼堂，王欢校长代表学校行政领导向老师们送上了诚挚的中秋祝福。老师们从校领导手中接过用自己照片"量身定做"的红酒，感到分外的惊喜和温暖。这瓶红酒寓意深刻，表达了学校对老师"幸福久久，快乐久久，健康久久"的祝福，也寄托了对史家"人长久，情长久"的希望。

二、求同存异的管理团队

干部团队的和谐对任何一所学校的发展都非常重要。如果干部团队分崩离析、各自为政，教师们自然无所适从、人心涣散，将会给学校发展带来严重的影响。尤其是史家小学以和谐教育为理念，打造和谐的干部团队的重要性不言而喻。

史家小学原党支部书记王继荣说过："学校的领导班子像一驾马车一样，必须团结紧密、方向一致才能让马车前进。史家小学的干部团队非常和谐团结。校长有想法，到达完成事情的四五成的程度，还不够成熟，校长与班子成员进行充分讨论，形成决议，完成事情的八九成。班子成员努力推进，把校长的理念和学校的决策传达到组长、教师，教师们齐心合力百分之百地完成，有时甚至远超出预期，我们的教师是有创造力的。整个过程一气呵成，没有阻滞。班子齐心合力、团结一致，才能把事情完成。校长的理念得到班子的顺畅执行，这很重要。校长的理念再先进，也不可能直接传达给学生。史家小学的干部和教师可爱，每一位干部和教师不待扬鞭自奋蹄，积极上进。领导定目标高、起点高，干部和教师努力争气。学校有好的校风，教师有优秀的作风。"[1]

1992 年，卓立校长提出和谐教育理念。刚提出来时，卓校长首先与管理团队讨论。史家小学的干部团队也具有超前意识。史家小学有今天的成就，卓立和王欢两任校长领导有方，同时也要肯定学校干部团队所作出的

贡献。史家小学非常注重干部队伍的培育,并且提出干部要"一正、二勤、三有方":正,即公正、正直;勤,即勤于学习、勤于工作;有方,即讲究工作艺术、好心办好事。

卓立和王欢两任校长对史家小学重要的贡献之一,是他们带出来一支和谐的干部团队。在打造干部团队时,两任校长的想法一致:学校的干部团队不要求整齐划一,要允许各种性格和特质的人存在,整个团队的氛围应该是宽容和接纳的。学校干部队伍要有统一的灵魂,共同的目标,但每个人都要有自己的特色,不能要求性格、办事风格都整齐划一。工作中,需要雷厉风行的干部,也需要谨慎周密的干部。两任校长认为,大家的"不一致"才能真正促成和谐。在这个团队中,需要的是理解、宽容和协作的氛围。每位干部各有各的个性和主见,团队讨论时可以听到不同意见,互相启发,而不完全是一种声音。

史家小学的干部团队形成了开放的氛围。每位干部可以把不同意见充分发表。干部之间发生分歧只针对工作,不针对个人。大家开诚布公地进行交流,有时会因为观点不同而争得面红耳赤,但这种争论绝对不会影响工作中的密切配合。每位干部都能够理性地对待不同意见,把这视为完善工作的动力和契机。

"和谐"不等于没有反对意见,事情有分歧的时候能够充分讨论,在讨论的基础上达到统一,这样就达到了更高层次的和谐。和谐不是一团和气,压抑个性。王欢校长希望听到不同的想法,补充自己的不足。校长能够客观地分析教师不同的看法,干部能够帮助教师来分析问题,如果教师的看法有点偏激,干部可以帮助教师来分析问题,使教师能够修正自己的观点,在教师认同的基础上达到统一,学校的行政团队越来越出色。两任校长希望管理团队成员特色鲜明,他们多次强调:"和谐就是整体最优的表现,我们要的是集体的力量,绝不是个人的。每个人在这个集体里都充分发挥优势。"

"包容、理解、宽容、协作"是史家小学干部团队的共同信念。史家小学的管理团队出色的决策力、执行力、领导力是和谐教育理念得以实施和完善的重要基础。

干部队伍是"无坚不摧"的力量。史家小学的干部业务能力很强,并且富于敬业精神和责任心，富于工作智慧和教育教学思想，能够为学校发展提供有价值的建议。王欢校长曾经有一个形象的比喻，史家小学的每一位干部，从校长到组长，要各守好"山头"，尽职尽责地把各自负责的工作做出色。但仅仅做到这样还不够，还需要在保证自己的阵地没有丢失的情况下，一旦工作需要，各山头的干部能够协调一致，一呼百应，共同面对所有的问题和挑战。她一语道破了学校干部之间既独立又协作的关系。

中层干部是实施和谐教育的关键环节。校长确定的办学思想，能否正确地执行，取决于中层干部的理解是否到位。中层干部对学校的办学理念深入理解，才能不折不扣地使理念正确执行。如果校长认为不以分数为目标，但干部只盯分数，和谐理念的实施效果肯定不好。干部要模范地执行和谐教育理念，带领团队做到最好。

史家小学的干部团队特别和谐，能够互相补台，使理念落实到学校工作的每一个环节。干部团队在工作时非常忘我，不惜代价把工作做好。史家小学每年都有大型活动，中层干部从没有畏难情绪，不折不扣地高质量完成。如果中层干部往后退一小步，那教师就会退一大步。史家小学的艺术节、运动会、"六·一"活动都涉及近万人的组织工作，持续时间很长。每一个活动大家都在一起相互配合，相互理解，使得各项活动组织有序，圆满完成。

三、为学校未来蓄势的"领头人"

在西方，以"领导"为主题的研究集中出现于 20 世纪初期，研究者从各自的角度对领导作出了阐释，几乎有多少个研究者就有多少个对领导的不同定义。到了 20 世纪 70 年代，斯多格迪尔归纳了 10 种有关领导定义的主题句：领导是团体过程的核心；领导是个性及其影响的重合；领导是一门引导服从的艺术；领导即施加影响；领导是一种行动或行为；领导是一种说服的形式；领导是达成目标的手段；领导是相互作用的结果；领导是特别的角色；领导是结构的创新。[①]

---

① 郭继东：《学校组织与管理》，华东师范大学出版社 2012 年版，第 126 页。

"领导"必须具备三个要素：其一，领导是一个过程，不是可以一蹴而就的活动；其二，领导者要有下属，没有追随者的领导者谈不上领导；其三，领导的目的是通过影响部下来实现组织目标，影响力是领导成败的关键。

《孙子兵法》中说："上下同欲者胜。"这句话用在学校管理中就是校长要善于凝聚人心，协调各方面的资源和力量，在学校教师中最大限度地达成共识，上下同心，内外齐聚，才可以共同走向成功。凝聚团队、提升人气的过程是心的交融、情的感染、智的汇聚的过程。

王欢校长认为，没有完美的个人，只有完美的团队。学校教育教学工作决定了教师队伍必须是一支善于合作、精诚团结的团队。可以说，教师之间的亲密无间、和谐共融的相互合作是一所学校长期可持续发展的根本动力。

管理就是管人，管人就是管心，管心就是管思想。人是管理的核心要素，人的核心要素是人心，即思想。

校长的管理艺术并不是把教师管理得"笔杆条直"，把干部管理得"言听计从"，而是站在学校发展的角度，协调校内、校外各方面的资源，最广泛地获得支持，为学校提升人气。

对待管理团队：信任尊重，极力赞赏。

《你凭什么领导别人》一书有这样一段话：成功的领导者能够有效地激发员工情感、忠诚度以及相互间的关爱。他们跟员工分享共同的感情经历，与员工保持良好的关系。然而，他们能够传达出一种威严，提醒员工注意自己的工作，注重集体的共同目标。这样做可以使领导与员工之间保持合适的社会距离：既与员工保持紧密的联系，在某些时候，又保持一定的距离。[1]

作为校长，王欢知人善任，唯才是举，在信任上放权，在放权上信任。特别对干部，要用"心"去管理，用"情"去感染，以自己的亲和力与班子的向心力、凝聚力和战斗力赢得师生的叹服。

对于校长而言，建设一支共同为学校发展出谋划策的团队是非常重要

---

① 罗布·戈菲，加雷斯·琼斯著，周新辉译《你凭什么领导别人》，商务印书馆 2010 年版。

的。王欢认为自己非常幸运，每到一所学校，其身边总会有一支出色的、团结的干部团队。"正因为有了这支队伍，我才可以从具体事务中抽身出来，专注于对学校发展更重要的事情上。"王欢说。

也有人问过王欢："作为一个'空降兵'校长，你是如何与学校的干部队伍打成一片的？"她认为，并没有刻意地去做什么，也没有刻意思考如何把他们凝聚在身边，而是在日常工作中沟通交流，进而增进彼此了解，无形中形成默契和建立感情。在共事中产生共识，共识中产生共鸣。

对待教师：包容尊重，引领示范。

校长管理理念的变化反映在对"人"的不同态度上。管理就是解放人，通过优质的管理，解放教师。管理不是把校长和教师都套在一起，紧张而痛苦，大家互相生气、着急、敌视，这些都是生命的消极体验，这是对生命本身的严酷约束。生命力量应该平实而强大，每个人都应该享受生命，寻求最大限度的幸福，享受生命的过程。这就需要解放人，给人以真正的尊重。

王欢校长开始认为，管理越精细越有效率，认为规章制度越严格，学校运转起来就更顺利。检查评价越细致到位，教育效果就越好。后来，王欢校长认识到，正像我国著名教育理论家鲁洁教授所说的那样：教育的世界是人的世界，人在成长过程中需要空间，需要良好的氛围解放四肢头脑，激发潜能。

作为校长，王欢一直恪守："用心呵护教师的这份温暖，用心保护这份情意，用心维护这份尊严。"①

第三节　以校为本的价值理念——回归教育本质

20 世纪 80 年代，校本管理逐步兴起并广泛传播，使学校的体制环境发生重大转变，对学校管理产生深刻影响。而史家小学从卓立校长 1987 年提

---

① 王欢：《永远的新校长》，北京出版社 2013 年版，第 62 页。

出和谐教育理念以来，其不断实践丰富正是对校本教育理念的自觉回应。

一、校本理念下的制度建设是学校管理的迫切需要

校本管理是相对于外控式管理而言的，它是指以学校自主管理的办学，使学校成为独立的办学主体。它所依据的是权责下移原理和殊途同归原理，是一种自行管理系统，重视的是主体意识的张扬和人的积极性的发挥。①

校本管理理论强调，学校拥有自主权，根据学校实际进行决策、实施、监督，由校长、教师、家长甚至学生参与学校的管理。它是多元的、民主的、全面的，这些角色之间主要不是层阶关系，而是伙伴关系，是相互合作者、支持者。这种管理不仅能够有效地运用上级分配的教育资源，而且能够积极主动地开发拓展各种教育资源。管理方式由被动变为主动，不再按部就班、循规蹈矩；也不能仅靠经验，而应是积极地投入，主动地发现问题、解决问题。运用的是现代的管理理念、知识和技术，它注重个性和特殊，不仅重视结果，而且重视过程的发展，评估指标是多元的和多层面的。

校本管理是建立在六个假设的基础上的：第一，相信由外界强加的教育决定剥夺了某些与学校有关的人的权力；第二，认为学校是教育系统中基本的决策单位，因此应该给学校识别学生需要并对之作出反应的能力；第三，认为那些对某一主题了解最多的行动者应该有权对该主题作出决策，相信学校通常知道得最多，相信与学生接触最多的人最可能作出明智的决定；第四，相信与学校系统有关的人有参与过程的权利和义务；第五；相信那些受学校决策影响最深的人，即教师、学生和家长应该在学校事务的决策中发挥重要作用；第六，假设学生、家长、学校教职员工和社区有独特的要求，他们能最好地识别和满足这些要求。

在校本管理回归前，学校管理基本上是传统的科层式管理。学校习惯于听从上级指令，"等、靠、要"思想较严重。学校管理制度往往以管理者为视角、以成人为视角，从制订、执行，重在"管"、轻于"法"和

① 摘自东营教育信息网，《学校管理新理念》，东营教育中心摘编并提供，发表时间2009年7月20日。

"理"。即，要把人"管住"：让师生的行为服从学校各项管理制度的要求；更多地反映在"堵"上，而不是"导"。并由此派生出学校管理制度的一系列问题：强调制度化约束，缺乏对师生权益的保障和人文视角；注重管理结果的呈现，缺乏对管理过程的监测与评估；强调"自上而下"的垂直管理，忽视"自下而上"的民主参与式管理。

校本管理，其首要任务就是通过学校制订和实施学校发展规划这一抓手，加强学校管理制度建设。多方人员参与的学校管理理念的渗透，可以转变学校的管理视角，转变管理者的办学理念和管理行为，激发学校自主办学的能力，促进师生、家长、社区广泛参与学校管理，从而最终实现学校的可持续发展。

对于学校来说，构建一套科学规范的管理制度有利于和谐校园的建设，有利于学校组织成员行为规范体系建设，能够起到平衡师生员工之间的利益、维护学校的公共秩序、促进师生员工之间和谐相处的作用。

校本管理的制度建设要体现科学性，是指一方面学校管理制度的制订应当根据自己学校的实际情况，因地制宜、实事求是；另一方面学校管理制度的设计和实施还要体现学生视角，要根据学生的年龄特点、身心特点和认知规律来考虑学生需要什么样的管理，强调思想层面、观念层面的切实转变。

二、校本理念下的学校战略管理制度建设

学校发展规划从制订到实施的整个过程可以帮助我们了解学校的原有基础、学校面临的挑战和学校的发展需求；在反思学校过去工作的基础上，明晰学校的使命、愿景和目标，形成学校的教育哲学；根据教育改革的要求和学校特色创建的需要选择学校优先发展项目，明确完成优先发展项目所需的时间和条件；监测和评价学校发展规划，包括各项计划的实施状况和目标达成状况。学校发展规划上述价值，可以帮助学校管理层处理好学校发展过程中整体推进和特色创建、协同合作和个体发展、观念改变和实践跟进之间的关系，有计划、有步骤地推动学校的改革。从这个意义上说，学校发展规划既是系统而科学的管理思想，又是行之有效的管理方式和管理手段。与通常意义上的学校发展规划比较，校本理念下的学校发展规划

不仅具有上述规划的价值，而且明确以儿童为视角、以学生发展为根本，更加关注弱势群体。

"有效的教与学"是学校的中心工作，是学校教学工作追求的"目标"。史家小学在教与学实施过程中，通过加强制度建设，来强化对教师教学过程的管理、监督和评价。学校各方面的管理工作，如教务管理、课程管理、学生管理、财务管理、后勤管理等都要围绕着有效的教与学的指标做全面、系统调整，特别是学校的教学评价工作、教学研究工作把激发学生的兴趣、提高学生的学习能力和促进学生情感的发展作为重要的考量标准，并以此完善制度建设，强化过程管理。

学校发展规划的制订与实施体现了三个方面的核心思想。一是体现了"以人的发展为本"的宗旨，强调发展的中心是人的发展，只有人的发展在发展过程中得到强化，这种发展才是可持续的。二是学校根据本校的实际情况，制订符合自己学校发展需要的发展规划。三是强调学校发展规划的制订和实施只有通过调动教师、学生、家长的共同参与，激发他们的自主性和内在动机的支持，使之产生自觉与自愿行为，才能提高规划制定的有效性。

2010 年以来，史家小学积极参与北京市教委组织的"中小学校章建设与学校管理改进研究项目"，不断推进学校章程建设工作，并被市教委确定为北京市第一批章程示范学校。

史家小学通过"明晰章程建设价值、确立章程制定原则、规范章程制定程序、发挥章程统领作用、关注章程有效落实"五个方面积极构建现代学校制度。

王欢校长对此专门论述认为，学校章程建设是推进依法治校，提高学校治理法治化、科学化水平的客观需要；是构建政府、学校、社会之间新型关系，建设现代学校制度的内在要求；是适应教育发展新形势，提高管理水平与效益，维护学校、教师、学生各方合法权益，实现教育现代化的重要保障。

早在 2006 年，史家小学出版了《史家小学教师专业化塑造》，制定了较为完善的规章制度，作为学校规范管理的依据。但是随着学校品牌形成过程中办学规模的扩大，尤其是在教育综合改革中，学校形成了"1＋1＋11"和"2＋2＋2"办学格局，如何进一步完善新形势下的制度文化建设，制定学校章程，确保学校各项工作科学、有效运转，始终是史家小学和谐教育办学实践中的重要课题和实践。

制订学校章程，是一项系统工程，必须按照规范的程序进行，史家小学在起草章程前确立了制定原则，包括合法性和自主性相结合、原则性和可操作性相结合、前瞻性和时效性相结合以及规范性和特色性相结合，以保证章程既合规合制，又不失本校特色。学校章程注重凸显史家和谐教育特色，对学校管理特色、德育特色、课程特色、教学特色、教师特色进行归纳和呈现。经历起草、审议、核准和公布等几个阶段后，从而确立章程在学校管理中的"基本法"地位。

学校章程是确保学校办学有法可依、有章可循的重要依据。因此，史家小学在推进该项工作中，将章程制订工作与办学理念梳理、办学特色凝练、管理体制重构紧密结合起来，从而以章程建设推动学校各项工作进展。

章程制订过程实为学校办学特色凝练的过程。为学生注入成长的基因、促进学生的全面和谐发展是史家人的不懈追求。为此，史家小学始终把提高育人质量和教学质量作为学校发展的两大核心任务。在此过程中，学校形成了鲜明的德育管理特色和教学管理特色。在章程制定过程中，史家小学将办学特色进行进一步凝练，固化为学校办学纲领。

专栏5

史家小学章程（节选）

第四十条 依托学校组织的仪式性活动与学生自组织的自主性活动，充分发挥学生的德育主体地位。通过每周升旗仪式、重要节日活动、重大比赛等仪式性活动为学生传递传统美德的力量。通过阳光公益社、红领巾电视台、红领巾通讯社、小书虫俱乐部等学生社团，培养学生自主意识和自主管理、自主活动的能力；组织少代会，充分发挥少先队员代表的作用，参与学校的各项建设。

第四十一条 立足本土、面向国际，构建以"国际理解教育联盟"为核心的国际化交流体系、以"国际课程本土化与校本课程国际化"为两翼的国际化课程体系和以"国际友好校交流与国际化特色活动"为双线的国际化活动体系，在层层递进的"人文知识、人文方法、人文精神"的国际化教育中不断拓宽学生成长视野，提升学生人文素养，培养具有本土意识和国际视野、懂得国际竞争与合作法则的未来公民。

第四十三条 关注学生发展需求，创设和谐课堂。通过为学生创设民主、安全、和谐的心理环境，树立"人人平等"的思想，培养"人人善问"的习惯，激发"人人求新"的欲望，提供"人人动手"的机会，给予"人人成长"的机会，从而还原学生的主体地位，突破教师教和学生学的界限。

第四十四条 全面了解学生的学习优势，界定学生"基本学习能力"发展框架。运用因材施教的原则，探索基于学习优势理论的小学生基本学习能力的培养策略。围绕"主动学习、学会学习"的学习力培养目标，从变革教育理念、落实课程改革新要求、合理规划教学内容和教学时间，到设计安排教学重心和教学重点，整体构建让每个学生都能够超越自我的教学模式。

章程建设可以使学校明确内部管理体制，优化学校管理行为。现代学校制度要求学校在章程建设过程中依法健全科学民主决策机制，完善决策执行与监督机制，完善民主管理和监督机制，健全社会参与机制。

在健全科学民主决策机制方面，史家小学章程明晰了校长负责制中校长、学校党组织的职权范围，确立了"学校重大问题集体讨论的原则"，对"学校重大问题"范围和"学校重大问题决策程序"做出了明确规定。

在完善决策执行与监督机制方面，史家小学学校章程明确了办公室、教务处、教学处、教导处、总务处、财务室、信息中心、住宿部办公室、低年级部办公室、人事办公室等各个职能部门的职责、权限与分工。

在完善民主管理与监督机制方面，学校章程明晰了教职工代表大会的职权和工作程序，充分发挥教代会作为教职工参与学校民主管理和监督主渠道的作用。学校章程对学生参与学校管理做出了明确规定，为此学校每年通过"少代会"、"毕业生座谈会"等形式充分吸取学生对于学校发展的意见和建议。

在健全社会参与机制方面，史家小学章程中提出"成立班级、年级、校级三级家长委员会，形成学校、家庭、社会三位一体的教育模式"。根据章程规定，学校按照家长自荐、年级推选、学校推荐三种方式组建了校级家委会，并在家委会的带动下，以"史家讲坛"、"家长论坛"、"网上家长会"、"星期六课程"、"妈妈读书会"、"爸爸运动场"等多种形式为载体，充分发挥家长及社会的教育智慧和教育力量，让史家和谐教育超越学校围墙和教师眼界的限制。

王欢校长认为，学校章程不仅仅是一种宣言、一种形象，更是实践的指针。章程的有效落实才是学校章程建设工作的关键。

在章程统领下，史家小学建立健全了学校的各项管理制度。例如，着眼于民主管理，学校校务会议制度、教职工代表大会制度、少代会制度、家委会制度等一系列依法办学、校长负责、民主监督、家校合作、社区合作的重要学校治理规章正式出台。着眼于育人全过程，学校逐步形成了渐近分化却综合贯通的系列教育教学管理制度。具体包括：常规管理出规章，出台了教研活动、教学设计、学生作业的具体规定；教师管理出机制，构建了全面的教师专业自主发展机制；学生管理出指标，用积极的评价方式塑造学生健全的人格；课程管理出特色，完善了校本课程的创新体系；课堂管理出模式，制定了课堂教学的实践模式和评价标准。

在此基础上，史家小学对制度汇编《史家小学教师专业化塑造》进行了进一步修订，逐步形成以学校章程为核心的学校制度体系和制度文化，将学校方方面面的工作置于科学的制度管理和规范之下。

可以说，随着学校章程的不断完善，史家小学依法治校、依法施教的进程得以不断推进。我国著名教育学者褚宏启教授曾经指出，现代学校制度的核心就是如何促进教师更好地教与学生更好地学的制度。

史家小学将依据新形势和新情况不断完善学校章程，从教师的教和学生的学出发，不断提升学校办学与管理水平，为构建现代学校制度做出新的努力。

史家小学构建以学生发展为中心的，教师、学生、学校、家庭相结合的综合评价制度，实现了教师、学生、家长共同参与学校评价。

史家小学构建以发展性评价为主、以奖惩性评价为辅的教师评价制度。发展性教师评价是以"促进教师发展为目的"的一种形成性的评价制度。通过评价，促进教师的专业发展，从而实现学校的发展目标。这种评价主要是为了提高全体教师参与评价的意识和由评价双方共同承担实现发展目标的职责，主要实施学校对教师评价、教师间互评及教师自评的评价，注重并指向教师未来的发展。奖惩性评价是以奖励或惩处为手段，是面向教师过去的评价制度。在具体实践过程中，奖惩性评价应当以奖励或激励教师、有利于学校管理为主来实施，避免评价主体偏离教师发展及缺少对教师人文关怀的做法。构建发展性评价与奖惩性评价互补的教师评价制度，是实践新课程理念，体现以教师发展为导向，实现教师的个人价值与社会价值的辩证统一。

建立、实施教师绩效考核制度。根据教育部《关于做好义务教育学校教师绩效考核工作的指导意见》，自 2009 年 1 月 1 日起，首先在义务教育学校实施绩效工资分配政策。义务教育学校实施绩效工资分配改革，必须建立符合教育教学规律和教师职业特点的教师绩效考核制度，为使绩效工资分配更好地体现教师的业绩和贡献、更好地发挥激励功能提供制度保障，教育部要求各地要从实际出发，围绕考核内容，建立健全科学完善的教师绩效考核指标体系。指标体系的建立要符合全面实施素质教育的要求，体现课程改革的方向，正确发挥对教师的激励导向作用，充分体现考核指标的激励性和约束性的有机统一。史家小学根据此项要求，建立了一整套教师绩效考核标准，并在实施过程中取得很好的效果。

第四节　学校集团化管理——教育家办大教育

一、用开放的姿态办大教育

开放的环境是孕育创新和实践教育理念的良好土壤，史家小学和谐教育的实施有赖于学校管理的开放。

作为一个系统，学校与周围环境之间不断地进行着物质、能量和信息的交换和传递，从而获得生存和发展。它是一个开放的系统，而不是一个封闭的系统。

学校从来就是开放的，然而在不同的时空内开放的程度是大相径庭的。

在计划经济时代，学校基本上是封闭的，孤悬于社会大系统之外，网开一面的就是教育行政部门，这几乎是获取教育资源的唯一出口，除此之外，社会与学校联系很少。

史家小学和谐教育理念实践不是一个自我封闭的教育环境，史家小学系统内外方方面面存在着依存和共生关系，这决定了学校对社会以及内部的全面、全方位的开放，即沟通渠道是畅通的、信息传递是快捷的。以王欢校长为代表的学校管理者以社会意识、全球意识、超前意识和大教育意识，站在高起点，以宽阔的长远的眼光来看待和认识学校教育发展的现实和未来，并施之以开放性的有效的学校管理。

从卓立校长到王欢校长都在努力拓宽学校生存和发展的空间。一是向紧密层开放。紧密层指与学校联系最密切的存在上下级隶属关系的教育行政和教科研部门，物质、能量和信息由此层流向学校，对学校实施支持和指导，如政策、师资、资金、校建、内配、教学和科研资源信息等等。就目前和今后相当长的一段时间看，史家小学与这个层面的联系都将是密切的，两者的开放沟通都是十分必需的。这一层面是影响学校发展的最重要的一个外部因素，切断和封闭与这个层面的联系，学校的发展状况是不可想象的。

二是向关联层开放。关联层指与学校发展有关，但无直接或没有隶属关系的社会各界、各部门、各行业，也包括教育系统的各个学校等机构。学校与这些层面的物质、能量和信息的流动基本上处于平流状态，两者的关系是协调和配合。这个层面给史家小学的发展提供支持和各种各样的服务。因为无隶属关系，所以史家小学没有守株待兔，或坐等外力把学校大门打开，而是主动敞开校门，让社会走进学校，让学校走上社会。例如，与群团组织、公共文化、社会教育、科技部门联系，可以共同开展丰富多彩的活动；与其他学校联系，可以相互切磋教艺，提供信息，共同提高等等。与此关系层联系，最能拓展学校发展的空间、开阔师生的视野。

三是向家长层开放。这是一个特殊的层面，两者因学生而联系在一起，是利益共同体，又是一个矛盾体。实现两者的沟通，让学校走进家庭，让家长走进学校。学校一方面帮助家长具体分析孩子发展的实际可能性和多种成才标准，双方共同设计努力方向，使家长的期望更加现实；另一方面帮助家长营造孩子成长发展的环境，了解家庭和学校所应承担的教育责任，以及相互协调合作的意义，从而结成一个依存共生的关系。例如，史家小学成立家长委员会、设立家长开放日和家长接待日、定期召开家长会、派发问卷调查、建立家校联系卡、让家长参与学校管理和学校的教育活动，面访、申访、信访，学校创办家教报刊、举办家教讲座，与家长共同研讨孩子教育的问题等等。这样就会形成一种合力，更能促进学生和学校的发展。

四是向智慧层开放。智慧层主要指教育科研部门、教育报刊社、大中专院校、信息网络系统，以及教育教学和管理方面的专家、学者、各地名师等。向其开放，与其沟通、联络，可以获取大量的教育教学和学校管理的新信息，对于学校冲破封闭、拓宽视野、及时输入新的观念、应用新的方法有重要意义，如广泛地请进来、走出去，聘请专家作学校顾问，建立网络设施等，都能及时获得教育管理的知识和智慧，用以指导教育和学校管理的实践，增强教育和管理的创新能力。

宏观层次的开放，如办学目标的开放，办学体制和机制的开放，政策、计划、发展方案的开放，学校文化的开放等；中观层次的开放，如学校各处室之间的开放，各班级之间的开放，教学内容的开放，教育评价的开放等；微观层次的开放，如学校领导与学校领导之间、学校领导与教师之间、教师与教师之间、学生与学生之间的开放，备课、课堂教学、练习、考试的开放，乃至所提问的问题的开放等等。不同层次的各种要素构成巨大的信息资源，相互开放，相互沟通，才能增大知识信息量，了解各自情况，互通有无，启迪思维，驰骋想象，求异求新，发散聚合，激发灵感，引发创造。

专栏6

史家小学的主题家长会

2011年7月5日下午，学校在第一会议室召开了2010～2011学年第二次家长会，会议主题为"企业文化"与"史家文化"。七位来自企业界的家长参会，其行业类别横跨IT、房地产、金融等，单位性质涵盖外资、合资、民营等，职业角色包括企业创始人、公司总经理、部门负责人等。

作为"家校协同"办学理念的有效实现形式之一，甄选具有代表性的学生家长召开主题家长会，共商学校发展，共谋学生成长，是史家小学的优良传统。在此次家长会中，企业界家长们以开阔的思路和多元的思维与校领导们进行了诚挚、全面、深入的沟通，在学校文化建设、教学方式改进、学生人格养成等方面建言献策，使大家"站在教育之外看教育"，收获了一系列关于教育的真知灼见。

家长们从"企业文化"谈及"史家文化"，阐述了对学校文化价值取向的理性认知，表达了对发展优秀学校文化的殷切期望。

所有家长都高度赞赏以和谐教育为核心价值的史家文化。同时，充分肯定了王欢校长主持史家工作以来立足和谐教育，发展史家文化，并结合时代新变化不断赋予和谐教育新内涵的做法。家长四认为，对人类发展影响最深刻的三个发明是宗教、法律和企业。如何使学校文化的发展内涵贴近这三个发明的精神实质，是值得深思的。家长五认为，发展史家文化的实质是推进和谐教育，而推进和谐教育的方向是凸显和张扬史家文化中民主管理的精义。

家长们基于对国外教育的了解和家庭教育的体会，提出了改进当下教学方式的有益见解。

家长四认为，时代和社会是不断变化的，如何让学生快速适应变化，是通过教学活动应该解决的重要问题。由此，学校要在教学过程的各个环节中注入更多变化因素，比如一年换一次班主任、不以班级为单位上课、布置可自主选择的多套作业等，以使学生学会直面变化，懂得主动应变。

家长一认为，班主任对班级文化影响很大。家长四建议，可以每年更换班主任，从而避免学生因不喜欢某老师而别无选择地荒废了六年学业。家长五则提出，在班主任的更换上要体现民主，让学生自己决定班主任的"变"与"不变"。对于一位勤奋敬业、爱校护生的班主任，学生是不会同意更换的。

家长们基于对未来社会的前瞻和自身成长的回顾，提出了培养理想的学生人格的目标和途径。

家长二认为，学校教育的主要方面应该是学生人格的培养，包括思想、心理、行为等，即让学生从小知道如何做人。相比之下，学生的在校成绩是次要的。家长一认为，要让学生从小懂得自尊自强，从小懂得交流合作。家长五认为，一个学生是否优秀不仅取决于成绩，还取决于为人处事的胸怀。和谐教育的要点之一，就是要培养学生从小具备博大的胸怀。家长六认为，不仅要重视智育，而且要强化德育，尤其要让学生从小具有世界眼光。这样，学生人格中的适应性因素自然就有了。家长七认为，学生要从小树立正确的价值观，还要懂得老师们含辛茹苦、十分不易。

家长一认为，学校教育作为一个开放系统必然受到社会因素的影响，况且现在的学生接触各方面信息较早较多，因此学校老师不要总是把学生当作孩子，在德育工作中要充分考虑到孩子思想的复杂性。家长二认为，学校在培养学生人格方面要做好树立英雄形象的工作。这个英雄形象不但要符合时代精神和社会要求，而且要切合孩子们的认知心理，是他们喜闻乐见、欣然悦纳的。

家长们除了在学校文化建设、教学方式改进、学生人格养成等方面各抒己见，还对学校管理工作畅所欲言，包括提高学生早餐质量、提升教师收入待遇等。[①]

二、以立体史家为核心力求整体发展

教育公平是大势所趋，教育均衡要从结构化布局做起，作为学校管理实践的新尝试，以"史家教育价值体系"为文化核心，将一个平面史家旋转成为立体史家，实现"共识、共为、共享"的整体发展。

史家和谐教育是推进素质教育并依托其辐射效应让每个孩子都能成人成才的一种办学模式。"史家学区"教育以史家和谐教育为主要生发点，着力构建一个涵盖学区各校的无边界教育体系，并以"种子计划"为主体战略，努力把均衡效应拓展至学区内各所学校，让更多的孩子享受到更加优质的教育资源。

多年来，史家小学十分注重发挥优质教育资源的辐射作用。在过去的学区化建设中，依托北京市东城区小学课程资源中心将史家教育的均衡效应拓展至"东四、朝阳门、建国门"学区的 11 所学校，已基本形成"1＋1＋11"的良好发展格局。特别是作为"1＋1"的史家小学与东四七条小学深度联

---

① 参见《"企业文化"与"史家文化"主题家长会综述》。

盟建设已经跨越"资源共享"、"机制联建"和"文化互构"三个层面，七条小学的办学品质得到了显著提高。

2014年年初，北京东城区两委启动义务教育综合改革。在从"学区化"向"学区制"的事业推升过程中，学区核心校史家小学与相关学校按照两委整体部署努力构建涵盖"入盟入带一贯制"多项改革任务的"史家学区"，即在与七条小学深度联盟的基础上，新增打造深度联盟校——史家小学分校、西总布小学，九年一贯制学校——史家实验学校（原曙光小学），以及优质资源带学校——遂安伯小学。

在筹建期，学区各校通过一系列共同的教育行动，逐步形成了一条基于"双向互入"、"并联同步"、"集体进发"等方式多点贯通的学区建设"共识、共为、共享"路径。特别是学区主要领导王欢校长、洪伟书记、陆军副校长等带领有关教师把教学"空档期"变为规划"满档期"，在凝智聚慧、广研深究的基础上形成了史家学区建设的一整套战略规划。《规划》站在"通过自己的努力把国家教育变成国际优质教育"的认识高度，重视学区意识的深层建构和学区意志的系统表达，对各种教育要素及其关系的突破、创新、融合与发展作出了整体关照和全面阐述，初步形成了学区教育的价值体系、结构体系和运行体系。

史家学区教育的价值体系是涵括学区精神、彰示学区形象、引领学区发展的一面旗帜。让学区价值体系成为各校师生的文化共识，是做好学区各项工作的精神起点。史家学区的教育特色是"和谐"，其具体呈现是"相同的舞台、共同的未来"。在一个"无边界教育"体系中，作为史家战略的"种子计划"全面承载并不断生发学区的教育特色。

史家学区教育的结构体系是价值体系的操作化和具体化，是史家教育发挥其优质均衡效应的实现途径。搭建一个均衡、开放、创新的结构体系，是学区各项工作高效持续运转的内在需要。

基于无边界教育思想，《规划》首先基于内部突破，致力于形成基于人与知识和谐的内在创造意识和外在表达能力、基于人与自身和谐的内在生命意识与外在自主能力、基于人与人和谐的内在责任意识和外在交往能力、基于人与社会和谐的内在规则意识和外在自律能力、基于人与自然和谐的内在尊重意识和外在实践能力等学生优质基因，并助其实现自我突破，最终破土而出、茁壮成长。

基于外部打破，致力于形成包括优质的课程（书本课程、行动课程、数字化课程、个性化课程、特色活动课程）、优质的项目（微公益项目、超新星项目、e家项目、成长伙伴项目、国际教育社区项目）、优质的教师（通识培训、个性化培训、专题培训、导师培训、名师宣传）、优质的资源（学区资源、家庭资源、社会资源、官方资源、衍生资源）、优质的机制（协同机制、复盘机制、流动机制、荣点机制、榜样机制）在内的"五大优质"，以此培育学生的优质基因，并最终实现"和谐"的教育理念。在此基础上，学区还通过课堂渗透、非正式教育、专业培养、沉浸式学习等多种方式训练学生的创新思维和表达技能，通过课前表达、线上社区、启发式思辩大赛、创意表达大赛、创意书籍、信息化成长档案、终身交流平台等为学生提供丰富的创意表达展示平台。特别是各校区的课程和项目充分体现培养学生"创意表达"能力的教育指向，并相应为教师提供"培养学生创意表达能力"的专业培训，鼓励教师探索和分享"创意表达"能力培养的方法，通过资源众筹与管理平台为学生提供更多的创意表达展示机会，等等。

史家学区教育的运行体系是结构体系发挥其整体功能的制度性前提。一个合理的运行体系是学区各项工作顺利推进的内在支撑。史家学区总体运营模块主要分为三个层次，包括战略层、基本业务层和组织管理层。战略层制定学区战略规划，把握学区整体运行与发展方向，保证组织整体的协调运作；基本业务层保证教育、教学、教科研等核心业务的有序开展和监督反馈；组织管理层是学区各项工作有序运行与开展的基础保障。战略层设学区校长，负责学区整体运行把控；设学区书记，负责学区整体党政工团工作；设战略规划副校长，负责学区战略规划；设教育管理委员会，负责讨论与决策学区整体发展与规划、管理与协调等相关工作；设学区校长助理，负责运营支持。业务层设教育副校长，负责学区整体的教育管理；设主科教学副校长，负责学区整体的语文与数学学科的教学、教科研管理；设科任教学副校长，负责学区整体的英语与科任学科的教学管理及金牌项目管理；设督学副校长，负责督学管理。管理层所设岗位分别对应负责学区整体的人力资源、财务、资源管理、信息技术、行政后勤等工作的统一协调管理。在学区建设初期，管理层的工作职责暂由史家高部校区相应部门的负责人兼任牵头，以后在学区总部层面直接设立相应岗位。在学区与各校区之间的关系上，运行体系的设计主要体现统分结合、纵横结合、收放结合的原则。如史家高部校区设执行校长，负责史家高部校区的整体运行把控，执行学区校长下达的工作任务，并向学区校长汇报校区管理的工作执行情况，与学区总部各副校长直接沟通，将学区总部各副校长下达的相关任务分配给校区对应的部门，并向学区总部各副校长汇报相关工作的执行情况，参与学区教育管理委员会的会议和讨论决策等工作。其他校区以史家实验学校为例，设执行校长兼书记，负责史家实验学校的整体运行把控、党政工团工作的指导与管理等。

史家学区教育的价值体系、结构体系和运行体系继承与创新并重、共性与个性兼顾、内聚与发散俱备。"转角课堂"、"沉浸式学习"、"翻转课堂"、"大数据指导"、"国际教育社区"、"复盘机制"、"荣点机制"、"资源众筹"等一系列新的学区教育概念，集中体现了史家学区建设在精神追求上与当今时代发展的同频共振、齐步并进。

教好一个孩子，幸福一个家庭；办好一所学校，惠泽一方人民。这是史家学区教育的社会价值和民生意义所在。

第六章　史家为镜论和谐

——和谐教育理论的重要启示

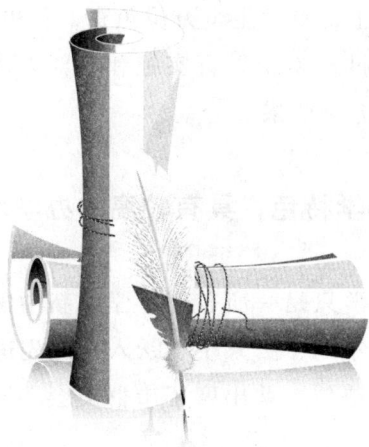

自 1939 年建校特别是 20 世纪 90 年代以来，史家小学以和谐教育为主题，以育和谐的人、和谐育人为主线，在人才培养、教师队伍建设、学校管理、家校合作、教育家办学等方面大胆闯、大胆试、自主改，取得了显著的成就，充分展示了我国基础教育的良好风貌，形成了一批可复制、可推广的经验和制度，很值得思考和总结。

第一节　史家小学和谐教育的主要成效

多年来，史家小学以"一切为了孩子，一切为了明天"为办学指导思想，全面贯彻党的教育方针，坚持教育为学生服务、为家长服务、为社会服务，坚持面向全体学生、对学生全方位负责，积极引导广大教师爱事业、爱学校、爱学生，扎实推进素质教育实施和创新人才培养，促进了学生全面发展，取得了丰硕的办学成果。

一、形成了鲜明的办学特色，具有较高的办学水平

建校之初，史家小学只是一所普通小学。新中国成立以后，史家小学加快发展。1949～1966 年间，史家小学跃入全国先进行列。1960 年，史家小学被评为北京市红旗单位，并出席了市群英会。同年，史家小学又被评为全国红旗单位。

特别是 20 世纪 90 年代以来，史家小学以和谐教育为主题，进行了一系列的教育创新，引领了 20 多年的高速发展，形成了鲜明的办学特色。在史家人兢兢业业促和谐、扎扎实实谋发展的不懈努力下，今天的史家小学已经建成一所蕴涵"绿色校园、科技校园、艺术校园、和谐校园"理念的现

代化小学，校容校貌和谐雅致，散发着浓郁的现代气息。学校绿化率占 30% 以上，拥有集团数字化系统、功能强大的能源系统、科技馆、体育馆、游泳馆、乒乓球馆，校史展厅、美术展厅、书法廊、工艺廊、音乐廊、下沉式广场、礼堂以及各种专业教室。学校整体上实现了网络化、智能化，每个教室都是多媒体环境，有德育语音电铃、先进的广播及演播设备、集团数字电话、校园宽带网、电子阅览室、校园安全监视系统、师生信息资源库、卫星远程教育系统等。

近年来，史家小学获得全国教育创新百所名校、全国第一批现代教育技术试验学校、全国科技教育十佳学校、全国学校艺术教育先进单位、全国群众体育先进单位、全国学校体育场馆向公众开放先进单位、北京市最具影响力的学校、北京市中小学校园环境示范校、北京市教育科学研究先进学校、北京市语言文字示范校、北京市中小学美育研究先进校、北京市金鹏科技奖等多个国家级、市区级先进称号。目前，教师独立立项的国家级、市级课题 17 项，多人在全国教学比赛中获一等奖，获全国教育改革创新杰出奖，北京市教学成果一等奖，北京市课程建设先进单位，北京市第六届教育科研成果二等奖，北京市第四届基础教育成果一等奖，北京市科研建设先进单位，形成了高水平的、和谐的育人团队。学校舞蹈团、合唱团、科技团分获北京市中小学规格最高的艺术、科技团体称号——"金帆舞蹈团"、"金帆合唱团"、"金鹏科技团"。

2008 年，巴西前副总统若泽·阿伦卡尔到史家小学参观，对史家小学学生幸福、快乐的笑脸印象深刻，他激动地在留言簿上写道："访华期间所看到的一切给我留下深刻印象，史家小学让我明白了为什么中华民族是一个令人尊敬的民族。"2009 年 11 月 22 日，史家小学在人民大会堂隆重举办 70 年校庆典礼，时任总理温家宝写下了"学思知行"的校庆题词，对史家小学的办学成果给予了充分肯定。

二、促进了学生健康成长，为优秀人才成长奠定了坚实基础

史家小学尊重教育规律和学生成长规律，坚持素质教育的办学方向，引导学生关注人与社会、人与人、人与知识、人与自身、人与自然的和谐

发展，促进了学生健康成长，为优秀人才成长奠定了坚实基础。

1. 全体学生都得到发展

史家小学在育人过程中，坚持面向全体学生，选择适合学生的教育，所有的孩子公平竞争、平等交往，全体学生都得到发展。在史家小学，生理机能有障碍的学生、学习吃力的学生、单亲家庭学生等特殊学生都能得到特殊的关怀和照顾，没有一例中途退学的现象，他们也不会感到自卑或者存在心理障碍，而是同其他孩子一样健康快乐成长；许多后进生通过科学的心理疏导和细致的思想工作被一个个转化，从史家小学顺利毕业；脾气暴躁的学生在老师的关爱下，慢慢学会了控制自己，学会了与人相处，学会了正确处理事情；羞于表达的学生在金帆艺术团的磨炼下奏响了和谐的旋律；自我封闭的学生在老师的鼓励下开办了打开心扉的个人画展。人们发现，在史家小学，一年级入学的新生往往差异较大，有的学生见多识广、思维活跃、勇敢自信，有的学生则行为拘谨、举止羞怯，但是，半个学期之后，在和谐教育的引导下，全体学生都得到了发展。

2. 提高了学生全面素质

在和谐的育人环境里，史家小学学生充分发挥禀赋、舒展个性、绽放生命，在文化传承、交流表达、创新创造、视野开拓、习惯养成五个方面实现了身心智趣的全面协调发展。

一是增强了社会责任感。全国首家小学生"阳光公益社"先后获得东城区先进集体、北京市星星火炬奖和中国社会工作者协会儿童救助委员会特殊贡献奖，其开展的公益活动对学生成长产生了深刻的影响。一位从史家小学毕业、就读人大附中的孩子，把自己第一次获得的奖学金5000元捐给史家"阳光公益社"后说："忘不了一次次爱心捐款，忘不了一次次义卖活动，忘不了阳光公益社组织的一次次活动，探望盲童、看望孤寡老人……在这种氛围中长大的我，渴望有一天自己有能力时去帮助更多的人，因为'给予'是世界上最幸福最快乐的事情。"一些学生通过参与"我为北京提建言"等主题活动，学会了相互合作，学会了组织协调，学会了自我管理，懂得了爱、珍惜和分享，增强了为人民服务、为社会服务的责任和意识，增强了社会责任感，提升了公民意识和人文素养。

二是激发了创新精神。史家小学学生通过参加探究式学习和形式多样的社会实践活动，形成了创新型人格，激发了创新潜能，提高了创新能力。许多具有创新潜质的优秀孩子脱颖而出，例如，刘建廷同学获得首批中国少年科学院小院士称号，金雨晴同学获得首届北京市科学建议奖，还有许多学生先后获得全国机器人大赛一等奖、全国科技创新大赛科学 DV 项目一等奖、全国天文摄影大赛一等奖、北京市科技创新大赛小论文一等奖、小发明一等奖等多项个人奖项。同时，史家小学作为北京市科技教育示范校，连续三年在全国科技创新大赛中获得科技实践活动一等奖，有 30 名学生获得全国可持续发展教育科技创新奖。

三是提高了实践能力。在史家小学大课程体系中，学校处处是课程，人人善问、人人求新、人人动手，学生具有丰富的实践体验。学生在丰富的学习生活中，不仅观察社会、观察生活，还能发现问题、提出建议，增强了科学研究的意识，锻炼了沟通能力。一些学生积极参与民主选举、自主管理、自主组织等活动，提高了社会交际能力，锻炼了组织领导才能。

3. 促进了学生个性发展

史家小学在坚持面向全体学生的同时，还关注学生的特点和个性差异，尊重学生兴趣爱好，视每一名学生为"超新星"，帮助他们储藏能量，开发潜能，为每一位具有学科特长和拔尖创新潜质的学生提供适切的个性化教育，使他们都能找到适于其张扬独特个性、绽放生命光彩的一面。许多学生在专家指导下，通过学习个性化课程，参加学生社团，拓宽了视野，形成了专业特长。比如，一些学生通过参加红领巾电视台等活动，拓展了视野，增长了见识，提高了能力，养成了优秀品格。有些同学经过红领巾电视台的专业锻炼，日后成长为活跃在大众荧屏的媒体人，比如中央电视台著名主持人李小萌、北京人民艺术剧院著名导演唐晔，都曾是红领巾电视台台长，近年来，红领巾电视台还为 CCTV 少儿频道《大风车》和《新闻袋袋裤》栏目输送了高文竹、张颖乔、王晋桢、杨月、聂永洋等小主持人。

三、形成了良好的校风教风学风

经过长期的办学积淀，今天的史家小学，校园整洁、环境优美、井然有序，学生尊师守纪、认真学习、团结友爱，形成了良好的校风教风学风。

史家小学校风好。史家小学很团结，历任校长富有管理智慧，重业务，办实事，充分调动干部教师的积极性，历任领导班子齐心合力、团结一致，党员干部业务精湛、以身作则，模范践行和谐教育理念，模范执行学校规章制度，教师之间相互信任、真诚待人，大家相互包容、相互理解、相互宽容、相互协作。史家小学很大气，校长教师都有广阔的视野、长远的目标、深厚的底蕴、高雅的品位，他们不怕被学习，愿意被学习；不过分关注学生短期成绩，而关注学生长远发展；不单单关注某位名师，而是着眼于教师团队；不简单迎合社会心理，而是追求教育的格调和品质。史家小学很包容，能够接纳和包容所有学生和家长，能够接纳各种个性的工作伙伴，能够包容孩子的天性，不同个性和特长的教师在史家小学能找到安身之所和精神归属，年轻教师能得到呵护和关爱，孩子能够自然成长。史家小学很向上，多年来，史家小学校长、教师不为名利，艰苦奋斗，努力创新，自尊自强，始终保持积极向上、向往卓越的精神追求，始终坚持"任何事情不做则已，要做就做到最好"，大家心往一处想、劲往一处使，整个学校具有强大的凝聚力和正能量。近年来，史家小学获得东城区唯一的小学全优党支部、东城区小学素质教育窗口校、新世纪杯先进集体、德育工作成绩全优校、先进职工之家、师德群体建设先进单位、培养青年教师工作先进集体等 30 多个市区级先进称号。

史家小学教风好。教师有奉献精神，每一位教师都深爱学校，并把对学校的爱化作对学校品牌的维护，他们对待工作高度主动、高度自觉，追求卓越、追求完美，许多人反映史家小学的教师非常要强，"有一种说不出来的劲儿"，每一位教师首先考虑的是孩子的成长、学校的荣誉。教师有职业精神，史家小学教师仪表端正、衣着整洁、以身作则，用"心"来工作，用"情"来投入。在学生早上到校前，就做好教学准备工作，上课铃响前一分钟站在教室门口，下班后自觉将作业整理好放在书架上，桌面保持干净，椅子摆放整齐。全校在操场上集合时，学生排着队坐在操场上，老师们也坐在队伍里，和学生一起安静地听发言，这些行为对学生具有很强的教育示范作用。教师有合作精神。史家小学注重团队建设，发挥整体优势，实行课堂开放、教学开放、研究开放，老教师对新教师实行传帮带，让新教师融入团队、提高水平，大家一同备课，一同上课，共享教学资源，相互学习、相互借鉴、相互帮助、相互提高，"成绩不是个人的，都是属于集体的"。教师有创新精神，在和谐教育思想的引领下，史家小学教师思想活跃，勇于创新，在学生评价、学习方式、德育方法、班级管理等方面进行了很多的创新实践，也涌现出了一批富于创新精神的教师。

史家小学学风好。在和谐的育人环境下，史家小学形成了"勤勉、文雅、活泼、奋进"的良好学风。史家小学学生思想端正，把准备为祖国和人民做贡献作为学习的目的，从小就树立回报社会的崇高理想，从小就立志成为一个有益于国家的"和谐的人"。有的激扬文字，为国家发展出谋划策，有的从自身做起，倡文明、树新风。史家小学学生很全面，社会普遍反映，史家小学学生素质全面、举止文雅、兴趣广泛、视野开阔，他们在课堂上乐于思考、大胆质疑，在操场上尽情舒展、锻炼身心，在舞台上翩翩起舞、放声歌唱，在生活中落落大方、阳光可爱。2008 年 11 月，北京市第九届数学教学观摩会在史家小学举行，学生在 300 多人听课的授课现场学习，面对不同版本的教材、不同的教师，表现得活泼有度、严谨有序、表达完整、用语准确、真实自然、思维敏捷、乐学善学，给大家留下了深刻的印象。史家小学学生很自主，把对知识的兴趣和追求作为学习的动力，爱动脑、勤动手、上好每一节课、完成好每一次作业，放学后自觉排着整齐的路队，上操中按照秩序排成横竖成行、整整齐齐的队伍，在春游活动中，十几个班总共 600 多名学生只用两三分钟就全部按规定路线上车。学生参与学校管理、班级管理和红领巾社团管理，形成"社团的事大家管，自己的事自己管"的氛围。

良好的校风教风学风造就了和谐的干群关系、教师关系、师生关系，形成了和谐的教育集体。史家小学教师对学校有着深厚的感情，他们认为学校就是"家园"，是心灵的港湾、人生的归属，是让人感觉到温暖、实现人生价值的地方。一位老师说："调到史小，我没有感到陌生，史小给我'家的感觉'。"一位特级教师说："史小是一块育人的沃土，史小有师生群体共同创造的好校风。优良的校风能使人精神振奋、积极向上，形成一种强烈的感人气氛，产生一种巨大的渗透力和约束力，使老师和同学们潜移默化地受到熏陶，引起感情的共鸣与同化。优良的校风能使每个有理想、有追求的人找到施展才华的位置，实现理想的空间；它是无声的命令，是催人奋进的号角，是促人立志、摆正方向的航标。"一位老师回忆自己刚到史家小学工作时说："史小的确不一般，有好的领导、好的领导班子、好的教师集体。在这样的集体中，自己无形中就变了，原来我经常迟到早退，到史家小学后，变得和大家一样早来晚走，加班加点干工作，我的同学说我'脱胎换骨'了，真是环境改变人！"一位老师说："史小是一块沃土。人际关系融洽，干群关系、老师与老师之间的关系、师生关系都很和谐，自己在这里也很快就适应了。"一位老师说："史小的工作强度大、压力大，但挺有意思，每个人都能充分展示自己的才华。我们学校为了提高教育教学质量舍得投入，来我校参观的老师都非常羡慕我们学校，自己也有一种自豪感。我们要珍惜史小为我们创造的条件，要做出自己的贡献。"

四、让家长放心，让学生难忘，让社会称赞

多年来，史家小学坚信"教育好一个学生则幸福一个家庭，办好一个学校则幸福一方社会"，努力办好人民满意的教育，赢得了家长、学生和社会的高度认可。

史家小学让家长放心。多年来，史家小学坚持"为学生服务、为家长服务"，"对孩子全方位负责"，努力"把学校办成让家长放心地把孩子和孩子的未来托付给我们的学校"，努力让每个孩子都能成为有用之才。史家小学是这样说的，也是这样做的。长期以来，学校注重硬件建设，拥有现代化的校园和教学设施，具有优美的校园环境。老师对所有学生一视同仁，他们爱孩子，对孩子负责任，肯为孩子的家庭分忧，赢得了家长们的尊重，常常使家长感动，从而形成了和谐的家校关系，使史家小学真正成为一所让家长放心的学校。

史家小学让学生难忘。许多史家小学毕业生在白发苍苍的时候，还能想起小学时候的自己、小学时候的老师、小学时候的同学。燕多同学回忆说："史小生活我不感到枯燥。看现在的小学生，相当多的人压在沉重的课业负担下，上大学的竞争似乎从小学幼儿园就开始了，望子成龙的父母每天陪着孩子学习，而孩子往往被来自学校、家庭两方面的压力搞得失去主

动性，对学习感到乏味。看到孩子们这么累，我马上想到我的童年——那真是快乐的、轻松的。我从不记得哪一天家长逼着我啃书本，而深深留在记忆里的是丰富多彩的中队活动、有趣的课余生活、老师绘声绘色的讲解。"李南同学回忆："十几年过去了，随着时间的推移，很多事情都淡漠了。但是，我的小学生活却给我留下难以忘记的印象。我感谢史小的老师们，是他们的培养教育使我成为一个有着初步独立思考能力并且对社会主义祖国光明前途抱有坚定信心的人。"

史家小学让社会称赞。史家小学有着辉煌的历史和优良的传统，形成了"敬业、精心、求新、和谐、真诚、儒雅"的学校精神和以素质教育为导向的特色发展模式，为北京市乃至全国基础教育树立了闪光的典型，展现了我国基础教育的良好精神风貌，被许多教育同行誉为"全国小学的一面旗帜"。每个参观过史家小学的人都对优美的校园、和谐的育人环境印象深刻。今天，我国教育事业特别是基础教育事业正越来越受到国内外广泛关注，人们在进行分析和判断时，总是自觉或不自觉地将史家小学作为我国基础教育的代表，这充分体现了史家小学的社会影响力。

五、为义务教育均衡发展探索了新路，做出了贡献

进入新世纪新阶段，不均衡成为义务教育的突出矛盾，《国家中长期教育改革和发展规划纲要（2010－2020年）》明确提出："均衡发展是义务教育的战略性任务。"促进义务教育均衡发展，需要全社会共同努力，特别需要有一批优质学校带头履行社会责任，主动推进优质教育资源共享，以一校之力带动一校、进而带动一个地区的教育教学水平提升，史家小学就是这样一所学校。

优质的教育资源被广泛共享。近年来，史家小学在加速自身发展的同时，充分发挥辐射带动作用，与学区内的其他学校共享优质教育资源，促进了区域基础教育水平的整体提升，为义务教育均衡发展探索了新路，作出了新贡献。早在2005年，作为东城区实施"蓝天工程"的首批学校，学校的各种场馆与设施就向周边的兄弟学校和社区开放。自2008年起，在东城区委、区政府领导下，史家小学与东四七条小学开展深度联盟学校建设，

成功摸索出"一长两校"建制下的"均衡多联、师资集成"模式，并将其良好效应拓展至"东四朝阳门建国门"学区的 11 所学校。目前，史家小学共承担了 4 所法人学校、2 所联盟校、2 所城乡一体化学校、11 所学区课程共享校的均衡发展任务，形成了以"1＋1＋11"和"2＋2＋2"为主体的史家教育集团，激发了优质资源校的新发能源，激活了资源薄弱校的再生系统。史家小学还成立东城区小学课程资源中心，17 个现代化资源教室向学区内 11 所学校乃至全区开放，建成"区域共享的优质课程体系"。2012 年，史家小学开始致力于跨地区"均衡教育，和谐发展"的大教育计划，内蒙古松山地区的 42 位小学教师作为首届史家小学"均衡教育，和谐发展"少数民族乡村小学教师公益培训学员，在史家小学接受了为期十天的全学科、综合强化公益培训，经过一年的教学实践，受训教师的教学水平大幅提高，多位教师成为学校的骨干力量，有的还走上领导岗位。

先进的教育思想被广泛传播。近年来，史家小学和谐教育思想越来越受到肯定和关注，正逐步转化为一些学校、校长和老师的自觉认识和生动实践。近些年，到史家小学参观和挂职学习的人络绎不绝。仅 2008 年，全国到史家小学参观的教育团体、校长和教师一共 112 批，人数达 3988 人；到史家小学挂职学习的校长、主任、教师一共 16 批，人数 85 人。史家小学正在成为北京市和全国小学教育的思想库和智慧库。作为基础教育领域的知名校长，王欢校长多次在中央电视台、中国教育电视台、北京卫视、光明日报、人民日报等多个媒体作办学经验介绍。她还在教育督导评价国际研讨会、基础教育国际研讨会、全国教育家成长论坛、全国中小学校长发展论坛、国务院参事室举办的"为了孩子健康快乐成长教育论坛"等多个大型教育会议或论坛做主题发言，进一步阐释和谐教育理念和思想，受到与会专家和教育同行的一致好评。

六、涌现出一批杰出的教育家和教育工作者

史家小学取得的巨大成就，离不开一代又一代校长、教师和教育工作者的艰辛努力。伴随着史家小学事业的不断发展，他们也在实践着自己的职业理想，成就了一批杰出的教育家和教育工作者。

新中国成立后，刘俊英、段乃吾两任校长以马克思主义为指导，努力建设社会主义的史家小学。刘希真校长提出"一切为了孩子"的口号，着力加强教师队伍建设，推动史家小学形成"师爱生、生尊师"的和谐氛围。赵香薷校长一心扑在工作上，狠抓教师队伍建设和教育教学，她治学严谨、待人谦和，在教师中有很高的威望。改革开放以后，梁文校长带领其他领导班子成员，保持和发扬了史家小学的光荣传统，积极落实党的知识分子政策，逐步健全领导核心，大大调动了广大教师的积极性。

卓立校长 1962 年开始任教于北京市史家胡同小学，1965 年成为该校副校长，1991 年担任校长。他是北京市政协委员、北京市特级教师，被评为首届全国十大明星校长、全国教育改革创新杰出校长、北京市先进工作者、北京市杰出校长、北京市改革开放 30 年教育功勋人物，获得北京市关心青少年工作奖等，著有《探索和谐教育》、《史家小学教师专业化塑造》等专著。卓立校长辛勤耕耘，开拓创新，为史家小学发展倾注了全部心血，也积累了丰富的实践经验和教育智慧。他具有深厚的教育情怀，在长达 20 余年的校长生涯中，始终准确把握教育规律，始终保持旺盛的创造力和活力，充分展现了优秀教育家的精神风貌与人格魅力。他具有执著追求，在史家小学从教 50 年，创造性地提出了和谐教育思想，并把和谐教育理念贯穿在学校建设全过程、各领域。他具有超前意识，开白板技术进校园之先河，首创校园升旗仪式，在全国小学中建立了第一个红领巾电视台、第一个计算机教室、第一个立体运动场、第一个校园地下停车场以及第一个多媒体网络校园。

王欢校长从教 33 余年，从一名普通的语文教师成长为全国语文骨干教师、特级教师、名校校长，2010 年到史家小学工作，具有丰富的学科教学和治校管理经验。她曾获得全国优秀教师、全国优秀教师奖章、全国五一劳动奖章、全国三八红旗手、首都劳动奖章、北京市五四青年奖章、北京市红领巾教育奖章、北京市师德之星、东城区杰出校长、东城十大杰出青年、东城区十佳教师等荣誉称号，现为党的十八大代表、市政协委员、北京市第一届"名校长工作室"研究员、北京市第三届"名校长工作室"主持人、东城区王欢小学语文工作室主持人、东城区名校长工作室主持人。

作为教师，王欢站在语文教学和学科发展的前沿提倡并亲身实践"大语文观"，形成了独特的教学风格。她几十次在全国、北京市、东城区做公开课并屡获一、二等奖，所做几十节课程被录成光盘在全国发行和电视台展播。她创新作文教学模式，自创说话教材，指导上百名学生在全国小学生作文比赛中获奖。作为教研员，王欢与老师们一起深入课堂，研究学生，探索规律。她主持东城区名师工程——王欢语文教学研究工作室工作，围绕"全面提升学生语文素养"开展教学培训和研究。所培养的工作室成员分别在全国、市、区教学比赛中获一等奖，并荣获"北京市骨干教师"、"北京市学科带头人"、"特级教师"等称号。

作为校长，王欢10年间接手多所学校。在每所学校，王欢都注重在继承中发展，将每所学校推向新的高度。在分司厅小学，她以"文"育人、以"文"化人，赋予学校浓浓的文化气息，学校被评为全国现代教育技术实验学校、全国中华古诗文经典诵读工程"诵读优秀校"、北京市体育传统项目先进学校等荣誉称号。在府学胡同小学，她以"文化立人奠基未来"为办学理念，创造性地提出了学校发展的"1368"整体规划，创建了传统与现代相融合的府学文化发展体系，学校相继获得了中华传统文化诵读工程全国优秀实验学校、北京市奥林匹克教育示范校、北京市科研先进集体、北京市红领巾读书先进单位等荣誉称号。作为史家小学的新校长，王欢深刻思考"校长能为学校留下什么"，正确处理继承与发展的关系、延续个人教育思想与保持学校办学特色的关系，提出用和谐奠基生命底色，提出学校的育人目标是"和谐的人"，并细化为五种意识和五种能力，积极创新和谐教育的有效载体，丰富了和谐教育的内涵，进一步深刻回答了"培养什么样的人、怎样培养人"的问题。

王欢热爱教育事业，她常说："选择了一种职业也就选择了一种生活方式。教师职业近乎圣职，圣职就意味着全心全意地献身于钟爱的事业。"王欢富有教育理想，努力在史家小学实践心中的教育梦，就是让学校成为"学生梦开始的地方"、"教师梦扩展的地方"和"办学梦延伸的地方"，让教育成为爱与和谐、梦与欢乐的殿堂。[①] 王欢爱护每一个学生，努力唤醒孩子们的心灵，是学生眼中亲切的"欢校"。她经常说："感激孩子给予我的

---

① 王欢："我心中的三个梦"，《中小学管理》，2013年第6期。

生活，我的生命年华中存在着孩子们的成长记忆，孩子们在这里绽放了自己，我也把我最好的状态绽放在了孩子们的心中。""只有孩子可以触动我心灵最柔软的地方，我愿利用我的工作，为孩子提供良好的生命建议。"王欢尊重每一位老师，尊重老师的人格，尊重老师的努力，尊重老师的成长，尊重老师的价值，与老师在共事中积累共识，在共识中激发共鸣，与老师没有隔阂，没有距离，是老师交心的朋友。王欢富有领导艺术，她心态年轻，精神饱满，能够在工作中辩证思考，有效做事，智慧成事，带动学校教师的进步，促进学校的发展，努力做到一位好校长应该达到的"温、文、稳、问"。王欢忠实履行党的十八大代表职责，为教育民生积极建言献策，并作为十八大百姓宣讲团成员，为全国各地教育同仁、社会团体、社会公众进行 30 余次的宣讲活动，全面准确宣传会议内涵。

任职期间，王欢主持多项国家、市、区级研究课题。所主持的府学校本课程系列研究荣获第三届北京市教育教学成果一等奖。主持完成的史家小学课程建设项目获第四届北京市教育教学成果一等奖。她主编的德育、健康、安全、体育、艺术、人文等多个领域的校本教材在全国公开发行，著作《永远的新校长》、《和谐教育》正式出版，多篇学术论文在《人民教育》、《北京教育》、《中小学管理》等各大期刊公开发表，在基础教育研究领域有较大的学术影响。

在校长、干部、教师的努力下，史家小学形成了一支铭志励教、笃志积学的优秀教师队伍，他们敬业、大气、创新、奉献，用灵魂的目光超越具体的分数线和升学率，用生命的年华推动着每个孩子身心智趣的立体发展。刘淑敏老师是北京市特级教师，在史家小学工作了 50 年，而且一直担任班主任，她一生中做了 500 多节公开课，具有高尚的师德、严谨的工作作风、精湛的教学艺术。张效梅老师 1952～1988 年在史家小学任教，是北京市首批特级教师，为国家培养出大批优秀的人才，著名演员濮存昕、方子歌、方子春、"知心姐姐"卢勤都是她的学生。她师德高尚、教学严谨，为创建史家小学的品牌做出了贡献，被称为"用生命中最宝贵的年华为史小奠基的人"。在老一辈优秀教师的带领下，史家小学教师薪火相传、继往开来，学校现有 100 多名市区级骨干教师，陈凤伟老师、范汝梅老师是中学高级教师、北京市学科带头人，是优秀教师的代表。

第二节 史家小学和谐教育的经验与启示

史家小学和谐教育的先进理念和生动实践，是在一所小学开展素质教育的重要尝试，有许多亮点和创新点，为我国基础教育改革发展和中小学校管理提供了丰富的精神滋养，具有重要的借鉴和启示意义。

一、要树立科学的教育观，坚持正确的办学方向

教育思想是一所学校活的灵魂。一所学校的先进，首先表现在教育思想的先进上。史家小学之所以能够取得今天的成就，关键就是坚持了正确的教育观念。

1. 教育是促进人的全面发展、适应社会需要的统一

史家小学从长期育人实践中提出的"和谐教育"理念，内涵丰富，思想深刻，全面揭示了教育的历史方位。一是教育对国家发展的意义，包括"要建立和谐的社会，就要培养和谐的人"，要实现"人与人的和谐"、"人与社会的和谐"、"人与自然的和谐"等等。二是教育对人的发展意义，包括"一切为了孩子"，实现"人与知识的和谐"、"人与自身的和谐"等等。三是教育的民生意义，包括提出教育"为学生服务、为家长服务、为社会服务"，"对学生全方位负责"等等。四是教育的长远意义，提出"一切为了明天"、"和谐为生命奠基"、"犹如一粒鲜活饱满的种子，深深植根于每一个孩子的幼小心灵中，伴其一生，惠其一生"，就是强调教育要为学生终身发展服务，为学生一生的幸福奠基。这四个方面的意义虽然角度不同，但概括起来说，就是既对受教育者自身发展提出了要求，又规定了受教育者要适应经济社会协调发展、人与自然和谐发展的要求，完整体现了教育促进人的全面发展、适应社会需要的统一，实际上全面回答了"办什么样的教育"的问题。

促进人的全面发展、适应社会需要，集中体现了马克思主义关于人的全面发展学说及其教育思想，也是党的教育方针一以贯之的要求。2002 年，党的十六大报告对党的教育方针作出了最完整的表述，就是"坚持教育为社会主义现代化建设服务，为人民服务，与生产劳动和社会实践相结合，培养德智体美全面发展的社会主义建设者和接班人"。其中，对教育促进人的全面发展、适应社会需要做出了明确规定。

小学教育是整个教育事业的基础，也是学生获得社会生存和发展而应接受的最基本的教育。人的一生在小学这个阶段不仅打下知识基础，更重要的是学会了如何做人、如何待人、如何生活、如何掌握适应未来社会的本领。每一所小学在育人过程中都应像史家小学那样，认真思考学生应该具备的意识或能力，使小学教育真正回归到基础。尽管中小学校与社会需求联系并不紧密，但是在信息化快速发展和终身学习不断普及的时代，任何学校都不可能封闭地培养人才，都不可能静止地培养人才，必须将视野从学校内部延伸到学校外部，面向现代化、面向世界、面向未来，主动适应社会需要，兼顾当前与长远，为每个孩子注入成长的基因，在小学阶段为未来成才打下坚实的基础。

2. 教育要为人民服务、让人民满意

史家小学强调教育从本质上是一种服务，提出教育"为学生服务、为家长服务、为社会服务"、"对学生全方位负责"，深刻揭示了教育事业发展与人民群众需求的内在联系，实际上全面回答了办教育"为了谁"的问题，与党的教育方针提出的"为社会主义现代化建设服务，为人民服务"是一致的。

教育是国计，也是民生，是体现发展为了人民、发展依靠人民、发展成果由人民共享的重要方面。教育为人民服务，在实践中就具体化为为学生、家长、社会服务，因为学生、家长、社会是教育的服务对象，教育要满足学生、家长、社会的需要，就是人们常说的"教好一个孩子，幸福一个家庭；办好一所学校，惠泽一方人民"。史家小学的经验表明，学校只有主动面向学生、家长、社会，服务学生、家长、社会，不断提高服务意识、服务能力、服务水平，才能实现持续健康发展。为学生服务，就是要提供适合所有学生发展的教育，为他们成才创造条件；为家长服务，就是要创造条件，全方位照顾好学生学习和生活，解除家长的后顾之忧；为社会服务，就是要遵循教育规律和学生身心发展规律，培养社会需要的合格人才。

教育为人民服务，就是要让人民满意。2007年，党的十七大报告以科学发展观为指导，提出"办好人民满意的教育"，指明了教育工作应该努力的方向。从学校层面看，教育让人民满意，就是要树立以学生需求、家长需求和社会需求为出发点的工作导向，就像史家小学强调的那样，"凡是对学生成长有益的事情，学校都愿意努力去做"、"只要家长有需求，校长总是努力去实现"。

二、要把育人为本作为学校一切工作的出发点和落脚点

史家小学鲜明地提出"一切为了孩子，一切为了明天"，找准了学校工作的着力点。两个"一切"，说到底，就是要把育人为本作为学校一切工作的出发点和落脚点。

1. 树立正确的育人观，育和谐的人

人才培养是教育的根本任务。"培养什么样的人，怎样培养人"是教育的根本问题，也是一个永恒的话题。史家小学鲜明提出"育和谐的人"的培养目标，并对"和谐的人"进行了长期的思考，其中蕴含着科学的人才观念。

全面发展的观念。史家小学从身、心、智、趣四个方面对全面发展的人进行了规定，"身"是身体条件，"心"是心理基础，"智"是理性支撑，"趣"是感性依托。身、心、智、趣相互联系，相互作用，共同生发出孩子生命成长中的健康快乐。[1] 不仅如此，史家小学还进一步从五大基本意识（"责任、规则、创造、生命、尊重"意识）和五大核心能力（"认识社会、交往、学思知行、自主自律、体验和实践"能力）对"和谐的人"进行了概括。这些重要认识，涉及人的思想道德素质、科学文化素质和健康素质

---

[1] 王欢："寓教于乐、全面发展"，《人民教育》，2012年第9期，第22～23页。

等要素，体现了对人的素质的全面认识，体现了全面发展的观念。

人人成才的观念。长期以来，史家小学坚信"所有的人都有潜能，一个人的潜能是很难预料的，潜能需要老师开发，潜能需要一个宽松的环境，一个和谐的氛围，一个知识性的氛围"。史家小学强调和谐教育是平民教育，平等对待每个孩子，不放弃任何一个学生，有教无类，选择合适学生的教育，让每个学生都能成为有用之才。这些认识集中起来说，就是要面向全体学生，教好每一个学生，促进所有学生健康成长，让每个学生都有成功的机会，体现了人人成才的观念。

终身发展的观念。小学教育是基础性教育，要为学生未来的发展打下坚实的基础。史家小学着眼于学生终身发展需要，"一切为了未来"，坚持整体规划阶段教育目标和当下教育行为，特别是针对小学生身心特点，强调和谐教育"要让学生掌握生存的能力，热爱生活，促使生命的完善"，"犹如一粒鲜活饱满的种子，深深植根于每一个孩子的幼小心灵中，伴其一生，惠其一生"，提出"珍爱生命，学会生存"、"热爱生活，学会生活"、"促进自我完善，学会生命发展"，充分体现了终身发展的理念。

多样化人才的观念。长期以来，社会对人才的理解，特别容易用一个标准化的模式来衡量，这是不科学、不全面的。史家小学提出，学生不仅都要成为人才，而且要成为不同的人才，实现"个个是人才，人才是个个"。"个个是人才"，是教育的一般要求；"人才是个个"，就是倡导"致用育才，每个学生都不同"，强调培养"多样的人才"，体现了多样化人才的观念。事实上，随着科学技术的快速发展，社会发展越来越需要各种各样的人才，也就要求学校培养多层次、多规格的人才。从教育自身看，每个个体的禀赋、兴趣、特长存在差异，对教育的需求也是丰富多彩的，人才成长路径不可能是整齐划一的，必然是多样化的。

系统培养的观念。人才培养是一个系统工程。史家小学反复强调，要坚持整体性原则，协调并整体优化各种教育因素，使学生在和谐的氛围、和谐的兴趣乐园、和谐的人际关系中健康快乐成长。在实际工作中，就是要统筹小学各个学段，统筹各个学科，统筹教与学，统筹教学内容与教学方法，统筹课内、课外、校内、校外教育，统筹学校教育、家庭教育、社会教育等等，体现全员育人、全过程育人、全方位育人的系统培养观念。

2. 坚持科学的育人方法，用和谐的方式育人

人才培养是复杂的社会活动，必须遵循教育规律和学生身心发展规律，用和谐的方式科学地育人。

坚持因材施教。受遗传、家庭、环境等因素的制约，每个学生的身心状况、兴趣爱好、发展潜质存在显著的差异，各有特点优势。因此，在育人过程中，用同一种方法把所有的孩子都教育好，既不现实，又不科学。必须转变"一刀切"教育模式，从学生的实际出发，根据学生的个性特点、兴趣特长、年龄特征、心理差异等因材施教，发展每一个学生的优势潜能，提供适切的个性化教育，让各种类型的学生在成长过程中都能够得到有针对性的引导，使学生张扬独特个性、绽放生命光彩。

以学生为主体。学生既是教育对象，又是学习的主体。小学生思维敏锐，想象丰富，在育人过程中，除发挥教师主导作用的同时，也要尊重学生的主体地位，让学生在自主发展中成长，使学习过程真正成为学生在自己已有经验基础上的主动建构过程。以学生为主体，就必须尊重学生人格，要特别防止讽刺挖苦、体罚或变相体罚等反教育行为。事实上，只有尊重学生，学生才会体会到人格平等，才会从内心深处信服老师，才能形成和谐的师生关系，达到好的教育效果。以学生为主体，就要改变"我教你学"的传统模式，尊重学生需求，根据学生需求有的放矢地进行针对性的教学，让学生主动获取知识，提高自我发展的能力。

以兴趣为动力。没有兴趣，就没有学习。兴趣是进行创造活动的原动力，也是学生主动参与学习的重要心理条件。"知之者不如好之者，好之者不如乐之者"，激发学生学习的兴趣，能够让老师的教学事半功倍，促进学生更好地学习。因此，在育人过程中，要重点关注学生是否具备学习知识的兴趣和态度。要采取多种方法和途径去培养学生的兴趣，根据史家小学的经验，可以通过提供丰富的教育选择，构建宽松和谐的教育氛围，创设问题情境，激发学生学习的乐趣，将学生的学习乐趣变成自觉学习、自主学习的强大动力。

以探究为方法。在传统教育模式下，学生被动地接受知识、大量反复练习成为一种常态，严重抑制了学生的积极性与创造性，这也是国际上对

我国基础教育批评较多的方面。探究性的教育方法，就是在教师指导下，变被动为主动，对课程标准规定的学习内容开展探究，通过发现问题、调查研究、动手操作、表达与交流等探究性活动，采取启发式、探究式、讨论式、参与式的教学方式，提高学生发现问题、提出问题、分析问题、解决问题的能力，引导学生自主学习、自觉学习，激发学生创新思维，使学生"乐学、活学"，从而达到教育手段、内容和方法的和谐。

以情感为触动。小学生具有丰富的内心世界，情感很脆弱，也很敏感，具有被鼓励、被爱、被认可、被倾听的强烈需要，最需要教师在生活上关怀，在学习上关心，以保护他们美好的心灵，保护他们的自尊心和自信心。其实，教育的独特价值就在于触动学生的心灵，就是史家小学所说的"给品德以力量"，"在唤醒中完善"，用"70%的等待加30%的唤醒"，"关怀备至地、深思熟虑地、小心翼翼地去触摸孩子的心灵"，使"儿童整个的身体和整个的心灵来到学校，而以更圆满发展的心灵和甚至更健全的身体离开学校"。

以鼓励为手段。小学阶段是孩子人格、情感的发育时期，"犯错误是孩子的权利"，要坚持"无错原则"，教育学生面对挫折、战胜困难，关键是要理解学生、信任学生、宽容学生，相信孩子的学习潜力，善于发现每一个孩子的闪光点，"长其善，救其失"，创造机会给学生以成功的体验，给每个学生以应有的教育期望并促使其转化为积极向上的学习动力。因此，在教育过程中教师应重视激励性评价，突出正面教育，让学生感觉到自信，体验到成功，使学生持续保持积极的学习兴趣，更加主动地参与到学习活动中。

三、要统筹课堂教学、社会实践、校园文化等环节，努力实现全过程育人

课堂教学、社会实践、校园文化是学校工作的核心，也是育人的主要环节，必须统筹兼顾，相互协调，努力实现全过程育人。

1. 以课程为载体，扎实推动课堂育人

课堂教学是育人主渠道，是学校教育的中心。

要统筹各个学科，实现全科育人。首先，要统筹考试科目和非考试科目、传统学科和新兴学科、学科课程和活动课程，充分发挥各个学科的特色，让每个学科都精彩。其次，要加强各学科之间的联系，做到互相渗透、互相配合、互相补益，充分发挥综合育人功能。

要统筹各类课程，构建大课程体系。课程是学生知识、能力、素质培养的重要载体，是教育思想、教育目标和教育内容的集中体现，解决的是"学什么"的问题。针对当前课程现状，必须加强统筹，努力构建大课程体系。一要优化结构。要整体落实国家课程，探究体验地方课程，创新开发校本课程，既要统筹学科课程与活动课程、课内课程与课外（校外）课程、书本教材与"活"教材以及发展型课程，促进学生全面发展，又要根据学生的心理结构、兴趣、动机和个性需要，创设个性化课程，帮助学生特色发展。二要丰富形式。充实课程内容，创新课程方式。要突破学科的界限，围绕学生需要和学校特点，根据办学理想和教育理念，积极开发本校课程，实现"学校处处是课程"。要充分运用现代信息技术手段，使课程内容的展示更加多元立体，寓教于乐，做到形式多样、有"声"有"色"。三要灵活开放。要根据经济社会发展变化和知识更新情况，及时赋予课程新的时代内涵。要积极推动国际交流，开展国际课程的本土化研发和校本课程的国际化研发，共享世界优质课程资源。要充分尊重并照顾学生的个体化差异与需求，通过菜单课程、走班制等措施保障课程有序高效实施，为学生禀赋的发挥、个性的舒展和生命的绽放创设广阔的课程选择空间，为创新人才成长积蓄潜能。

2. 以活动为载体，扎实推动实践育人

教育与生产劳动、社会实践相结合，是党的教育方针的要求，也是促进中小学生全面发展的重要途径，有利于中小学生了解社会、感受生活、动手实践，有利于引导学生学思结合、知行并重。

实践活动是孩子身心发展的基础。小学生好奇心最强烈，天生是小活动家，好动、能动、主动，乐于动手、动脑、动情，什么都想自己去尝试，什么都愿意动手去碰碰，具有身心智趣自由发展的天性。这种特征，决定了他们只有在富有吸引力、感染力的活动中，才能充分地发挥禀赋、舒展个性、绽放生命。实践活动的教育作用，就是在利用课堂、书本、学校之外的所有资源来唤醒学生还未被人发现的优点、特长、天赋和才能，因此学校活动的宽度和厚度决定了孩子健康快乐的广度和深度。

加强实践育人，关键是要找准活动这个载体。一要丰富活动形式，史家小学精心搭建"科学与人文联袂、历史与未来贯通"的五大资源基地，致力于学生"灵魂的铸造"、"人格的培养"、"素质的拓展"、"境界的开阔"，极大丰富了实践育人形式，各个学校也可以根据自身特点，大胆探索不同形式的实践活动。二要丰富活动内涵，要充分发掘实践活动的育人内涵，根据不同年龄学生的特点和要求，注重孩子综合素质的拓展、人生品位的提高和生命价值的升华，培养学生获得知识的能力，激发创新思维，提高实践能力。

3. 以环境为载体，扎实推动文化育人

校园文化是学校特色和历史积淀的反映，是全体师生认同的思维和行为方式，对学生思想品德养成具有潜移默化的导向作用和持久深远的影响功能。史家小学建立"绿色校园、科技校园、艺术校园"，形成了和谐、爱生、敬业的校园文化，给学生留下了深刻的印象，具有很好的育人效果。

一是优化校园环境。优美的校园环境往往给人文化享受并催人发奋向上，能够起到无声胜有声的教育作用。史家小学的经验表明，根据小学生好奇心强、求知欲强、活泼好动等心理特点，在小学阶段推动文化育人，要着重以环境为载体，以优美、和谐、愉快的环境促进小学生生动活泼主动发展，引导他们观察事物、提高注意、锻炼意志力、培育创造力。增强环境育人效果，关键要在"精心"上下功夫，要处处从学生发展出发、处处从教育规律出发，在细微处体现学校办学理念，让校园处处会说话。史家小学精心布置校园、教室和其他教育设施，整个校园整洁、安静、优雅。校舍建筑的风格，展厅、场馆的设计，校园的绿化，色调的搭配等，都实现了绿色校园、科技校园、人文校园的完美结合，使每一个角落都有文化，每一个班级都有特色，每一个细节都彰显着办学理念，很值得借鉴。

二是完善学校管理，形成好的校风教风学风。要按照建设现代学校制度的要求，加强章程建设，完善依法办学、校长负责、民主监督、家校合作、社区合作等方面的制度机制，让优秀成为全校师生的习惯，推动学校走向"卓越"和"雅致"，形成好的校风教风学风，提升学校凝聚力和影响力。要加强班级文化建设，班级是学生的家，为学生提供情感上的寄托，每时每刻净化着学生的心灵，要将教育和引导体现在细微之处，体现在师生之间、同学之间的相互关怀中，体现在班级、团队组织的温暖和鼓励之中。教室虽小，但处处有宝，如果能够用心，各种物化的东西都能体现个性，就如一位沉默而有风范的老师那样，起着很好的教育影响。

四、要统筹教育内外因素，推动学校、家庭、社会紧密合作，努力实现全员育人

育人是一项系统工程。一所学校要真正地办出特色、办出水平、办出活力，要真正地全面实施素质教育，就必须树立大教育观，遵循教育内外因素和谐发展的基本规律，关键是推动学校、家庭、社会紧密合作，努力实现全员育人。

1. 学校、家庭、社会都是人才培养的主体，需要紧密合作

学校是教育的主阵地，大部分基础知识、基本技能、社会规范与道德价值观的学习和养成都是在学校教育中实现的。但是，学校教育毕竟只是教育的重要组成部分，而不是全部，家庭和社会的教育更不可忽视。

家庭是人出生后接受教育的第一个场所，家长是孩子的第一任教师，对孩子性格、人格、意志、情感和品性的影响是全面、深刻的。家庭虽然是最小的一个社会单元，但浓缩着最宝贵的教育智慧，家长就具有高超的智慧。在孩子的成长中，父母的陪伴和耳濡目染非常重要。"家长在周末陪伴孩子、教育孩子，不仅能加深对孩子的了解，也能让孩子建立对家长的信任和仰慕。这种亲子互动、亲缘共享对孩子的影响是终生的。"事实上，现在的孩子，经常抱怨得不到家长陪伴，渴望"用妈妈的耐心和知性开启心智；让爸爸带自己享受运动、传递阳刚、懂得责任"。以史家小学为例，该校学生家长普遍有着丰富的生活阅历、职业经验、专业知识和文化素养，不少人对教育有着深刻的思考，也有开展教育活动的愿望和能力。这些丰

富的教育资源和教育智慧有助于促进学校教育的生活化、综合化，满足学生的多元学习兴趣和个性需求。随着信息化和社会快速变化，今天的社会教育更是无处不在、无时不在，许多社会资源本身就具有很强的育人功能。陶行知先生倡导的"生活即教育，社会即学校"的思想至今仍具有现实意义。除学校开展的各种社会实践活动外，形式灵活多样的社会教育，对孩子来说都是一个生动活泼的教育过程。比如，史家小学充分利用所在地区的国家博物馆、天文馆、国家图书馆等社会资源，使学生学习空间从封闭到开放，学习资源从课本到社会，使学生真正走出了课堂，体会到了探索知识的乐趣，整体素质得到提高。

除家庭、社会自身的育人功能外，学校教育从来都离不开家庭、社会的理解和支持，必须吸纳家庭和社会各界力量走进学校、支持教育，才能形成育人合力，促进学生健康成长。事实上，学校、家庭、社会的紧密合作不仅能为孩子提供良好的成长环境，还能促进形成良好的亲子关系、师生关系，间接促进孩子健康成长。

2. 发挥老师、家长和其他社会主体在育人中的比较优势，推动全员育人

虽然家长、老师在育人过程中有着不同的角色，但学校可以通过引导、组织把两者有机结合起来。史家小学的经验表明，家长、老师在孩子成长过程中具有相互不可替代的作用。既要在家校合作中搭建平台，创设良好的合作氛围，为家长提供更多参与学校教育的机会；又要发挥老师的专业和引导作用，帮助家长形成科学的教育观念和态度；还要引导家长主动与老师交流沟通，让家长的教育思考和教育干预成为学校教育的有益补充。

在家校协同中，要全面认识家长在育人中的角色，史家小学认为：家长是学生，需要学习家庭教育的知识和方法；家长是同伴，与学校、教师一起促进孩子健康快乐成长；家长是教师，有对学生的爱和丰富的生活阅历、职业经验、专业知识。在这样的家长观下，每一位家长都能充分发挥自己的积极性、创造性，通过家校联合很好地解决了离异家庭、隔辈家庭、特殊儿童家庭中的教育难题。

3. 完善制度机制，构建学校、家庭、社会的和谐关系，增强育人实效

提高学校、家庭、社会的育人合力，关键是要完善制度机制，增强育

人实效。

树立尊重、理解、协同的理念。相互尊重是形成良好家校关系的前提。学校要尊重家长，把家长看作合作伙伴，注重调动家长的积极性。家长也要尊重老师，信任老师，配合老师，主动与教师交流。相互理解是实现家校良性互动的基础。教师和家长要经常换位思考，主动沟通，共同协商实现良性互动。相互协同是提升家校合作水平的关键。学校不仅仅将家长看成是支持者，家长也不单纯把学校作为管理者，家庭与学校应该成为相互关联、相互依存的统一整体，在沟通协商中共同促进孩子健康成长。

完善制度机制，构建学校、家庭、社会的和谐关系。构建学校、家庭、社会之间稳定的和谐关系，关键是要完善制度机制。家长委员会是中小学管理制度的重要组成部分，是推进家校合作的重要平台。2012 年教育部出台了《关于建立中小学幼儿园家长委员会的指导意见》，指出了建立家长委员会对于促进家校合作、优化育人环境、建设现代学校制度的重要意义，明确了家长委员会参与学校管理、参与教育工作、沟通学校与家庭的基本职责，提出了家长委员会的基本架构和主要作用。但由于各种因素的制约，家长委员会在我国发育还不成熟，关键是要加强制度建设，尊重和发挥家长的主体作用。

加强内涵建设，注重协作实效。史家小学的家校协同做得好，很重要的原因是在细节上下功夫，组织有序，准备充分，注重实效。活动前，教师与家长有组织、有计划地进行配合，尤其是老师在合作前对班内情况进行提前调研，根据不同学生的情况采取有针对性的合作方式；活动中，根据实际情况制定有针对性的策略；活动结束后，注意反馈家长的意见和建议。

五、要紧紧依靠教师，增强教师职业自觉，建立师德高尚、充满活力的教师团队

先进的教育理念转化为现实的教育实践，最终要靠教师来完成。教师队伍建设是提高学校办学水平的关键。

1. 提高育人效果，关键要有好的教师

史家小学在长期发展过程中，涌现出了一批师德高尚、业务精湛的优秀教师，为和谐教育模式做出了积极贡献。他们用自己的卓越表现对"什么是好教师"作了深刻阐释。

教师要有爱心。教育是爱的事业，热爱学生是师德的根本与灵魂。苏霍姆林斯基说："没有爱就没有教育。"史家小学教师最大的特点是爱学生。他们认为，教育和任何人类最美好的事物一样，它的本质是爱……而且，教师爱自己的学生，应该是无条件的。不是只爱优异学生，而是热爱所有的学生，并给予特殊的孩子以特殊的爱。比如，在史家小学就学的学生，若是性格怪僻、身体残疾或患某些疾病等特殊学生，都要有专人负责，给予特别的照顾。

教师要负责任。教师是"太阳底下最光辉的职业"，责任重大，使命光荣。史家小学提出"要对学生全方位负责"，深刻把握住教师职业的本质，具有强烈的导向作用。教师作为一门职业，老师有责任爱岗敬业，教书育人，为人师表；家长把孩子送到学校，寄托着家庭对美好未来的期盼，教师要把孩子保护好、培养好；孩子是祖国的未来，孩子的成长是民族振兴、社会进步的基石，教师有责任把每一个孩子培养成合格人才。

教师要高度自觉。一个学校实践一种办学思想，绝不是校长一个人的事情，必须把它内化为教师们的理念，成为每一位教师自觉行动的基础。因此，办好一所学校，关键是教师要有高度的自觉。自觉是一种强大的精神力量，是对美好教育的强烈向往和不懈追求。教师的职业自觉，包括对教育地位作用的深刻认识，对教育规律的正确把握，对教书育人责任的主动担当。事实上，正是由于史家小学教师对和谐教育思想具有高度自觉，和谐教育才能保持旺盛的生机活力。

教师要充满活力。对学生来说，教师是活生生的个体。这就要求教师必须热忱、充满活力，才能让良好的情感、端正的态度、正确的价值观深入人心，起到好的教育效果。对学校来说，教师必须积极进取、乐观向上、追求卓越，不断学习，不断创新，才能达到高质量的办学目标。史家小学教师追求卓越、追求完美，"有一种说不出来的劲儿"，就是要维护史家小

学尊严、风范和精神面貌。他们经常说："我现在一切的成绩都是史家小学给的，我对学校的最好回报就是努力工作，培养出更优秀的学生。"

2. 多措并举，全面激发教师职业自觉，增强教师活力

在一所学校，建成一支优秀的教师团队并保持长久稳定，是一件很不容易的事情。史家小学的许多做法，可以给我们很好的启示。

以文化熏陶人。长期以来，史家小学形成了大气、包容、创新、奉献、向上、感恩的学校文化，每一位教师都散发着温暖的气息，让人感觉到学校上班是一种幸福，大家相互帮助，相互信任，教师在这样的文化环境中成长，容易形成高尚的情操。

以榜样引领人。传统的力量是无形的，榜样的力量是无穷的。史家小学珍惜优秀的学校传统和宝贵的名师资源，着力做好优秀教师精神文化的传承，树立典范形象、弘扬高尚师德。他们安排有经验的老教师与新教师结对子，进行一对一的"传、帮、带"，带出了好的风气，带出了好的经验，带出了好的团队。

以事业发展人。要完善中小学教师自我成长、自我发展之路，让优秀人才感到当教师有奔头、有希望。要结合学校发展目标，为每一位教师制定个人发展规划，让教师的职业发展与学校的事业发展相结合，教师个人目标与学校目标相结合。要顺应教师职业进步和渴望发展的愿望，为教师创造发展的空间和平台。要创造和谐、友善的工作环境，让教师感到受尊重，心情愉快地工作。

以研究提高人。苏霍姆林斯基说过："如果你想让教师的劳动能够给教师带来乐趣，使天天上课不至于变成一种单调乏味的义务，那么你就应当引导每一位教师走上从事研究的这条幸福的道路上来！"育人是不断发展的历史过程，要求教师时刻进行反思，将好的经验提升为理论，并用先进理论指导实践。这就需要教师不断进行研究，增强问题意识、方法意识、反思意识、批判意识，不断提炼教育智慧，提升理论素养，实现从经验型教师向研究型教师转变。

以待遇保障人。要改善教师待遇，让教师过上比较体面的生活。要关心教师生活，为教师解决后顾之忧，使教师全身心投入到教育教学工作中。

六、要让懂教育的人办教育，努力培养和造就一大批教育家，积极推进教育家办学

一个好校长，成就一所好学校。当前，我国基础教育已经进入内涵发展新阶段，办好基础教育必须紧紧依靠一批具有崇高教育理想、真正懂教育的教育工作者。

1. 要让懂教育的人办教育

办教育要尊重和依靠人才，让懂教育的人办教育，这是由教育的性质决定的。教育活动具有复杂脑力劳动的特点，是教育者对受教育者身心施加影响的社会活动，必须通过教育者和受教育者的共同劳动，使受教育者的德、智、体等方面得到全面发展。教育活动具有自身独特的规律，办好教育必须尊重教育规律，必须由具有崇高教育理想、真正懂教育的人按照教育规律办学。

事实上，教育家办学早就是教育界和全社会的共同呼唤。早在1985年，于光远先生在《我们迫切需要成千上万个"教育家"》一文中就写道："不论在大学教育、中学教育、小学教育、幼儿教育乃至成人教育、职业教育、社会教育等领域中，都要有'教育家'在那里奋斗。我们迫切需要成千上万个'教育家'。"2006年，温家宝总理在《政府工作报告》中提出："要培养一支德才兼备的教师队伍，造就一批杰出的教育家。"2007年《政府工作报告》又进一步提出："要提倡教育家办学，鼓励更多的优秀青年终身做教育工作者。"温总理在2007年一次教育工作座谈会上说："我们不仅需要大批的科学家，也需要大批教育家。"《国家中长期教育改革和发展规划纲要（2010－2020年）》中明确提出："创造有利条件，鼓励教师和校长在实践中大胆探索，创新教育思想、教育模式和教育方法，形成教学特色和办学风格，造就一批教育家，倡导教育家办学。"

让懂教育的人办教育，这一点在今天特别重要。自1999年第三次全国教育工作会议正式提出素质教育以来，素质教育理念在全社会已经深入人心。但是，在素质教育的具体实现形式和工作推进方面，还存在许多特殊

困难和突出问题，特别需要卓立、王欢这样的教育家和一大批优秀教育工作者，凭着他们对素质教育的深刻理解和执著追求，带领一个团队，冲破思想观念的束缚，突破利益固化的藩篱，使党的教育方针和先进的教育理念，通过富有个性特色的教育实践活动得到充分有效的实现。这是一条艰难的道路，也是一条光荣的道路。

2. 努力培养和造就一大批教育家

关于教育家的定义，《教育大辞典》特指"在教育理论或教育实践上有创见、有贡献、有影响的杰出人物"。史家小学的经验表明，从一名普通的教育工作者成长为教育家，是对个人素质能力的全面考验。要成为一名教育家，就要：

做教育理想的追求者。要热爱教育事业，有崇高的教育理想，把理想的教育事业当成自己永恒的追求，就像史家小学的历任校长和教育工作者那样，不是干一阵子而是干一辈子，任何名利都引诱不了，把自己完全献身于教育事业。

做教育规律的坚守者。克服浮躁和功利之风，遵守教育规律，秉持专业精神，坚持科学态度，坚定不移地按党的教育方针和素质教育要求办学。史家小学历任校长坚持正确的教育观念，坚持实施素质教育。在一个应试教育氛围浓厚、教育政绩观尚未转变的背景下，能做到这一点，实属不易。实质上，这是对教育规律的坚持在起作用，也体现出教育家应有的品质。

做教育思想的创造者。教育家对教育的理解和认识一定不是只停留在工作层面，而是像卓立、王欢校长那样，时刻思考"办什么样的教育、如何办教育"、"培养什么样的人、怎样培养人"、"办什么样的学校、如何办好一所学校"等问题，并提出真知灼见，形成新的概括，创造出新的教育思想、教育模式和教育方法，形成办学特色和办学风格，受到同行乃至社会的普遍认可和广泛赞誉。

做教育改革的引领者。在坚持党的教育方针和国家对教育工作统一要求的前提下，积极发挥办学自主性，立足本校实际，坚持因地、因校、因人制宜，敢于冲破传统的教育模式和管理方式的束缚，创造性地进行教育教学改革和学校管理改革，并对教育实践产生重大影响，引领教育发展的潮流、带动本地区教育事业的发展。

3. 积极推进教育家办学

教育的发展、时代的要求、人民的期望，比以往任何时候都更加需要涌现出一大批真正的教育家，推动各级各类学校实现教育家办学。

教育家是在丰富的教育实践中成就的。教育专家吕型伟说："教育实践、社会实践是校长们成长的最好环境，真正的教育家都是诞生于教育实践中，而不是出现在书斋里。"教育家是历史形成的，实践锻造的，是"冒"出来，永远不可能被模式化、批量化地制造出来。这就要求广大教师和教育工作者牢牢扎根教育实践，热爱教育，理解教育，终身从事教育，从实践中来，到理论中去，努力朝着教育家的目标前进。

当然，培养和造就一大批教育家，既要靠教师和教育工作者自身努力，又要有良好的外部环境。2007 年 2 月，温家宝总理在视察东北师范大学时说："现在报纸、杂志讲科学家的多，讲文学家、艺术家的也不少，但讲教育家的不多。要大张旗鼓地讲教育家，宣传教育家，中国得有成千上万的杰出的教育家来办学。"《全国教育人才发展中长期规划（2010 – 2020 年）》强调："要落实和扩大学校办学自主权，为教师和校长成长为教育家提供更大空间。"我们要按照建立现代学校制度的要求，完善学校管理，大力宣传教育家的优秀事迹，积极引导一线校长、教师脱颖而出，成长为新一代教育家。

当前，我国基础教育事业已经进入新的发展阶段。我国已经全面普及了免费的九年义务教育，办成了世界上最大规模的中小学教育。基础教育质量稳步提升，2009 年和 2013 年，在 OECD 组织的 PISA 测试（15 岁学生阅读、数学、科学能力评价研究项目）中，上海连续两次取得全球第一。但是也要清醒地认识到，我国基础教育质量总体上还不高，教育观念相对落后，内容方法比较陈旧，中小学生课业负担过重，素质教育推进困难，学校办学活力不足，城乡、区域、校际差距较大，办好人民满意的教育还有艰巨的工作要做。党的十八大以来，习近平总书记对教育工作作出一系列重要论述，深刻阐述了教育改革发展中的重大理论和实践问题，是新时期教育工作的基本遵循。他在十八届中央政治局常委见面会上的讲话中指出："我们的人民热爱生活，期盼有更好的教育、更稳定的工作、更满意的收入、更可靠的社会保障、更高水平的医疗卫生服务、更舒适的居住条件、更优美的环境，期盼着孩子们能成长得更好、工作得更好、生活得更好。"其中，将"更好的教育"摆在人民"十大期盼"的首位，既体现了对教育工作的重视，又对教育改革发展提出了新的更高要求。实现"更好的教育"，需要全社会共同努力，尤其需要把教育资源配置的重点集中到加强学校内涵建设、提高教育质量上来，也就是要办好每一所学校，教好每一个学生。我们高兴地看到，史家小学倡导的"和谐教育"就是在一所学校中对实现"更好的教育"的一种尝试。在这里，每个孩子都能享受良好的教育，都有人生出彩的机会，都能实现个人的梦想和追求。我们真诚地希望，史家小学能够继续秉承和谐教育理念，坚持德育为先，坚持能力为重，把提高育人质量和教学质量作为学校发展的核心任务，促进学生全面和谐发展，努力建成"面向和谐世界的中国教育典范"，为人民群众提供"更好的教育"。同时，也希望史家小学先进的教育理念和成功的教育实践能够被越来越多的学校学习和借鉴，营造广大中小学自觉遵循规律、自觉改革创新、自觉提高质量的生动局面，为实现中华民族伟大复兴的中国梦培养出更多更优秀的人才。

附　　录

用和谐奠基生命的底色

——北京市史家小学和谐教育的思考与实践

史家小学始建于 1939 年，经过 70 余年的发展，跻身北京市乃至全国名校行列。学校现有 84 个教学班，3600 多名学生，270 多名教职工，拥有过 9 名特级教师，现有 50 多名市区骨干。目前，学校形成一校多址的办学格局，即史家小学高年级部、低年级部、育芳分部（东城区小学课程资源中心史家小学基地）。"和谐教育"是学校的办学特色，在多年的教育教学实践中形成了"人与社会、人与人、人与知识、人与自身、人与自然"为框架的和谐育人体系。

一、和谐教育的价值谱系

和谐教育理念由史家小学前任校长卓立在全面总结学校以往办学经验的基础上提出，至今已 20 年。史家小学的和谐教育有其特定的历史渊源、现实依据和具体内涵。

1. 和谐教育的历史渊源

"和谐教育"、"和谐发展"的思想是早已存在的。和谐教育在国外的发展，可以追溯到古希腊时期。"和谐发展"一词最早出现在希腊语中，指健美体格和高尚道德的结合。柏拉图主张通过音乐教育和体育促进人的心灵和身体的和谐发展，形成高尚完美的品格。亚里士多德认为，人有植物、动物、理性三种灵魂，相应的有体育、德育、智育三方面教育，其目的就是使体、德、智得到和谐发展。文艺复兴时期，人文主义者从人性论出发，反对中世纪教会对儿童本性的压抑，认为应该通过教育使人的身心得到和谐的发展。17 世纪，夸美纽斯主张各学科教育以培养人的和谐为目的。18、

19 世纪，法国启蒙思想家发展了人文主义教育思想，卢梭要求培养身心协调发展的自然人，裴斯泰洛齐要求按照自然的法则全面地、和谐地发展人的一切天赋力量。此外，英国空想社会主义者欧文提出了全面发展教育的观点，德国教育家第斯多惠提出了在自然适应性原则和文化适应性原则支配下的全人教育的理想，英国教育家斯宾塞提出了智育、德育和体育并重及教育为完美生活做准备的主张，等等。马克思主义的和谐教育思想着眼于人的全面发展，强调体力与脑力的协调发展、才能与品质的多方面发展，以及个人发展与社会发展的统一。20 世纪，前苏联著名教育家苏霍姆林斯基认为，学校教育过程包括德育、智育、体育、美育、劳动教育，旨在培养受教育者全面发展的和谐的个性。和谐教育思想在中国的发展，可以追溯到春秋时期。孔子强调把知、仁、勇三者统一起来，通过"六艺"教学使学习者成为"成人"、"君子"乃至"圣人"。西汉董仲舒继承孔子仁智统一的思想，对仁智协调发展作出了明确论述。明代王守仁在前人思想的基础上提出了教育就是要使受教育者的知、情、意、行得到协调统一发展的和谐教育思想。近现代王国维以传统和谐教育思想为基础，吸收了近现代心理学知识，提出了把教育之事分为智育、德育、美育的观点。此外，蔡元培的"五育并举"和陶行知的"手脑双全"等主张，都含有和谐发展的教育思想。新中国成立以来，基于马克思主义关于人的全面发展学说，我国十分注重实施全面发展的教育，并十分注重教育事业本身的和谐发展。目前，包括史家小学在内，我国有不少学校在实践和发展着"和谐教育"的办学特色。

2. 和谐教育的现实依据

和谐育人理念是科学发展观以人为本的核心思想在教育事业中的鲜明体现。党的十八大报告把教育放到"在改善民生和创新管理中加强社会建设"的首要位置，讲到"教育是民族振兴的基石"。这就决定了我们的教育不仅要传授知识、培养能力，还必须切实把社会主义核心价值体系融入教育全过程，并转化为学生的自觉追求。十八大报告还明确指出"把立德树人作为教育的根本任务"。因此，我们必须明确"立什么德，树什么人；怎样立德，怎样树人"。在史家小学和谐教育中，我们通过树立社会主义核心价值观、通过立德来树人。在以"富强、民主、文明、和谐、自由、平等、公正、法治、爱国、敬业、诚信、友善"的社会主义核心价值观来建构学生内心世界的同时，我们还着力培养学生热爱祖国的"为民德"，尊重自然和他人、自尊自强的"为人德"，诚信负责的"立身德"，努力把每个学生培养成为德、智、体、美全面发展的社会主义建设者和接班人，培养成为具有社会责任感、创新精神、实践能力的有用之才。从这个意义上讲，史家小学和谐教育实际上是推进素质教育并依托其辐射效应让每个孩子都能成人成才的一种办学模式。教好一个孩子，幸福一个家庭；办好一所学校，惠泽一方人民。这就是史家小学和谐教育的社会价值和民生意义所在。对我们来说，最贴近、最直接、最重要的民生就是学生。关注学生，就是要重视为学者的生存、生活，乃至生命状态。由此，我们的教育，其目的是"长其善，救其失"，其内容是"给品德以力量"，其途径是"关怀备至地、深思熟虑地、小心翼翼地去触摸孩子的心灵"，其方法是"70%的等待加30%的唤醒"，其效果是"儿童整个的身体和整个的心灵来到学校，而以更圆满发展的心灵和甚至更健全的身体离开学校"。"我们给后代留下什么样的世界，取决于我们给世界留下什么样的后代。"今天我们给予孩子的，正是明天他们给予世界的……温暖现在，拥抱未来，史家小学始终致力于"办好人民满意的教育"。

3. 和谐教育的具体内涵

史家小学以"一切为了孩子，一切为了明天"为办学指导思想，强调基础教育的基础性，把小学生应该具备的基本能力集纳聚焦为文化传承、习惯养成、交流表达、视野开拓、创新创造五个方面，并着眼于人与社会、人与人、人与知识、人与自身、人与自然的和谐关系，优化并协调各种教育因素，使之在辩证统一中不断创造教育的整体效应，持续推动每个学生的全面和谐发展与健康快乐成长。

"人与社会的和谐"的含义是：教育是面向未来的事业，肩负着培养适合时代发展要求的人的重任。因此，教育必须追求人与社会的和谐，既使人的成长符合社会发展需求，又使人的个体特质及其潜能得到充分发展。为了促进人与社会的和谐，我们注重对学生责任意识和认识社会能力的培养。"人与人的和谐"的含义是：人就其本质而言是一种关系性的存在，人与人的和谐发展是使人成为人的关键。教育作为一种培养人的活动，在心灵与心灵的沟通、灵魂与灵魂的交融、人格与人格的对话中实现人与人的和谐。为了促进人与人的和谐，我们注重对学生规则意识和交往能力的培养。"人与知识的和谐"的含义是：学生在学习过程中有着客观存在的认知规律。教育不仅仅是知识的传授，还要让学生学会学习，学会动手，学会动脑，学会生存，学会和别人共同生活。温家宝总理给学校的题词"学思知行"便深刻揭示了这一认知规律。为了促进人与知识的和谐，我们注重对学生创造意识和学思知行能力的培养。"人与自身的和谐"的含义是：教育的世界是生命的世界，促进生命的成长和完善是教育的出发点和落脚点。怀着对生命的敬畏和尊崇，我们不断寻求教育的本真，实现着人与自身生命的和谐。遵循学生身心发展规律，培养学生健全人格，实现人的生命的知情意行的统一是我们的不懈追求。为了促进人与自身的和谐，我们注重对学生生命意识和自主自律能力的培养。"人与自然的和谐"的含义是：自然是人类文明的根基。人对自然不能只是单纯的利益索取，还应存在着道德的关怀与尊重。尊重大自然、热爱大自然，保持人与自然环境的和谐是和谐教育的重要组成部分。为了促进人与自然的和谐，我们注重对学生尊重意识以及体验和实践能力的发展培养。

二、和谐教育的实践体系

多年来，史家小学不断推进和谐教育。基于五大和谐关系，和谐教育实践体系有机生发，不断拓展，添层加面，面面生辉，并以此建构了学校发展整体框架。如下图所示：

史家小学以"和谐教育"为办学理念，以培养"和谐的人"为育人目标，以"人与社会、人与人、人与知识、人与自身、人与自然"的和谐为五大和谐支柱，强化学生五大基本意识，即"责任、规则、创造、生命、尊重"意识，培养学生五大核心能力，即"认识社会、交往、学思知行、自主自律、体验和实践"能力。在此基础上，我们积极打造和谐教育的有效载体，以"大课程"观搭建和谐课程体系，即"书本课程、行动课程、

和谐教育

人与社会的和谐	人与人的和谐	人与知识的和谐	人与自身的和谐	人与自然的和谐
责任意识	认识社会的能力	规则意识	交往能力	创造意识	学思知行	生命意识	自主自律能力	尊重意识	体验和实践能力

书本课程	行动课程	数字化课程	个性化课程	特色活动课程

和谐育人公益项目	"超新星"项目	阳光e家	深度联盟项目	国际化和谐发展项目

史家书院	健康人格基地	史家传媒中心	课程资源中心	史家科技馆

和谐的人

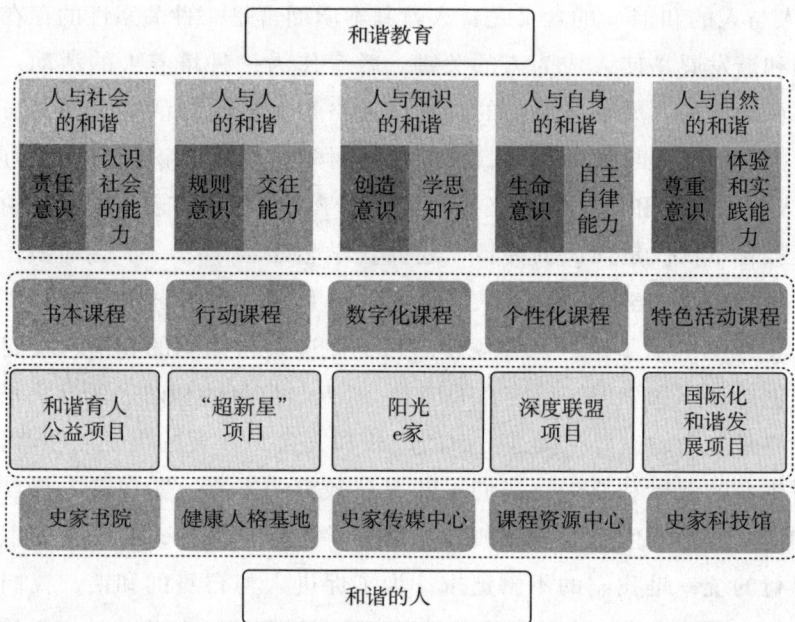

数字化课程、个性化课程、特色活动课程"五大课程，继续推进五大金牌项目，即"和谐育人公益项目、'超新星'项目、阳光E家、深度联盟项目、国际化和谐发展项目"，建设五大资源基地，即"校本课程基地"、"史家书院"、"史家科技馆"、"人格教育基地"、"史家传媒"，使全体学生在丰富的实践体验中实现全面和谐发展，成就一个"和谐的人"。史家和谐教育体系尤如一粒鲜活饱满的种子，深深植根于每一个孩子的幼小心灵中，伴其一生，惠其一生。同时，史家和谐教育体系还致力于为每一位具有拔尖创新潜质的学生提供适切的个性化教育，使每一位拔尖创新人才都能够找到适于其张扬独特个性、绽放生命光彩的一面。全体史家人畅想，通过不断完善史家和谐教育体系，让史家人秉承中华五千年文化、携手世界五大洲文明，促进全体学生共同健康快乐成长。

关于史家小学五大金牌项目。"和谐育人公益项目"具体指：学校倡导学生的成才与成人同步，依托中国第一个由民政部认定的小学生公益社团"史家阳光公益社"开展系列阳光公益活动，积极探索公益文化建设，重点培养学生学会关心、学会奉献、学会感恩的公益精神。"和谐教育超新星项目"具体指：学校的拔尖创新人才培养工作被命名为"超新星"计划。"超新星"是一种未爆发能量的天体，一旦爆发它的能量将超过太阳。我们视每一个孩子为"超新星"，我们的教育就是帮助他们储藏能量，促进爆发。学校注重学生的个体差异，帮助学生制定个人发展规划，开展学生成长系列指导，为全体学生发展奠定基础，为拔尖人才开通特色通道；"'阳光 E 家'和谐发展项目"具体指：学校通过大信息概念搭设平台，统筹各种教育资源，面向未来和谐发展。未来的史家依托现代化、智能化的"阳光管理"，整合多元化、信息化的"阳光资源"，开展国际化、特色化的"阳光课堂"，打造追求卓越，不断成长的"阳光教师"，形成有效沟通、密切合作的"阳光家长"，培养乐于学习、多才多艺的"阳光少年"，最终呈现出闪耀着七彩阳光的"阳光校园"；"国际化和谐教育发展项目"具体指：学校积极促进与国际著名学校、著名企业、著名城市的深度交往，进行国际课程的本土化研发和校本课程的国际化研发，让史家人有能力分享、理解世界的优质教育资源，让史家人拿得出成果与世界分享；"史家深度联盟建设项目"具体指：学校充分发挥优质教育资源的辐射作用，成立东城区小学课程资源中心，构建"区域共享的优质课程体系"。并且积极探索"理念联通、机制联运、课程联建、科教联合、活动联办、师生联动、品牌联创、效应联升"的实施途径，不断激发优质资源校的新生能源，激活薄弱校的再生系统，为形成东城教育群峰连绵的大教育景观，促进优质教育均衡发展做出积极的努力。

　　关于史家小学五大资源基地。史家书院，上承传统书院文化之古风，下启基础人文教育之新风，融书法、绘画、诵读等经典传习于一体，致力于孩子"灵魂的铸造"；史家青少年健康人格教育基地，由专业团训教师开展现代健康人格知识、中医知识、国学知识等方面的团体辅导，致力于孩子"人格的培养"；史家传媒，依托"综合实践校本课程史家传媒"的课题研究开展，借助中国传媒大学的专业技术支持，利用"史小教育在线"的传播实践平台，致力于孩子"素质的拓展"；史家校本课程资源中心，创新设计 17 个富有特色的资源教室，立体建构生存、生活、生命课程体系，对应开展安全、情趣、素养梯度教育，整合关注多领域、多学科、多层次的行动体验，致力于孩子"境界的开阔"；史家科技馆，又名"造梦空间"，宇宙的浩瀚、物种的繁盛、科技的奇妙交织融会、相映生辉，是科学与人文联袂、历史与未来贯通的成长乐园，致力于孩子"生命的升华"。通过创设五大资源基地，发展孩子的自主性和多元性，学校为孩子健康快乐成长提供了理想的载体。

用和谐奠基生命的底色，让生命闪耀和谐的辉光。史家小学和谐教育是一个历史与现实、共性与个性、理论与实践相统一的科学体系，也是一个不断创新、不断发展、不断深化的开放体系。全体史家人将通过创造性的办学实践，不断对和谐教育进行形成性、建构性和发展性阐释，不断体现史家小学与时俱进、追求卓越的办学品质。

以和谐求发展　以发展促和谐
—— 史家小学规范化工程实验学校研究报告

学校以"和谐教育"的办学理念，以"一切为了孩子，一切为了明天"的办学指导思想，以"三全三爱三服务"为办学宗旨，构建史家小学核心价值体系。

一、学校整体教学改革的指导思想

学校坚持把"和谐教育"作为发展的基本理念不动摇，进一步明确了在"和谐教育"理念指引下的学生观、教师观、教学观、课程观、质量观、评价观，提出了"用和谐奠基生命的底色"的办学主题。

二、教学改革的主要措施与做法

（一）学校层面

1. 营造育人环境，彰显和谐理念

学校注重校园环境对学生潜移默化的教育作用，着重打造绿色校园、科技校园、艺术校园。校园的雕塑、总理的题词、体现办学思想的石刻、环保中水系统、太阳能发电系统、风力发电系统、开放式的科技造梦空间无不传递着先进的教育理念。校园里展示的学生作品丰富多彩，有艺术创想、金工木工产品、科技发明、绘画书法作品、公益宣传海报等，给学生营造了创新思维的空间。特别是班级小书架的设置和史家书院的落成，更是让书香溢满校园，学生随时随地有书读，培养了学生的阅读兴趣和阅读习惯。

2. 落实三级课程，构建和谐体系

秉承和谐的办学理念，学校的课程设置基于学生现实，提出了"未来就在我们身边"课程观念。通过丰富的课程设置，力求达到《纲要》中"着力提高学生的学习能力、实践能力、创新能力，教育学生学会知识技能，学会动手动脑，学会生存生活，学会做人做事，促进学生主动适应社会，开创美好未来"的目标，培养学生掌握未来的能力和选择未来的力量。

在开足、开齐国家课程与地方课程的前提下，积极建设校本课程，并对已有校本课程进行全面修订。以"大课程观"为思路，从学科课程与活动课程、显存课程与隐蔽课程、课堂教学与课外教学、模仿教学与陶冶教学等方面，本着"重参与、实践；重合作、互动；重应用、创新"的宗旨，形成以学科拓展课程、创新体验课程、人文素养课程、健康教育课程为主体的和谐课程体系。

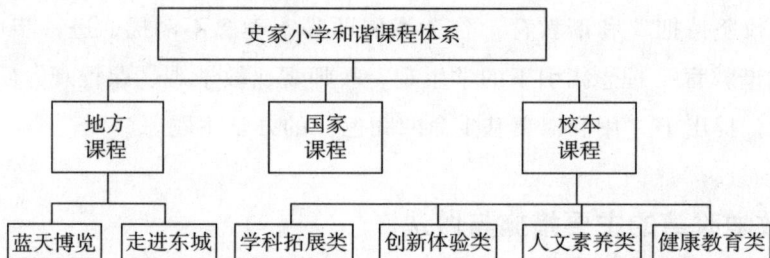

```
                    史家小学和谐课程体系
        ┌──────────────┼──────────────┐
      地方            国家            校本
      课程            课程            课程
    ┌───┴───┐      ┌───┴───┐      ┌───┴───┐
  蓝天博览 走进东城  学科拓展类 创新体验类  人文素养类 健康教育类
```

3. 深化教学常规，完善激励机制

进一步完善行政听课、评课制度、质量监控制度；开展常态课研究、随班就读课研究；落实"教师个人规划"、"教师成长档案"管理；进一步开展学生学业管理，减轻学业负担，从而不断提高教学的有效性和规范性。

为充分调动教师工作积极性、增强专业自觉、提高专业素养，不断完善学校激励机制。将参与学习培训、实现专业成长作为教职工最好的福利。仅2011年9月以来，教师分赴内蒙、江西、福建、天津以及美国、澳大利亚、加拿大等世界各地参与教师培训和交流；18位教师参与哈佛课程"为理解而教"、"为理解而领导"的学习，收到良好的培训效果。

4. 加强质量监控，改进评价体系

在科学质量观的引领下，以"关注过程、关注发展、关注全体学生、关注教师的促进作用"为评价理念，以"减负促发展增效创和谐"为目标，开展各学科教学质量监控，不仅关心教学的结果，更关心教学过程的影响；不仅关心学生的学业成绩，更关心他们的认知、情感及实际能力的变化进程；不仅关心教师的教学效果，更关心他们教学理念的更新、教学行为的跟进、教学技艺的提升，关心教师队伍的整体塑造，增强学校核心竞争力。

依据《教育部关于积极推进中小学评价与考试制度改革的通知》精神，制定学生综合素质评价方案，采取科学的、多样的方法适时地对学生进行评价，促进教师转变教育观念和行为，引导学生逐步学会自我认识和自我教育，引导家长和社会逐步形成正确的人才观和质量观。

所有学科在对学生进行质量监控时，都要有相应的质量分析，既面向学生也面向家长。从监控结果寻找教学中的问题，寻找问题背后的成因，提出教学改进的方向和具体实施建议。并且组织教师进行跨学科的沟通交流、相互借鉴，让教师全面了解每一名学生在所有学科中的学业成效，以便制定针对学生成长需求的教学改进计划，让评价与教师专业发展、与学生学业进步和谐共振。形成"评价—教学改进—学习改进—再评价—再改进"的良性循环。

5. 夯实效本教研，深入科研探索

明确校本教研的核心理念——以教师的和谐发展培养和谐发展的人，构建和谐的校本研修文化。

健全校本教研的组织机构，形成"三级教学管理与监控"的校本教研模式。

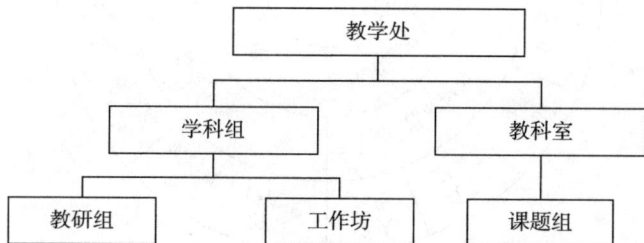

抓住三个核心要素，即教师个人、教师团队、学校品牌，设计校本教研的实施途径——八项对话。即教师与新课程的对话，教师与新理念的对话，教师与自身的对话，教师与同伴的对话，教师与学生的对话，教师与教材的对话，教师与课堂的对话，教师与学校的对话。在多向对话中教师首先自我反思，然后沟通信息，互动研究，理清思路，制定措施；再采取行动，实践探索。之后进入下一次的对话，盘点经验，分享智慧，再反思、互动、实践，形成良性循环。

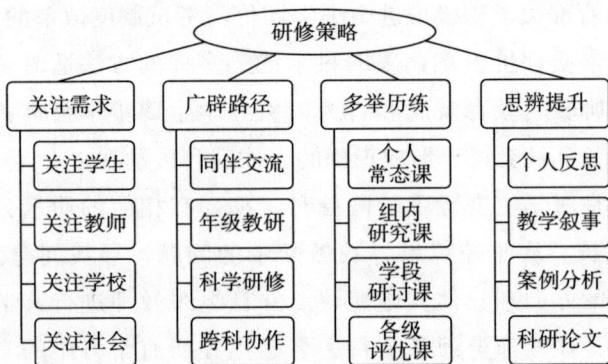

研修策略

关注需求	广辟路径	多举历练	思辨提升
关注学生	同伴交流	个人常态课	个人反思
关注教师	年级教研	组内研究课	教学叙事
关注学校	科学研修	学段研讨课	案例分析
关注社会	跨科协作	各级评优课	科研论文

制定校本教研的实施策略——关注需求、广辟路径、多举历练、思辨提升。

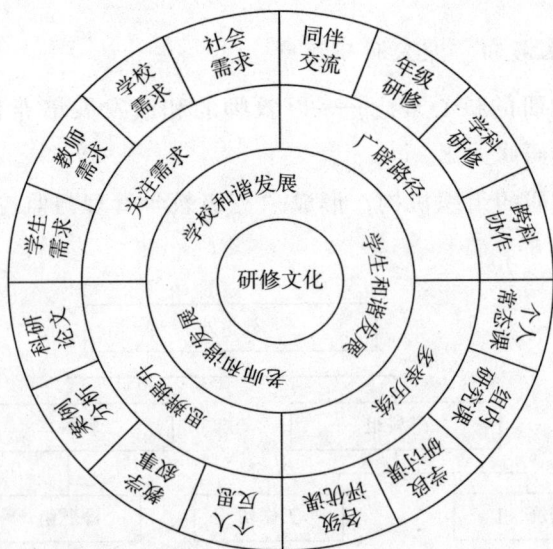

研修文化 学校和谐发展 关注需求 广辟路径 多举历练 思辨提升 学校需求 社会需求 同伴交流 年级研修 学科研修 跨科协作 教师需求 学生需求 科研论文 案例分析 常态课 个人反思 教学叙事

立足课堂的教学研究是教师感受最深的教研方式。研究的形式有：同课异构、师徒同课、骨干示范、问题聚焦课、新路引领课等。研究的方式有头脑风暴、亮点汇聚、问题聚焦、反思归因、同伴建议、案例分析等等，课堂教学研究呈现生动、具体、深刻、及时、有效的景象，使课程理念落到实处，使三维目标落到实处，使教师、学生共成长落到实处。

以科研课题为依托，引领全体教师开展系列行动研究，科学、系统、规范地解决教学实践中的现实问题。目前，学校有正式立项的市级以上"十二五"课题有 12 项。课题涉及了学科教学、学生学业发展、教师专业发展、学校课程建设、教育教学管理等全方位。

（二）学科教学改革

以培养"和谐的人"为育人目标，以"人与社会、人与人、人与知识、人与自身、人与自然"的和谐为五大和谐支柱，强化学生五大基本意识，即"责任、规则、创造、生命、尊重"意识，培养学生五大核心能力，即"认识社会、交往、学思知行、自主自律、体验和实践"能力。以"大课程"观搭建和谐课程体系，即"书本课程、行动课程、数字化课程、个性化课程、特色活动课程"五大课程。建设五大基地，即校本课程基地、史家书院、史家科技馆、生命教育基地、史家传媒，从而使全体学生在丰富的实践体验中实现全面和谐发展，成就"和谐的人"。

1. 尊重差异的"菜单"课程

本着科学性、必需性、开放性、实践性、互动性、趣味性原则，设置了机器人实验室、厨艺活动室、创新思维工作室、植物组培实验室、应急安全体验、自然农场等 20 个富有特色的资源教室。结合学生未来发展需要进行课程研发，如天文摄影、3D 产品设计、史家传媒等高端课程，培养学生的科学素养、创新意识。形成了《有趣的水试验》《JA 小小企业家》《传统工艺体验》《数读》《机器医院》《瓷艺》《中医药文化》《行动公益》等菜单课程，以"点单式"供学生选修，最大限度地满足学生的需求。

2. 满足需求的"多师制"建设

"多师制"是学校校本课程资源中心的授课方式，即"小小联动模式"，聘请本校和学区校有专长的小学教师共同授课；"中小联动模式"，聘请特色的中学教师资源，一边给学生授课一边给本校教师培训；"校内外联动模式"，聘请少年宫、科技馆等校外优质教师资源，丰富校本课程的内容和形式；"家校联动模式"，挖掘家长中的专业人才，如财经、科研、民俗、医药等，聘为义工辅导学生实践活动，指导教师"专业"技能。

3. 同伴协作的"走班、走校"制

"走班"、"走校"制是学校校本课程资源中心的学习活动模式，即打破校际、班级界限，学生根据自己的兴趣、爱好自主选课，跨校、跨班与兴趣相投的同伴广泛组成新的共同体。例如，史家小学与七条小学若干个班的学生，从设置的选修课中每人选择 2 至 3 门重新编班，以"课程选择"为标准，进行走校、走班。这种学习模式，关注了学生的发展取向，扩大交往的范围，增强了同伴的影响，培养了同伴之间应有的竞争、合作意识。

4. 科技、艺术课程完善创新人格

科技创新教育、艺术教育是学校和谐课程的亮点。学校丰富的科技教育资源成为了中国科协小学科学教育资源中心，与中国科技馆联手设立了完善的科技课程体系。

学校视每一个孩子为"超新星"，帮助他们储藏能量，促进爆发。为此，在和谐课程体系建设中，增设特色学生的"个性化课程"，建立导师制，设立学校"小诺贝尔奖"，为特色人才开辟绿色通道，培养未来的科技之星。

三、教学改革的主要成效

(一) 教师

校本教研首先带来的是教师观念的转变、随之教师的教学行为也发生了深刻的变化，这种变化势必带来学生的变化。教师与学生的变化最终带来的是学校更和谐的发展。

构建"阳光教师平台"，以卓立、张效梅老师为形象典范，塑造"品行端庄的文化人"的史家教师形象；开办"史家讲坛"，和各界大家名家共叙

课程观

育人观

知识观

教师观
念转变

角色观

评价观

教材观　学习观

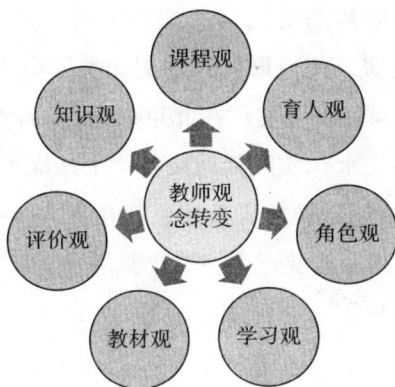

教育、共话和谐；创设"教师工作坊"，以教师共同的"兴趣"为"盟点"，构建互为资源的教师研修团队；建设"史家社团"，围绕不同主题开展系列活动，促进教职工身心和谐发展。在教师成果展示与提升、教师团队建设与发展、教师个人职业生涯规划等多方面，促进教师持续成长，打造一支全国顶尖的教师团队。学校现有 50 多名市区骨干教师，有 12 项科研课题成为市级以上的立项课题；教师在全国教学比赛中获一等奖，获全国教育改革创新杰出奖，北京市教学成果一等奖，北京市课程建设先进单位。出版了具有史家特色的《和谐教育系列丛书》，多部具有较大影响的教育著作，如《美丽的教育》《教育是温暖的》等，成为了史家和谐教育思想体系的重要组成部分。

（二）学生

健康是人生的第一财富，是教育的基本标准，是教育的底线。敬佩每一个孩子的生命力量，尊重每一个孩子的成长过程，为每位学生注入成长的基因，已经成为全体史家人的价值追求和价值基础。

教育的目的在于让学生的生命在自主发展中成长，在教育唤醒中完善。和谐教育课程体系尤如一粒鲜活饱满的种子，深深植根于每一个学生的幼小心灵，致力于为每一位具有拔尖创新潜质的学生提供适切的个性化教育，培养了和谐发展的史家学子。学生获得首批中国少年科学院小院士称号，获首届北京市科学建议奖，几十名学生在全国科技创新大赛中获一等奖。

2011 年学校舞蹈团、合唱团、科技团分获北京市中小学规格最高的艺术、科技团体称号——"金帆舞蹈团"、"金帆合唱团"、"金鹏科技团"。金帆合唱团首次参加金帆团展演，获得最佳风格奖。学校小剧团参加十五届学生艺术节比赛，获得校园歌舞剧一等奖。在北京市第32届青少年科技创新能大赛中，学校的"珍爱生命之水"实践活动荣获"十佳优秀科技实践活动奖"。在第32届北京青少年科技创新技能大赛中，学生获一等奖两个，二等奖两个。在北京市金鹏论坛中获得一等奖三个、二等奖两个、三等奖两个。

（三）学校管理

探索实施学校层级化管理，完善了行政核心组会、行政会、行政扩大会制度，确立各部门的责任主体，明确了岗位职责，从而有效提升了干部的领导力。此外，学校组织了以"学思增才干，知行促发展"为主题的系列领导干部校本研修活动，开展了"我眼中的国内外名校"、"部门常规工作流程汇报"、"工作月报综述"等系列活动。干部队伍校本研修活动的开展促进了学校各项工作的规范运行。

秉承"和谐教育"整体构建了学校"十二五"发展框架。

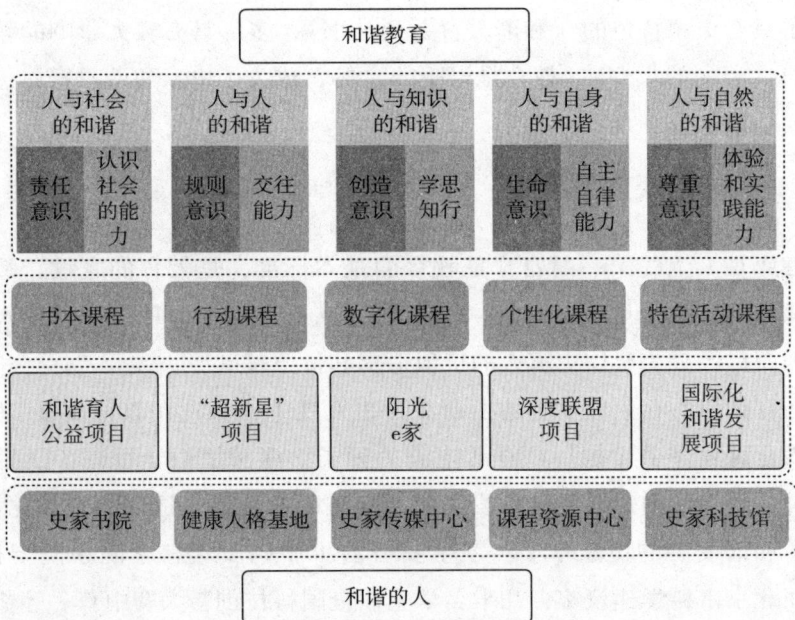

和谐教育				
人与社会的和谐	人与人的和谐	人与知识的和谐	人与自身的和谐	人与自然的和谐
责任意识 / 认识社会的能力	规则意识 / 交往能力	创造意识 / 学思知行	生命意识 / 自主自律能力	尊重意识 / 体验和实践能力
书本课程	行动课程	数字化课程	个性化课程	特色活动课程
和谐育人公益项目	"超新星"项目	阳光 e家	深度联盟项目	国际化和谐发展项目
史家书院	健康人格基地	史家传媒中心	课程资源中心	史家科技馆
和谐的人				

第一个层次：坚持史家 20 年来的和谐教育办学理念，明确学校的育人目标为"和谐的人"。

第二个层次：遵循以"人与社会、人与人、人与知识、人与自身、人与自然"为五大支柱的和谐育人体系。

第三个层次：聚焦学校和谐教育理念和育人目标，培养学生的五种意识和五种能力。

第四个层次：在实践层面上进行课程建设，搭建学生自主选择、自主发展平台，构建史家小学和谐课程体系。

第五个层次：寻找落实"和谐教育"思想的有效载体，把学校发展聚焦于六大金牌项目。

四、教学改革的问题与思考

2012 年是"和谐教育"思想提出 20 周年，学校将以此为契机继续开展"和谐教育"大讨论，开展和谐教育思想专题研讨会，让全体史家人在学生观、教师观、教学观、课程观、质量观、评价观等方面达成共识，以形成学校的核心价值体系。

"秉承中华五千年文化，携手世界五大洲文明"是史家和谐教育的一贯追求。学校将加快国际化教育工作步伐，通过构建国际化交流体系和国际化活动体系，不断探索教育国际化发展之路，用和谐奠基生命的底色。

在公益行动中成长 做爱心阳光小公民

——史家小学以公益活动培养学生公民意识的探索

一般来说，公民意识是指公民对自身价值，对国家主体地位及对政治、法律上应享有权利和应履行义务的自我认识。其主要包含责任与权利意识、主体与参与意识、公平与正义意识、道德与文明意识等。公民意识水平的高低，不仅关系到人们自身的成长，还关系到整个社会的发展。因此，对小学生进行公民意识教育，具有十分重要的意义。

史家小学在培养小学生公民意识方面取得了令人瞩目的成绩，积累了丰富的教育经验。这些成绩和经验的取得，与史家小学长期以来坚持以公益活动为教育阵地是分不开的。在公益活动的阵地上，史家小学通过整合与完善教育内容、创新与优化教育方法，逐步培养和强化了小学生的公民意识。

一、整合与完善教育内容，提高公益活动教育的针对性

在以公益活动培养小学生公民意识的过程中，我校十分重视教育内容的整合与完善。经过多年的探索，我校紧密围绕公民意识培养这一中心，逐渐形成了"以履责意识培养为核心，以自主意识培养为目标，以交际能力培养为支撑"的公益活动培养系统（如图1所示）。

在这个系统中，履责意识的培养是整个体系的核心内容，无论是交际能力的培养，还是自主意识的养成，都要以强烈的履责意识为基础；其旨在培养学生的责任意识、公平与正义意识、道德与文明意识。自主意识的养成是该体系的目标，履责意识和交际能力的培养，均以推动学生由被动性行为向自觉性行为转变为目标；其旨在培养学生的权利意识及主体意识。交际能力的培养是该体系的重要支撑，良好的交际能力是辅助学生养成履

责意识和自主意识的重要因素；其旨在培养学生的参与意识及能力。

在实践中，我校紧紧抓住履责意识培养这一核心，构建了以责任教育为基础的系统化课程体系（如表1所示）。该课程体系建立在相关对象和相关要素两个维度的基础上：相关对象包括自身、他人、小集体（小组、班级、学校）及大集体（社会、国家及人类）；相关要素包括认识、情感、行为及环境。在该课程体系下，我校进一步将课程体系细分为认识提升类、情感培养类、行为实践类及环境塑造类四类。

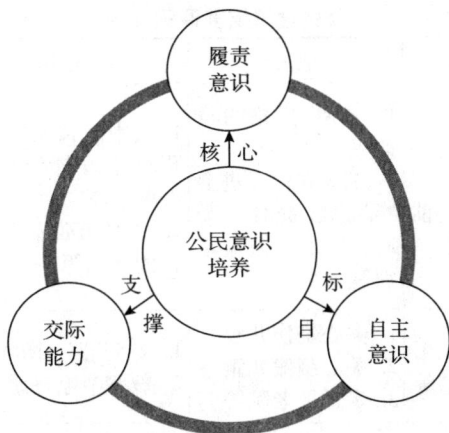

图1 以"公民意识培养"为中心的公益活动培养系统

首先，认识提升类教育旨在为履责意识、交际能力、自主意识的培养提供认识基础。例如，在义务指路活动前期，我校教师对学生与陌生人交际及自我保护的能力进行培训，提升了学生的交际认识，为学生参与意识及能力的提升奠定了认识基础；《南丁格尔》课堂培训，提升了学生关心他人、关注公益事业的认识，让学生们更清晰地了解什么是高尚的道德，如何履行自己对社会的责任；高低年级学生关于"中队长如何在班级中发挥作用"的交流，深化了学生对自身在集体中应尽责任的认识，提升了他们的团队合作意识；《环保志愿者》《低碳生活宣传者》《长城保护者》等课程，将学生的关注点由"小集体"扩展到"大集体"，进一步提升了学生对公益认识的层次，使他们的精神层次由"小我"逐步过渡到"大我"。

其次，情感培养类教育旨在为履责意识及自主意识的培养提供情感基础。例如，学生对参与的公益活动进行总结，通过发布博客等形式，促使学生思考参与公益活动的意义，进而使其获得的责任感、主体意识等内化到情感层次；通过前往廊坊孤儿院、北京军区总医院烧伤科、晨光脑瘫康复中心等机构慰问，学生亲身体会到同龄人的不幸，进而从情感上愿意关心他们、帮助他们，树立尽其所能帮助弱者的情感意愿；通过《环保志愿者袁日涉》等对优秀志愿者的宣传，利用榜样的力量，增进学生参与公益活动的热情。

表1　　　　　　　　　　　公民意识培养课程体系

要素	自身	他人	小集体	大集体
认识	1.《热心公益的小志愿者》 2. 义务指路活动前交际能力培训等	1.《南丁格尔》课程 2. 星火农村促进会"信念、责任、爱心、快乐"公益培训等	1.《中队长如何在班级中发挥作用》经验分享 2. "阳光公益社"社团培训等	1.《环保志愿者》 2.《长城保护者》 3.《低碳生活宣传者》等
情感	1. 优秀志愿者表彰 2. 志愿活动总结等	1. 关心烧伤儿童 2. 关心脑瘫儿童 3. 走进敬老院等	1. 义务指路（团队） 2. 教室节电评比等	1.《环保志愿者袁日涉》
行为	1. 家庭垃圾分类 2. 节电行动（家庭）等	1. 义务指路 2. 慰问类活动 3. 捐赠类活动等	1. 节电行动（教室） 2. 课间护理岗活动等	1. 节电行动宣传 2. "收集宠物粪便制成有机肥料绿化小区"活动等
环境	1. 公益活动宣传 2. 公益活动演讲比赛 3. 志愿服务文集编纂 4. 公益活动表彰等			

再次，行为实践类教育旨在为交际能力的培养提供实践平台，为履责意识、自主意识提供展示平台。例如，节电行动分别在家庭、学校及社会上起到了极好的作用，学生在家成为提醒父母节约用电的志愿者，在学校成为教室节电的监督者，在社区成为节电意识及知识的宣传者；家庭垃圾分类活动，从小培养学生资源再利用的理念，为将来走上社会打下良好的基础；课间护理岗活动，通过学生自身监督同龄人不要在危险区域活动，

培养了学生关系他人、关心集体的意识；"收集宠物粪便制成有机肥料绿化小区"活动，不仅锻炼了学生同社区居民交际的能力，还提升了学生自觉保护社区环境、废物利用的意识和能力。

最后，环境塑造类教育旨在为履责意识及自主意识的培养提供外部环境基础。我校通过广播宣传、演讲比赛、志愿服务活动文集编纂、优秀志愿者表彰等形式，形成了有利于公益活动开展及培养学生公民意识的外部环境。

二、创新与优化教育方法，提升公益活动教育的科学性

科学完善的教育内容对公民意识的培养意义重大，但这些教育内容发挥其应有的作用，还需在教育方法的设计上进行创新与优化。在以公益活动培养小学生公民意识的过程中，我校着力构建"一个特色、三个体系"的教育方法集合，即发挥"和谐教育"办学特色，贯彻"人本教育"思想体系，形成"养成教育"运行体系，构建"三全教育"支撑体系。

1. 发挥"和谐教育"办学特色

和谐教育是适应我国和谐社会建设的一种现代教育思想，也是我校坚持的办学特色。小学生公民意识的培养是一个循序渐进的过程，需要学校持久的文化积淀。我校正是长期秉承了"和谐教育"的办学理念，注重在公益活动教育中进行平民化教育，重在把学生由"自然人"培养成"社会人"，处理好人本位和社会本位的和谐，为学生参与意识、责任意识、公平与正义意识、道德与文明意识的形成奠定良好的基础。

2. 贯彻"人本教育"思想体系

"人本教育"思想体系是指在以公益活动培养学生公民意识的过程中，充分尊重学生自身愿望，使学生在自身意愿基础上，充分发展自己的潜能和积极向上的自我概念、价值观和态度体系，为学生主体意识、权利意识的养成打好基础。我校从志愿者招募到志愿活动类型及内容的选择，均体现了对学生意愿及能力的尊重，逐步改变了过去学校或教师一手操办，公益活动多流于形式的状况。

3. 形成"养成教育"运行体系

"养成教育"运行体系（如图2所示）是指在以公益活动培养学生公民意识的过程中，按照"引导—参与—强化—引导"的循环模式进行，但最终目标是使学生自发养成参与公益活动的习惯，形成良好的公民意识。我校"课间护理志愿岗"活动，就是在这一模式催生的成功案例，学生针对课间在楼梯口、阳台等地区活动比较危险的状况，自发组织志愿者提醒、监督同学们不要在这些区域打闹，并形成了一个长期的公益活动项目。

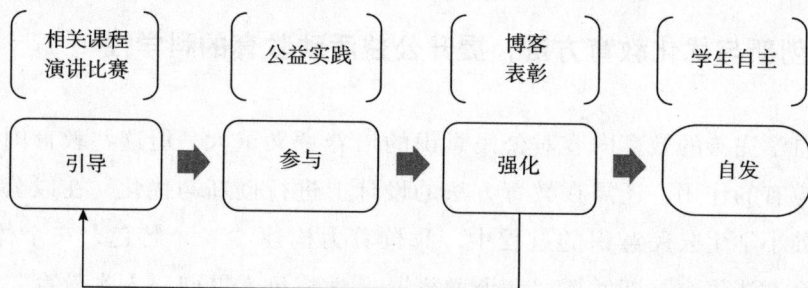

图2　养成教育运行体系

4. 构建"三全教育"支撑体系

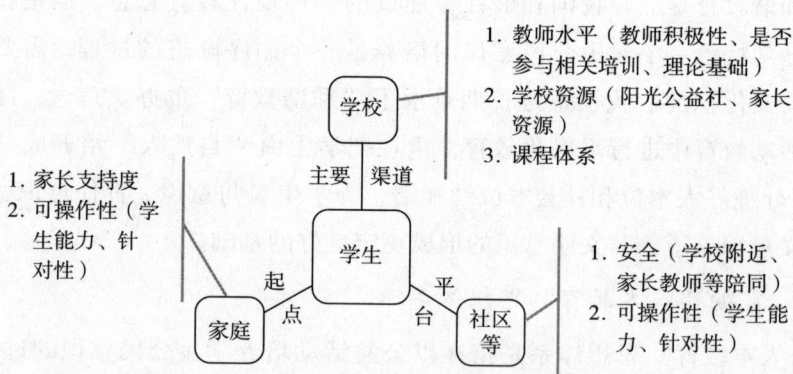

图3　"全员育人"多元参与主体体系

"三全育人"支撑体系包含全方位育人、全程育人和全员育人，是指在以公益活动培养学生公民意识过程中，充分利用各种教育载体，主要包括学生组织建设与管理、校园文化建设、诚信教育、社会实践等，以公益活动贯穿学生公民意识培养的始终，形成由学校、家庭、社会、学生组成的"四位一体"的支撑体系，形成支撑和谐教育发展的多元参与主体体系。在这个体系中，最重要的是"全员育人"多元参与主体体系（如图 3 所示）的构建，它是整个体系构建的保障。其中家庭为整个体系的起点，学校为主要渠道，社区等为实践平台。我校在利用学校资源、社区资源、家长资源方面，取得了极好的成果。尤其是学生家长的支持，为我校公益活动促进学生公民意识培养提供了不竭的源泉。我校很多公益活动实践基地如廊坊孤儿院、北京军区总医院烧伤科、社区等，均由家长介绍建立；此外，我校家长义工在义务指路、运动会、节电行动、家庭垃圾分类处理等活动中都给予了大力支持，保证了活动的顺理开展。

参考文献

［1］方小平．试论新课程背景下青少年责任感的培养．黑龙江科技信息，2007（19）

［2］吴波，方晓义．青少年自主性发展的特点．心理与行为研究，2006（1）

［3］韦耀阳．不同交往水平的中小学生交往归因特点的研究．曲阜师范大学，2005

［4］严玮懿，刘华，范菁筠．以责任教育整合学校德育奠定小学生公民人格基础．思想·理论·教育，2006（12）

关于《通过国际交流与合作培养小学生人文素养的行动研究》的中期报告

一、研究背景

（一）选题缘由

1. 全球化时代的现实选择

在汹涌而来的教育国际化浪潮中，面对不同文化的传播和碰撞，及多元价值的交流与冲突，基础教育该何去何从，培养什么样的人才，是每一位基础教育工作者需要回答的问题。时代赋予了我们教育工作者新的使命，我们要培养和谐世界的未来公民，他们要具有本土意识和国际视野，懂得国际竞争与合作法则，在传承和扬弃民族文化的基础上，实现人文素养与国际的接轨。

2. 国家及地方的政策导向

在《国家中长期教育改革和发展规划纲要（2010—2020）》《北京市中长期教育改革和发展规划纲要（2010—2010）》《东城区"十二五"期间教育事业发展规划》等重要政策中，都将教育的国际化发展问题放到重要位置。史家小学积极开展国际交流与合作，努力建设国际一流教育品牌，打造国际高端教育，则是对以上政策的理性呼应。

3. 学校发展的现实需求

史家小学有着良好的国际化教育传统，在国际舞台上，史家人以其热情、文雅的美好形象展示着和谐教育成果。在学校的"十二五"发展规划中，"国际化和谐发展项目"被列为学校发展的金牌项目。

但纵观学校国际交流与合作历史与现状，不难发现活动的开展缺乏系统的思考与目标的统领，活动的设计缺乏理论的支撑，对活动的效果缺乏反思与总结，误入了为活动而活动的怪圈，忽略了国际交流活动的深层次精神内涵。并且在活动中发现，我们的学生较之其他文化背景下的同龄学生，在人文素养方面有所欠缺，例如，在遵守国际礼仪规范、学会与人交往方面还存在较大的进步空间。

二、研究依据

（一）核心概念的界定

1. 国际交流与合作

国际交流与合作，即通过与国际教育资源单位或个人的交流，引进和共享教育理念和教育内容，在学生活动、课程设置、学校管理、师资培养等方面开展广泛合作，以实现借鉴世界先进教育成果，传播本土教育特色的目的。可见国际交流与合作是一双向度的概念，而非简单的单向输入。

在史家小学，国际交流与合作具体表现为：一方面，与国际友好校、国际组织、外事机构和个人开展交流与合作，组织开展特色师生交流活动；另一方面致力于国际课程的本土化研发和校本课程的国际化开发，从而理解和共享中外优质教育资源。

2. 人文素养

本研究致力于在国际交流与合作中，通过拓展国际视野，感受世界多元文化的魅力，使学生初步具备国际人文知识、国际交流的方法与能力，掌握从人类角度观察和思考问题的人文精神，从而不断提升人文素养，促进全面发展。具体而言，本研究认为"人文素养"包含如下几个方面的内容。

（1）人文知识：通过国际交流与合作使学生了解对方及世界主要城市和国家的文学、历史、地理、艺术、礼仪规范、道德等知识，了解世界文化的多元性。知道人类所共同面对的人口、环境、贫困等问题及其与自身的关系。

（2）人文方法：在国际交往与合作中，通过亲身体验和自主探究，收集、整理相关信息，以审视自我、尊重他人、主动积极的态度分析和解决问题；能初步认识自我与他人的差异，学会一些调整自己行为的方法，进而能够初步缓解和消除文化冲突，与来自不同文化背景的人有效的沟通、交流。

（3）人文精神：在国际交往中对于差异能够抱以宽容和理解的态度，学会接纳、关心和尊重不同的文化形态和各民族的风俗习惯；具有本土情怀和世界意识，形成"地球村"和"世界公民"的概念，具有较高的国际责任感和使命感。

3. 行动研究

在本研究中，教师作为培养学生人文素养的实施者，在相关专家学者指导下，通过理论学习和教育实践，在国际交流与合作中通过不断地发现问题，针对所发现问题提出改进策略，经历实施、验证、修正等"不断往复"的过程，整合学校国际交流与合作活动，开发适应我校实际情况的校本课程，形成和完善学生的人文素养培养路径，促进教师自身专业素养与学生人文素养的协同发展。

三、研究内容

（一）学生交流活动

1. 接待来访

在与友好校的交往中，我们双方师生互通信件、到对方国家访问游学。由 2012 年至今，我校共接待来访友好校师生 485 人次。上课内容涵盖语文、数学、英语、音乐、美术、书法、劳技、品社、科学、茶艺、厨艺、家艺、陶艺、机器人拼插、传统文化手工制作等，授课教师共 45 位，我校学生共计 1800 人次参与和外国小伙伴同上一节课活动。在国际化交流活动中，主要选取能反映我国特色文化的内容进行授课，如：品社课上通过介绍老舍故居，介绍京味儿作家与京味儿文化；语文课上"走进古诗王国"，介绍我国的古典文学；美术课上，通过亲手制作、放飞风筝，了解欣赏、表现、评述中国传统艺术的方法；书法课上，了解中国的笔墨纸砚；厨艺课上学习蒸花卷……

在接待来访活动中，我校学生与外国的小伙伴一同学习、相互交流。在这一活动中，课题组老师设计的任务单，发挥了很重要的引导作用，引导学生梳理方法、增长知识，形成国际化的人文精神。

随着研究的深入，学生领导的任务单上的内容也在逐渐调整和增加。

最初，我们的任务单很简单，你想对国外的小伙伴说些什么。通过收集整理我校参与交流的学生的任务单以及交流现场的观察，我们发现：学生在与外国小伙伴交流时，很明显地表现出了礼貌、尊重。但是，在交流过程中，也发现了一些问题：最重要的是由于语言的不同、所处的环境和文化背景不同，学生在交流中，存在一些障碍。往往是自我介绍完，就无话可说了。

于是，课题组的老师及时调整任务单内容，着重引导学生事先了解外国小伙伴所在的国家特点、文化特色、风土人情，为充分的交流做准备。事实证明，有备而来的学生，在于外国小伙伴交流时，能够更加主动、积极，而且由于交流内容准备充分，能够很快拉进双方学生的距离，使他们更快地由认识到了解。同时，在这一准备过程中，学生搜集信息的过程，也可以认为是其吸收相关国家的人文知识的过程。

交流活动的主体是双方，国际化的交流更是中外文化的交流。因此，课题组老师设想，学生在交流中不仅仅要了解外国的人文知识，还应该与我们本民族的人文知识进行对比，有所感悟，这样才能够实现课题对学生人文精神的培养的目标。因此，我们再次修正任务单：让学生来设计安排自己的接待活动，不仅介绍自己，了解对方国家、文化等，而且要认真思考怎样向对方介绍中国、背景、史家小学。这一改进，加大了学生的自主性，从而间接提升学生的人文精神。许多家长在反馈中表示，学生在此次民宿活动前，做了充分的准备工作，上网搜寻了大量新加坡的知识，在接待中做到充分尊重新加坡学生的习惯，增加了交流的话题，同时，学生精心设计了在家的接待活动，在安排过程中锻炼了个人的能力。

随着任务单的不断完善、丰富，在同上一节课的活动中，学生不仅收获了人文知识，提升了人文精神，也掌握了在国际交往中的人文方法。

同样，在修正任务单的过程中，课题组的老师也在用不断思考、实践、反思课题研究的目标和假设，以学生实际需求和国际化交流活动的实际效果为依据，不断修正完善我们的研究目标和方法。

2. 社会活动

我们的"通过国际交流与合作培养小学生人文素养的行动研究"不仅限于学生与同龄小伙伴的交流活动，在学生参与的一些国际化的大型活动中，我们有意识地观察、发现，并引导、教育学生，使其在人文素养方面有所提升。

在一次次的迎接外国元首的欢迎活动中，学生掌握了外交时基本的着装礼仪，举止要求；在走进大使馆的活动中，学生了解了不同国家的风俗、饮食、艺术；在聆听美国、加拿大等国的航天员讲座的活动中，学生对该国航天事业的发展有了初步认识；在与维也纳男童合唱团同台训练、演唱的活动中，学生深切感受到了维童的孩子们对音乐的热爱、深刻的思考与认识……

3. 国外游学

海外游学的活动，是我们课题研究最重要的一项。一方面，我们根据研究的预设目标，有意识地对学生开展相关教育，发掘目标的可实现程度；另一方面，学生的游学活动也为我们研究提供了实践、修正、检验、调整和总结的机会。

通过对不同批次游学学生的观察和总结，课题组的洪伟书记向全体课题组的老师明确提出了在国际化交流活动中培养学生"三个学会"的目标，即学会安静、学会微笑、学会感谢。这一目标的提出，是针对我校海外游学的学生的基本礼仪引导，同时，也是我们提出的世界公民的基本素质的培养。是对人文知识、人文精神的梳理和提升，内容浅显易懂，适合小学生理解和接受水平。

以此为目标，课题组的老师们开展了各种活动：在学生中开设礼仪培训班，讲解机场礼仪、酒店礼仪、参观礼仪等；借助学校的电视台、广播宣传国际礼仪；开展礼仪知识竞赛；邀请退休的大使为学生讲授外国礼仪……在教师中，进行出国旅游的礼仪培训，开展海外游学的带队老师心得体会交流会等。

通过以上礼仪宣教活动，学生在国际化交往中，表现令人欣慰。在前往美国夏令营的飞机上，我们近 40 个学生没有一个随意喧哗、走动，或看书、或写日记，不仅获得了空乘人员的极力赞扬，还得到了同机其他外国游客的赞扬。在友好校家庭民宿时，我们的学生不仅讲文明懂礼貌，还表现出了宽容、理解，法国同学不慎弄坏了原本要送给中国小伙伴做礼物的手机壳，我们的学生了解情况后，不但毫无怨言，反而安慰对方同学和家长，缓解了对方家庭的情绪，圆满完成了民宿活动。

为了让我们的课题更加具有实效性，我们十分注重国际化活动相关各方面人员的需求与意见。在海外游学和接待民宿活动前后，我们会向家长发放调查问卷，了解家长鼓励孩子参与国家交流的初衷与愿望，从而让我们的国际化人文素养的培养更加符合实际需求。从家长的问卷中，我们了解到，家长支持孩子参与国际化活动，最重要的原因是希望孩子开阔眼界，对走访国家增进了解；此外，通过集体活动培养孩子的独立生活能力和团队意识也是家长们的迫切希望；其次，还有锻炼语言、了解国外教育方法等需求。从家长的需求中，我们不难看出，人文知识的了解、人文方法的培养是家长比较关注的，这与我们课题的研究目标是一致的。除了家长问卷外，我们也会对学生进行调查了解，从学生的问卷中，我们发现，孩子们更为关注的是异国的学习方式、生活方式，这是孩子们对于自我与他人的差异的关注，也是他们与来自不同文化背景的人有效的沟通、交流。

4. 国际社区

课题组在研究通过国际交流与合作培养学生人文素养的过程中，发现学生在国际化交流活动中，能够有意识地掌握人文知识、国际礼仪，但是，要想实现培养学生"具有本土情怀和世界意识，形成'地球村'和'世界公民'的概念，具有较高的国际责任感和使命感"的目标，还具有一些困难。如：参与课题实验的学生，往往只是与一个地方的友好校同学交流，对于其他国家和地方并不十分了解。学生在交流中，没有固定的统一的话题或内容，不利于课题组老师分析对比中外学生差异。因此，2014 年，我校课题组构思并向所有友好校提出成立"国际教育社区"，希望通过开展同一主题的活动，为各国学生创设相互交流、增进了解的机会。培养学生具有本土意识和国际视野，懂得国际竞争与合作法则，在传承和扬弃民族文化的基础上，实现人文素养与国际的接轨。

截止 10 月底，第一次的国际教育社区活动已经基本告一段落，包括法国、美国、新加坡、香港等在内的六所学校参与了本次以"我们的节日"为主题的活动，以照片、绘画、诗歌等形式，向本社区内其他国家的学校介绍本国的特色节日。电子作品集将于 12 月底前完成，并向社区内所有学校展示。在这样的活动中，学生不仅对本国的节日加深了了解，更通过其他友好校的同学的介绍了解了他国文化，有利于形成"地球村"和"世界公民"的概念。

（二）国际化课程开发

学生人文素养是人文知识、人文方法和人文精神的统一。相对于偏重某一专题的国际交流与合作活动而言，国际化课程对于学生人文素养的形成更具针对性和系统性。

（1）课题组老师充分挖掘现有教学内容，进行国际化开发。语文组的老师结合教材中的传统节日专题，组织学生了解我国的传统节日，制成小报向国际教育社区的其他友好校同学进行介绍；英语组的老师在圣诞节、万圣节等西方节日中，向学生介绍节日来历和习俗，利于学生与友好校笔友的沟通交流；品社组的老师充分依托教材中介绍世界各国单元内容，引导学生设计在国外开展中国节活动；博物馆课程的授课老师，在讲授国礼后，引导学生设计史小外交礼品。不同学科的老师们都在努力发掘本学科中的国际化课程，使学生的人文素养不断丰厚、充实。

（2）除各学科的国际化课程挖掘外，我们根据以往组织的国际化活动中学生的表现，开展了一系列专题培训，对学生进行人文素养的教育。如：国际礼仪培训、不同国家文化讲座（法国、意大利、澳大利亚等）。希望通过这样的一种有益补充，完善国际化活动中人文知识、人文方法、人文精神三个维度的培养。

（3）课题组自成立之初，即有明确的课程开发核心组，组织教师整合国际化课程资源，进行课程内容的选编和课时安排。比如：引进国外优秀课程，结合我校学生实际，在我校课程资源中心开设 JA 课程。此外，我们也努力探索在国际化交往的课程中如何创设符合人文知识、人文方法和人文精神的教育情境，不断提升教师的教育理念。课题组及学校的其他教师一起，从给中外学生混合班授课和给外国学生授课两方面进行课程的国际化开发，探索如果更加有效地开展国际化的教学活动，以现代化的适应中外学生学习的方式，介绍中国的传统文化。

（三）课题推进

为了更加有效地推进课题研究，我课题组每学期初制定计划，学期中召开推进会，专题讲座和培训会，期末召开总结会，不仅关注课题的主要研究对象—学生，也在关注参与课题组研究的老师的需求。

邀请长期生活在外国的毕业生回校为老师们介绍国外礼仪和生活细节，请我校长期从事课题研究的两位老师进行学校课题研究方法的讲座，新老冬夏令营团长座谈会传授经验……都是依据课题组老师们在实际研究和工作中遇到的困惑或问题开展的专题活动。

四、研究重难点的突破

（一）研究的重点

本研究的重点在于，促使学生将提升人文素养作为一种强烈的内心需求。这一重点，通过组织学生参与实际活动而得以实现。学生在与维也纳男童合唱团团员交流后，由衷地发出"我要好好学习英语，多多练习口语，要不都不能和外国小朋友顺畅地聊天儿！"的感慨；在法国学生家庭中民宿后，学生自发的认识到差异，正是我们在活动前给学生布置任务单，引导学生在交流中观察、思考、比较，才使得学生有了这样的自省。

（二）研究的难点

本研究的难点在于，克服学校德育"为活动而活动"的惯性，转变以往重道德认知、轻道德体验的教育方式，以开展行动研究、开发校本课程的思路和途径，促使学生在国际沟通、交流、合作中实现人文素养的真正提升。

　　在实际研究过程中，课题组的老师普遍感觉到，组织活动容易，进行梳理、总结、提升较困难，比如：在课程开发中，老师们对于国际化授课教案的内容、表现形式较为困惑。

五、下一阶段的研究设想

　　本课题是以行动研究为主，课题组的老师们前期的国际交流与合作活动中，通过不断地发现问题，针对所发现问题提出改进策略，经历实施、验证、修正等"不断往复"的过程，整合学校国际交流与合作活动，努力培养学生的国际化人文素养。

　　下一阶段，我们将对已经开展的研究活动进行梳理、总结和理论提升，形成和完善学生的人文素养培养路径，促进教师自身专业素养与学生人文素养的协同发展。

附：

增进理解，共同发展
————史家小学国际教育社区成立倡议书

A Proposal for the International Educational
Community ofShi Jia Primary School
——For a better understanding of the globe and mutual
development base on the cooperation

　　文化的交流是人类心灵的交流，情感的沟通。学生对于世界是充满好奇的，与来自世界各地的青少年建立友谊，互相了解，这将是一件多么令人激动的事！正是着眼于此，来自不同国际、地区的学校，缔结了友好关系。

　　It would be great and exciting, if the kids from all over the globe could make friends and know each other's culture, as different culture always attracts kids and helps them to explore the world. And for those reasons, students from various schools around the globe have good connections with other members in different countries.

通过广泛的交流与合作我们发现，让彼此分享、理解世界文化以及优质教育资源，共同培养合格的未来世界公民是教育者的共同心愿和使命。

Through all the communications, we notice that most of the educators hope to cultivate the kids as qualified world citizens. Thus, understanding and sharing each other's culture and high - qualified educational resources are quite significant.

我们要培养和谐世界的未来公民，他们要具有本土意识和国际视野，懂得国际竞争与合作法则，在传承和扬弃民族文化的基础上，实现人文素养与国际的接轨。我们希望通过国际交流与合作，不断探索学生人文素养形成的可行路径，进一步诠释国际化人才所应具备的人文素养的具体内涵及培养策略，有效探索对基础教育阶段国际化人才培养的模式。在探索培养学生的基础上，让教师作为观察者、研究者，不断学习、反思、合作、交流、改进，开阔眼界，更好地实现教育目标。

As qualified citizens, they should not only understand the local culture, but also possess a global vision. Besides, they should aware of the international competition and the principle of cooperation. We hope that practical methods on how to be qualified citizens will be found out by this activity and communication. Moreover, teachers can also broaden their mind and learn among doing cultural researches, discussion and cooperation with other group members.

如果我们聚集在一起，就像一个大社区，在这里，学生和教师通过不同主题的活动，了解不同国家的文化，同时向世界展示自我。我们真诚地希望能够成立这样一个"国际教育社区"，为学生和教师打造互相交流、了解、欣赏的平台。

If the International Educational Community could be founded, there might be many benefits. Everyone can know different culture while show our own unique culture and customs to others according to such platform, we could learn to understand, respect and appreciate each other's culture.

活动内容和形式：

Plan：

1. 每一年在社区内以一个国家或地区的学校为主，设立该国家的文化年，向其他学校介绍本校、本国在教育、文化、生活方面的特色和成就。

A show will be organized every year according to the theme which will introduce a country's culture, education, special features and achievements to other schools.

2. 在我们的社区中，各友好校可以轮值开展活动。每半年一个主题，由轮值校确定。如"我们的节日""我们的家庭""我们的城市"等等。社区内的学校，可以根据所选主题由学生创作图画、拍摄照片，再由各个学校收集学生的作品的电子稿，交给轮值校，制作成电子画册，由轮值校统一在社区内广泛交流和分享。

Eachmember school will hold such activity in turn. A new theme is going to be presented by the host school every half year, such as our holiday, our family or our cities etc. The forms of the activity can be diverse and creative, for instance, painting show, photo show etc. Then, students' works will be collected by each member school to the host school. Next, the host school will make them into a digital photo album and share it with other members.

3. 每半年一次社区交流，由轮值校学生组成活动小组，发起并决定是否确定主题，以不同形式进行学生间相互的交流。

A group talk will be held every half year, and students of the host school will arrange and organize the group talk and present the topics as well.

史家小学金帆舞蹈团自评报告

大力发展艺术社团是史家小学现在和未来办学工作中的重要内容。史家小学金帆舞蹈团经过多年的努力，以优异的成绩被王欢校长命名为史家的"金牌社团"，也成为众多学生、家长向往的优秀团队。

我校自七十年代就开设了形体课，经过几十年的发展，舞蹈团已经成为学扩展型课程的组成部分之一。史家小学金帆舞蹈团的发展从最初的社会需要、学生的单纯喜爱、教师被动组织，逐渐发展到现在的社会认可、家长追捧、学生热衷，教师有目的、有手段、有策略的组织实施；从最初的感性认识发展到今天的理性思考，再到进一步完善这项工作的探索，在这个过程中，我们坚持从实践入手，探究基本规律、总结理论依据，提升社团的品质。

一、组织管理

在组织管理方面，我们做到了有科学的思想理念、有健全的组织机构、有完善的管理机制。

1. 思想理念

思想理念是支撑艺术教育最有力的精神支柱，我校对艺术教育的功能、地位及重要性有全面的认识。根据《全国艺术教育发展规划 2001 – 2010》、我区《宝塔计划》精神以及《北京市学生金帆艺术团管理办法》，以夯实基础性管理为抓手，以我校的办学理念为准绳，以"和谐教育"为特色，全面锻造教师队伍，形成史家小学艺术教育特色品牌。在实施素质教育的社会大背景下，全面推进素质教育是史家小学一直遵循的办学理念和努力的方向。通过多年来的发展，我们发现艺术教育是素质教育中非常重要的一项内容。因此，学校一直积极推进艺术社团的建设与发展，逐渐形成了以金帆舞蹈团、金帆合唱团、管乐团、小剧团为主要组织形式的艺术社团。

在政策执行上，我校制定了具有针对性的有关学校艺术教育的法规政策并加以贯彻执行。史家小学经过75年的发展，源于史家人对"和谐教育"办学理念的坚持，孕育出独特的"史家文化"，培养具有史家特色的艺术人才是我们的共同目标。因此，我校金帆舞蹈团经学校审核，制定了关于舞蹈团的发展和管理计划，每学年年初制定计划，年末进行全面总结。内容以尊重学生个性发展、深度挖掘学生潜能、培养学生全面发展为主，使我校舞蹈团逐步成为受大家追捧和绝对认可的提高艺术修养、锻炼综合素质、扩宽视野、提高合作能力的优秀社团。

在价值定位上，我校对金帆团的建设、发展有正确的价值定位和自己的理念。通过对《全国艺术教育发展规划2001-2010》及《北京市学生金帆艺术团管理办法》的学习，我们极力的通过营造艺术氛围，开展丰富多彩的艺术活动，全面提升学生的艺术鉴赏水平、艺术表现水平以及艺术创新能力，使学生的艺术素质和其他素质和谐发展。我校金帆舞蹈团是学生提高艺术修养、锻炼综合素质、扩宽视野、提高合作能力的有效途径，其艺术水准在北京市乃至全国都具有一定的影响，在各种演出活动及与世界其他学校的文化交流中都能看到史家小学舞蹈团的身影。

2. 组织机构

一所优秀的学校除了要有全面而先进的办学理念意外，还需要有健全的组织机构来协助和进行理念的执行。我校拥有非常健全的艺术教育管理机构，校长王欢，特级教师，是我校艺术教育的领头人，是全校所有艺术社团的建设和发展工作的总规划；副校长范汝梅，中高级教师，音乐教师出身，是我校艺术学科主要负责人，是我校各艺术社团的有力指导者；范汝梅副校长充分发挥其领导的作用，确立了以音乐组（15人）、美术组（9人）、书法组（4人）为组织协调部门的二级网络；以学生艺术社团为项目载体的艺术教育三级管理的机制。

3. 管理机制

在优秀而又庞大的组织机构下，我校严格规范艺术教育工作的管理，建立与健全了艺术教育工作制度，并定期研究艺术教育工作，确保了管理机制的统一有序，积极指导开展各类艺术活动，为学校艺术教育的整体水平提高和可持续发展提供了有力的保障。

而针对所有的艺术教育，我们依据学校与学生情况，提前制定发展规划，且目标明确、思路清晰、措施具体，每学年初，我们依据教育规划与具体情况制定任务明确、重点突出、措施得力的工作计划；学年末进行全面具体、结果可检验的工作总结。

二、支持保障

在支持保障方面，我们做到了经费硬件到位、有完善的师资队伍、有丰富的教研科研。

1. 经费硬件

我校每年有稳定的艺术教育经费投入，且使用合理。拥有完备的艺术专用教室，并且设施设备到位齐全，可满足课堂教学和课外艺术活动的需要。今年在教改的浪潮中，我校分为三个校区，舞蹈教室扩建后，共有 4 个舞蹈教室，教室设施设备按照国家规定达标，配备了电脑、多媒体投影仪、录音机、DVD 影视设备等，礼堂、排练厅、演播厅等设施都为艺术教育的开展打下了良好的硬件基础。

2. 师资队伍

艺术教育工作能否落到实处，能否有成效，关键是艺术教育师资队伍的建设。多年来，学校不断更新调整艺术类教师队伍，选择专业功底强，有责任心和敬业精神的教师任教。谷莉老师，中学高级教师，史家小学金帆舞蹈团团长，东城区中小学舞蹈学科兼职教研员，统管全区舞蹈教育教学工作。现舞蹈团还有 3 名在职专职的舞蹈教师，1 名在职专职的音乐教师负责舞蹈团 8 个班级，三个梯队的管理和教学工作。另外，外聘舞蹈教师 3 人，并常年有专家伴随。

各位舞蹈教师均重视课堂教学能力，积极参加本艺术学科的公开课、录像课及基本功比赛，并均获得优异成绩。近年来，在市区乃至全国艺术教学成果展示中，我校教师取得了骄人的成绩。目前，我校是唯一一所拥有自己研发并正式出版发行的《形体》教材，该教材由谷莉老师担任副主编，张冉老师担任编委。此外，谷莉老师于2014年9月出版了个人专著《谷舞金帆》，该书成为众多热爱舞蹈艺术的老师、学生、家长的指导用书。

除教师个人教学能力的关注意外，我校亦支持教师参加全国、市级或区级业务培训。校级各艺术学科教师每学期均参加区级、市级学科教研活动，并在研活动中起到带头示范作用。除各级教研活动外，我校还支持教师参与各级各类艺术培训活动，学校每两年组织骨干老师外出（外地或出国）参观学习一次。艺术类教师足迹曾到过绍兴、上海、广东、大连、贵州等省市，与当地的艺术教师进行学科类的深度研讨，使老师们开阔视野、丰富阅历，提高艺术感知力、鉴赏力。

3. 教研科研

舞蹈教研组终于在2014年9月正式成立了，东城区教委张京明书记，刘藻副书记亲自为谷莉等两位教师颁发了"舞蹈教研员"的聘书，并对她们寄予厚望，希望能在不久的将来打造出具有东城文化特色的舞蹈教师队伍。我校两位舞蹈教师们不仅积极参加市、区教研活动，还积极参加国家级、市、区级课题研究项目，如：音乐组承担着《依托艺术社团的建设和发展培养小学艺术特长生的行动研究》，老师们积极撰写论文，多次获全国一等奖。

三、教育教学

在教育教学方面，我们有全面的课程教学、有丰富多彩的艺术活动、有完备的环境资源。

1. 课程教学

依据国家课程标准，严格执行课程计划，我校的艺术课程开课率达到100%

根据艺术类课程标准和我校的实际情况，严格落实国家规定艺术课程，积极研发学校特色的校本课程，构建我校的艺术教育课程体系，开设艺术类校本课程，有正式编写的校本教材。

2014年9月我们积极响应教育部、北京市教委的号召，在一、二年级开设了舞蹈课，每周一节，充分做到普及舞蹈艺术教育，让更多的孩子热爱舞蹈。

2. 艺术活动

学校每学年举办艺术节，参与人数均为100%，并为热爱艺术的学生们提供展示特长的舞台，开展舞蹈、摄影作品、美术作品、书法作品、艺术壁报制作、科普英语、戏剧小品等比赛。通过开展丰富多彩的校园艺术活动，使学校成为了师生成才的舞台。我校曾在2007年、2009年在保利剧院举办"和谐的旋律"艺术节文艺展演和"人民大会堂"举行的"在灿烂阳光下"建校70周年文艺晚会，被专家称为"精品"文化。展现了学校的综合艺术修养和精湛的艺术水平，在社会上反响很大，影响很广。在"精品"文化的推动下，舞蹈团本着节俭中出精品的原则，在2014年在学校礼堂举办了"2014年史家小学金帆舞蹈团专场演出——暨新书《谷舞金帆》赠书仪式"。整场晚会体现出了史家小学金帆舞蹈团的"十六字精神"，"坚韧执着、乐观守纪、崇尚荣誉、追求卓越"。在各部门领导、老师们的大力支持下，晚会非常成功，得到领导的高度评价。

在保证普及的基础上，我校的艺术教育活动力求创新，具有特色。学校为舞蹈团聘请有国家级专业水准的专家来校进行常年的辅导，以提高教师的业务指导能力和学生的艺术实践能力。舞蹈团每周有计划、有目的地进行组织排练，在艺术教师们的精心培养下，学生艺术素养全面提升，在各级各类比赛中均获得一定的殊荣。

3. 环境资源

我校充分利用校园各种条件，创建丰富良好的文化环境。舞蹈教室外的橱窗文化是我们传播艺术教育的有力载体。通过利用橱窗传播我们的艺术教育可拉近学生与学校的距离，使每位学生都处身艺术教育之中。

除了校内资源，我们还力争校外开发，通过家校联盟的开发和利用，依托网络平台，扩大学习空间，缩短距离，加强沟通。在校园网建立"金帆团"栏目，与市美育网链接，为教育教学交流、共享搭建平台。以此来向社会进行我校的艺术传播。舞蹈团在新浪网建立了自己的博客，点击率近十万。我们通过"校内外"、"飞信"、"微信"等网络平台，进行家校协作，使沟通便捷、无障碍。

四、建设成果

1. 教师发展

本校的舞蹈团老师对自身高标准、严要求，具备良好的师德和专业素养。均胜任艺术团日常教学工作。并且针对金帆团的教学、管理进行研究并撰写论文荣获市区奖项。团长谷莉老师于 2014 年 9 月出版了个人专著，在范校长的带领下，谷莉、杨明、张冉等老师积极参加北京市"十二五"科研课题《依托艺术社团的建设和发展培养小学艺术特长生的行动研究》。

2. 团队水平

舞蹈团团员具有良好艺术素养和艺术表现力，多次获得国际金奖、全国一等奖、北京市一等奖。2012 年在英国伦敦音乐庆典活动中获金奖；2012 年在中奥两国联合举办的相约维也纳—奥地利中国艺术节大型国际活动中，我校金帆舞蹈团获艺术节杰出团队；2012 年，在第六届华北五省区市舞蹈大赛中参赛作品《少年先锋》获业余少年组表演一等奖；在 2012 年北京市庆祝金帆艺术团 25 周年系列活动中获"金帆突出贡献奖"；我校舞蹈团张添天、杨安易同学获得北京市艺术类最高荣誉"北京市学生艺术团金帆奖"；2013 年在新加坡国际舞蹈比赛中，参赛的《爆米花》《向天歌》均获金奖；2013 年在全国荷花少年全国中学生舞蹈展演中获最高奖"荷花少年"奖；2013 年史家小学金帆舞蹈团被评为东城区先进集体；舞蹈团在第十四届、六届学生艺术节金帆舞蹈团专场展演中均获一等奖。

3. 风格特色

舞蹈团在表演形式、内容等方面形成鲜明风格。舞蹈团始终坚持创出自己的特色，创编真正属于孩子的舞蹈。踢踏舞已成为舞蹈团的特色和优势。舞蹈团继《爆米花》《小旋风》精典作品后，又以每个踢踏班为单位，每学期编排一个新的踢踏舞节目，我们曾编排过 78 人的踢踏舞，曾将三个梯队进行组合，在保利大厦的典礼上为全体毕业生和家长表演。踢踏舞已成我们舞蹈团的元素和标志，也深受孩子的喜爱。除踢踏舞外，我们同样重视舞蹈基本功和中国民族舞的传承，通过改编、学习优秀作品，提高学生的审美鉴赏能力。比如舞蹈团改编的蒙族舞蹈《向天歌》，作品表现了小天鹅们放飞梦想、团结友爱、对家园的眷恋和热爱。舞蹈通过蒙古族舞蹈的动作元素演变成小天鹅的形象特征，动作时而舒展时而灵动。这里好像有一群小天鹅，他们仿似每个人身上都插有一双翅膀，正向着自己的家乡飞去，在路途中大天鹅带领着小天鹅，共同手拉手、肩并肩朝着梦想的彼岸飞去。比如舞蹈团排练的民族舞作品《剪纸姑娘》，表现了红红的彩纸、灵巧的手艺，一群可爱活泼的剪纸姑娘们，他们人刀合一，游刃有余地在纸上穿梭刻画，制作着具有中国特色的剪纸娃娃。舞蹈利用中国汉族民间舞的动作元素，描绘着具有中国特色的剪纸艺术。孩子们手拿小剪刀，通过赋有灵巧的动作，形象的表现了一群正在制作剪纸艺术的姑娘们和一群可爱的小纸偶们。舞蹈通过我们自己的改编，演变成为了适合小学生赋有童趣的舞蹈，学生一大一小的双人舞配合部分，把这个舞蹈变得更加的活灵活现，更加体现了中国小学生们的心灵手巧。舞蹈团在团队建设和发展过程中，也形成优良传统和鲜明特色。重视中华优秀传统文化艺术的内容比重，高度重视培育学生的民族自信心和自豪感。

4. 示范宣传

作为东城区金帆团联盟校的盟主，史家小学金帆舞蹈团已渐渐成为东城区舞蹈教育的主力军，曾与崇文小学、曙光小学、东城特教、东交民巷等多所小学联盟，指导学生近 500 人次，真正做到打破校园"围墙"壁垒，实现艺术资源共享，多次为北京市金帆日活动、东城区"六一"活动、东城区"普特融合"等大型主题教育活动，编排了一个个体现融合教育的优秀舞蹈节目，2014 年史家小学金帆舞蹈团获东城区优秀"金帆团联盟"评选活动"优秀奖"。

史家小学金帆合唱团自评报告

学校的艺术社团是开阔学生视野、提高艺术修养最直接、最有效的途径，是学校教育的有力补充。在史家小学，大力发展艺术社团是办学工作的重要内容之一。

一、学校艺术教育工作

学校艺术社团的研究起源于上世纪九十年代，经过十几年的发展，艺术社团已经成为学校扩展型课程的组成部分之一。史家小学艺术社团的发展从最初的社会需要、学生的单纯喜爱、教师被动组织，逐渐发展到现在的社会认可、家长追捧、学生热衷，教师有目的、有手段、有策略地组织实施；从最初的感性认识发展到今天的理性思考，再到进一步完善这项工作的探索，在这个过程中，我们坚持从实践入手，探究基本规律、总结理论依据，提升社团的品质。

（一）组织管理

在组织管理方面，我们做到了有科学的思想理念、有健全的组织机构、有完善的管理机制。

1. 思想理念

思想理念是支撑艺术教育最有力的精神支柱，我校对艺术教育的功能、地位及重要性有全面的认识。根据《全国艺术教育发展规划 2001 – 2010》、我区《宝塔计划》精神以及《北京市学生金帆艺术团管理办法》，以夯实基础性管理为抓手，以我校的办学理念为准绳，以"和谐教育"为特色，全面锻造教师队伍，形成史家小学艺术教育特色品牌。在实施素质教育的社会大背景下，全面推进素质教育是史家小学一直遵循的办学理念和努力的方向。通过多年来的发展，我们发现艺术教育是素质教育中非常重要的一项内容。因此，学校一直积极推进艺术社团的建设与发展，逐渐形成了以金帆舞蹈团、金帆合唱团、管乐团、小剧团为主要组织形式的艺术社团。

在政策执行上，我校制定了具有针对性的有关学校艺术教育的法规政策并加以贯彻执行。史家小学经过 70 年的发展，源于史家人对"和谐教育"办学理念的坚持，孕育出独特的"史家文化"，培养具有史家特色的艺术人才是我们的共同目标。因此，依各艺术社团的具体情况，由各艺术社团建议，学校审核，制定了关于各艺术社团的发展和管理计划，每学年年初制定计划，年末进行全面总结。内容以尊重学生个性发展、深度挖掘学生潜能、培养学生全面发展为主，使我校的艺术社团逐步成为受大家追捧和绝对认可的提高艺术修养、锻炼综合素质、扩宽视野、提高合作能力的优秀社团。

在价值定位上，我校对金帆团的建设、发展有正确的价值定位和自己的理念。通过对《全国艺术教育发展规划 2001 - 2010》及《北京市学生金帆艺术团管理办法》的学习，我们极力通过营造艺术氛围，开展丰富多彩的艺术活动，全面提升学生的艺术鉴赏水平、艺术表现水平以及艺术创新能力，使学生的艺术素质和其他素质和谐发展。我校的艺术社团是学生提高艺术修养、锻炼综合素质、扩宽视野、提高合作能力的有效途径，其艺术水准在北京市乃至全国都具有一定的影响，在各种演出活动及与世界其他学校的文化交流中都能看到史家小学各个艺术社团的身影。

2. 组织机构

一所优秀的学校除了要有全面而先进的办学理念，还需要有健全的组织机构来协助和进行理念的执行。我校拥有非常健全的艺术教育管理机构，校长王欢，特级教师，是我校艺术教育的领头人，是全校所有艺术社团的建设和发展工作的总规划；副校长范汝梅，中高级教师，音乐教师出身，是我校艺术学科主要负责人，是我校各艺术社团的有力指导者，并担任校管乐团团长职务；范汝梅副校长充分发挥其领导的作用，确立了以音乐组（15 人）、美术组（9 人）、书法组（4 人）为组织协调部门的二级网络；以学生艺术社团为项目载体的艺术教育三级管理的机制。

3. 管理机制

在优秀而又庞大的组织机构下，我校严格规范艺术教育工作的管理，建立与健全了艺术教育工作制度，并定期研究艺术教育工作，确保了管理机制的统一有序，积极指导开展各类艺术活动，为学校艺术教育的整体水平提高和可持续发展提供了有力的保障。

而针对所有的艺术教育我们依据学校与学生情况，提前制定发展规划，且目标明确、思路清晰、措施具体，每学年初，我们依据教育规划与具体情况制定任务明确、重点突出、措施得力的工作计划；学年末进行全面具体、结果可检验的工作总结。

（二）支持保障

在支持保障方面，我们做到了经费硬件到位、有完善的师资队伍、有丰富的教研科研。

1. 经费硬件

我校每年有稳定的艺术教育经费投入，且使用合理。拥有完备的艺术专用教室，并且设施设备到位齐全，可满足课堂教学和课外艺术活动的需要。我校设有音乐教室 9 个，美术教室 6 个，书法教室 2 个，舞蹈教室 2 个，小琴房 6 个。各种艺术类专业教室设施设备按照国家规定达标，配备了电脑、多媒体投影仪、录音机、DVD 影视设备等，礼堂、排练厅、演播厅等设施都为艺术教育的开展打下了良好的硬件基础。在校园文化建设中，学校还注重校园布置的艺术美，专门设立了美术厅、音乐廊、书法廊等专区。学生艺术作品上墙进橱窗，遍布走廊。音乐室、美术室、小琴房全天开放，钢琴放在大堂和音乐角，供学生自由练习，平添了一份高雅的艺术氛围。

2. 师资队伍

艺术教育工作能否落到实处，能否有成效，关键是艺术教育师资队伍的建设。多年来，学校不断更新调整艺术类教师队伍，选择专业功底强，有责任心和敬业精神的教师任教。现艺术学科专职教师 28 名，全部是大学本科学历。其中北京市学科带头人 1 名，市级骨干 1 名，区级骨干 9 名，中学高级教师 3 名。

各艺术学科教师均重视课堂教学能力，积极参加本艺术学科的公开课、录像课及基本功比赛，并均获得优异成绩。近年来，在市区乃至全国艺术教学成果展示中，我校教师取得了骄人的成绩。音乐教师范汝梅、美术教师张跃东参加新课程改革试验教材人教版《小学音乐》、人美版《小学美术》教材的编写工作，并参与教材培训工作。艺术类教师参加各种评优课等公开展示，美术课获得全国现场教学公开课展示一等奖，美术、音乐和书法学科 5 人次获得北京市教学评比一等奖，7 人获得了区"东兴杯"教学大赛一等奖，10 余名教师在全国、市区开设各学科的教学公开课、示范课、研究课、展示课等。

除教师个人教学能力的关注意外，我校亦支持教师参加全国、市级或区级业务培训。校级各艺术学科教师每学期均参加区级、市级学科教研活动，并在教研活动中起到带头示范作用。除各级教研活动外，我校还支持教师参与各级各类艺术培训活动，学校每两年组织骨干老师外出（外地或出国）参观学习一次。艺术类教师足迹曾到过绍兴、上海、广东、大连、贵州等省市，与当地的艺术教师进行学科类的深度研讨，使老师们开阔视野、丰富阅历，提高艺术感知力、鉴赏力。

3. 教研科研

艺术类教师根据学科类别分成美术组、音乐组和书法组。每周以小组为单位开展一次 2 课时的小组教研活动和一次区级学科教研活动。一般是以本学科教学为重点开展教学研讨，通过集体备课、听课、评课等活动形式，提高教师的教学水平。学校规定每位教师每学期听课 20 节、完成组内教学研究 3 节，同时要根据自身的特长或优势必须组织学生开展艺术类活动。

在课余，我校艺术教师们还积极参加国家级、市、区级课题研究项目，如：音乐组承担着《依托艺术社团的建设和发展培养小学艺术特长生的行动研究》，美术组承担着《探索校本课程和谐发展促进创新人才培养的行动研究》子课题《人文素养课程促进创新型人才培养》，书法组承担着《探索校本课程和谐发展促进创新人才培养的行动研究》子课题《人文素养课程促进创新型人才培养》，老师们积极撰写论文，获全国、市区级一、二、三等奖。

（三）教育教学

在教育教学方面，我们有全面的课程教学、有丰富多彩的艺术活动、有完备的环境资源。

1. 课程教学

依据国家课程标准，严格执行课程计划，我校的艺术课程开课率达到100%。

根据艺术类课程标准和我校的实际情况，严格落实国家规定艺术课程，积极研发学校特色的校本课程，构建我校的艺术教育课程体系，开设艺术类校本课程，有正式编写的校本教材。各类艺术课程的开设都是有组织、有规范，并有有效的考查和考核。

2. 艺术活动

学校每学年举办艺术节，参与人数均为100%，并为热爱艺术的学生们提供展示特长的舞台，开展舞蹈，摄影作品、美术作品、书法作品、艺术壁报制作、科普英语、戏剧小品等比赛。通过开展丰富多彩的校园艺术活动，使学校成为了师生成才的舞台。自1996年起，每年都要举行各种形式的艺术展演活动，因为形式活泼、内容丰富、参与面广，而深受全校师生的喜爱。如："新年联欢会"、"灯火晚会"、"社团展演"等。值得一提的是，学校2007年在保利剧院举行的"和谐的旋律"艺术节文艺展演和2009年在"人民大会堂"举行的"在灿烂阳光下"建校70周年文艺晚会，展现了学校的综合艺术修养和精湛的艺术水平，在社会上反响很大，影响很广，被专家称为"精品"文化。

在保证普及的基础上，我校的艺术教育活动力求创新，具有特色。我们一方面为四大社团聘请有国家级专业水准的专家来校进行常年的辅导，以提高教师的业务指导能力和学生的艺术实践能力。各艺术社团每周有计划、有目的进行组织排练，在艺术教师们的精心培养下，学生艺术素养全面提升，在各级各类比赛中均获得一定的殊荣。

3. 环境资源

我校充分利用校园各种条件，创建丰富良好的文化环境。学校的橱窗文化是我们传播艺术教育的有力载体。通过利用橱窗传播我们的艺术教育可拉近学生与学校的距离，使每位学生都处身艺术教育之中。

除了校内资源，我们还力争校外开发，通过家校联盟的开发和利用，依托网络平台，扩大学习空间，缩短距离，加强沟通。在校园网建立"金帆团"栏目，与市美育网链接，为教育教学交流、共享搭建平台，以此来向社会进行我校的艺术传播。

二、金帆合唱团工作

（一）组织管理

在组织管理方面，我们有明确的组织机构与管理机制。

1. 组织机构

合唱团在学校教育处领导下，由校骨干教师李娜老师担任团长，聘请专业合唱专家作为艺术指导，并全面负责日常的训练及演出工作。由本校学科教师负责艺术团的日常管理。

2. 管理机制

史家小学金帆合唱团教师日常管理图

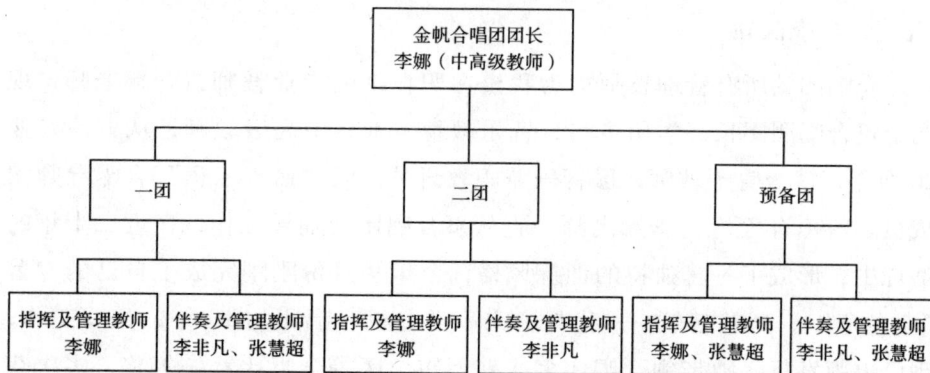

	金帆合唱团团长 李娜（中高级教师）		
一团		二团	预备团
指挥及管理教师 李娜	伴奏及管理教师 李非凡、张慧超	指挥及管理教师 李娜 伴奏及管理教师 李非凡	指挥及管理教师 李娜、张慧超 伴奏及管理教师 李非凡、张慧超

自合唱团建立之初，就以建立明确合唱团章程制度，并根据各届合唱团的变化与发展进行了针对性的改良，使之更加规范性并提高可操作性。

合唱团的发展少不了具体规划，因此，制定目标明确、思路清晰、措施具体的艺术团发展规划是合唱团每一阶段开始之前必须进行的工作。规划内容涉及合唱团建设的指导思想、工作目标、工作重点及保障措施。

除具体规划意外，合唱团每学年初制定一学年的工作计划，计划内容任务明确、重点突出、措施得力，学年末进行工作总结，总结全面具体、结果可检验。合唱团自建立至今的所有档案，都有完整的保存与管理，合唱团拥有自己的团队标识。

（二）支持保障

在支持保障方面，我们拥有充足的经费保障、专业的场地设施和优秀的师资队伍。

1. 经费保障

学校有充足的专项经费投入且使用合理，在经费使用上，合唱团的市、区级拨款能做到专款专用，支出合理。

2. 场地设施

学校设有专业且充足的专业教室，设施设备齐全，能够满足日常教学和活动需要，专业教室符合合唱排练的专业要求，设定为合唱排练的固定场地。

3. 师资队伍

合唱团的所有管理教师均为我校在职在编的专业教师，李娜老师，现为金帆合唱团团长，学历本科，音乐教育专业，中高级教师，从事该专业20余年，区级骨干教师，区音乐兼职教研员，区"蓝天工程"合唱导师团成员。1990年至今，李娜老师一直从事合唱团的辅导工作，在近二十年的磨炼中，形成了一套独特的训练风格，今年9月份刚刚完成了自己的专著《金色童年 高歌起航——我与史家小学金帆合唱团的10年》编写工作，现已出版发行。她带领合唱团多次获得市、区等合唱比赛一等奖，多次获得最佳指挥奖、最佳辅导教师奖。2012年夏天带领合唱团在斯洛伐克国际合唱比赛中，获得 12 岁以下年龄组金奖最高分的好成绩。曾带团出访埃及、美国、奥地利、英国等国家进行文化交流，获得多家媒体的关注和各界的好评。

合唱团钢琴伴奏及管理教师张慧超，学历本科，音乐学专业，小学一级教师从事该专业 7 年，07 年毕业于首都师范大学音乐学院，5 岁开始学习钢琴，2013 年调入史家小学工作至今，跟随史家小学金帆合唱团参加过多次演出、比赛、交流，并获得市、区等各级比赛一等奖，辅导奖。

合唱团钢琴伴奏及管理教师李非凡，学历本科，音乐学专业，5 岁开始学习钢琴，2013 年毕业于首都师范大学音乐学院，自毕业以来在史家小学工作至今，跟随史家小学金帆合唱团参加过多次演出、比赛、交流，并获得市、区等各级比赛一等奖，辅导奖。

合唱团所有负责教师的教学、管理时间均计入工作量，并享有相应的待遇。

（三）团队建设

在团队建设方面，我们设立了完备的团员管理制度、课程教学规划，并注重实践交流。

1. 团员管理

合唱团的健康发展离不开科学的管理机制。从招收团员开始，凡史家小学在籍学员，热爱音乐，有一定声音条件，并愿意遵守合唱团管理要求的，可申请加入本团。合唱团分有一团、二团、预备团三个梯队，依学生的能力与合唱团的规模建制，所有申请的学员均要经过考试，依考试结果分别加入合唱团的不同梯队，一团总人数 60 人以上，二团总人数 30 人以上，预备团总人数 30 人以上。合唱团三个梯队所有学员都进行注册登记。

合唱团各梯队对学员要求不一，形成发展式团队。预备团要求学员：（1）思想品质良好，责任心强，具有奉献精神，自愿遵守合唱团的各项规章制度；（2）喜爱合唱，有一定的声音条件，音准好、乐感好、渴望全方位提升艺术素质的学生；（3）具有一定团结合作意识的学员。合唱二团要求学员：（1）思想品质良好，责任心强，具有奉献精神，自愿遵守合唱团的各项规章制度；（2）具有一定表现力，经过训练，声音好、音准好、乐感好渴望全方位提升艺术素质的学生；（3）具有良好的合作意识，良好的声部感觉；（4）具有良好的自我管理能力，能够自觉安排好合唱排练与学习。合唱一团要求学员：（1）思想品质良好，责任心强，具有奉献精神，自愿遵守合唱团的各项规章制度；（2）具备一定表现力，经过训练，声音好、音准好、乐感好，具有一定合唱与音乐基础知识，有意愿提升演唱水平的学员；（3）热爱歌唱，具有较强的艺术表现力与想象力的学员；（4）具有较强的声部感觉，较强的合作意识的学员；（5）具有良好的学习能力，能够自觉安排好合唱排练与学习；（6）具有良好的自我约束力，具有坚韧的品格和良好的思想品格。

为更好地实施因材施教，进一步加强和完善合唱团的科学管理，确保我校合唱团学生的培养质量，由下一级别的梯队升入上一级别梯队时要经过如下考核：（1）学员学习达一个学年以上，合唱成绩优秀、热爱合唱艺术者，可申请加入上一级团队；（2）每年通过学校合唱考核的学员可以申请升入上一级团队；（3）具备合唱与音乐基础的学员，有意愿提升演唱水平的学员，可申请加入上一级团队；（4）凡申请加入一级团队的同学，应通过相关考核后，由合唱老师统一审定后方可加入一级团队；（5）退出合唱团的学生不参与当年度升团申请。

2. 课程教学

我校金帆合唱团自建团以来就有健全完整的计划和实施方案。2011年至今每学年年初制定工作计划，计划按各梯队当年实际情况而定，计划目标明确，循序渐进，且具有一定的科学性，符合教育和艺术规律，具有史家独特的艺术性和教育性；各梯队有不同排练时间，对学生的要求也依各梯队实际情况而做出不同意见；排练曲目适合各梯队学生，形式丰富、风格多样，数量符合各梯队要求。

3. 实践交流

自2011年6月至今年，史家金帆合唱团每年能够保证至少举办1次优质的专场演出，参演学生为金帆合唱团所有梯队的所有优秀学员。2012年6月，在中山音乐堂举办了"跟着太阳一路来"中外童声合唱专场音乐会；

2013 年 3 月，在史家小学举办合唱专场音乐会；2014 年 6 月，在史家小学演播厅为三个团的家长举办合唱专场音乐会。

史家金帆合唱团的社会实践是每年必须开展的项目，我们每年不止一次参加社会实践活动，丰富合唱团的演出，增长学生见识，提高专业实践能力，加强团队合作能力。

与国内外学生的艺术交流活动也是我们必不可少的活动之一，2012 年 10 月，史家金帆合唱团与联盟校（史家分校、七条小学）进行交流活动，2013 年 10 月与特教学校的学生共同演唱歌曲，与四川巴塘童声合唱团进行交流，12 月参加"特普融合"专场演出，与特教学校的同学共同演唱歌曲《Can you hear me》。2014 年 7 月，史家金帆合唱团赴英国进行交流活动，同年 10 月，在北京史家小学，与维也纳男童合唱团进行交流活动。

（四）　建设成果

在建设成果方面，我们注重教师的专业发展、注重团队水平的保持与提高、侧重风格特色的养成，并关注合唱团的示范宣传作用。

1. 教师发展

担任合唱团管理工作的教师均为学科专业教师，能够很好的胜任合唱团的日常教学工作，三位老师还分别在教学或管理方面进行了细心的研究，并撰写论文。李娜老师近三年撰写的论文分别获市、区级一、二、三等奖，张慧超老师的《在聆听中发现音乐》获北京市第四届"智慧教师"教育教学研究征文二等奖，中国教育学会 2014 年度论文征《孩子的音乐幻想》未果，李非凡老师撰写的论文获市级三等奖。

2. 团队水平

史家金帆合唱团的团员具有良好艺术素养和艺术表现力，在学校领导的大力支持下，通过各项制度的制定与实施，合唱团的孩子们养成自我监督、检查的良好习惯。通过系统而专业的排练学习，使团员们拥有了良好的艺术素养，和丰富的艺术表现力，合唱团的学员们参加了各级各类的演出、比赛和交流活动，获市级学生艺术节合唱比赛一等奖。

3. 风格特色

史家合唱团在表演形式、内容等方面经过多年的磨练与探究以形成鲜明的风格，团员们在视唱、和声、演唱技巧、作品表现力等方面都得到严格的专业化训练。合唱团以纯静、圆润、柔美的音色，丰富的肢体变化，诠释不同时期、不同风格的声乐合唱作品，受到专业人士的赞誉。

在团队建设和发展过程中，金帆合唱团形成优良传统和鲜明特色。

4. 示范宣传

一个优秀的团队不仅要保持和发展自我，更要起到先锋带头和示范作用。在领导们的关怀和引领下，史家小学和七条小学、史家分校合唱团联盟校工作开展了近两年了。我们从实际出发，注重实效，加强实践，实现了联盟学校的"双赢"，使两校的合唱团水平有了进一步的提高，在联盟学校工作中，我校在管理、教研、师资培训等方面与两所帮助学校全面合作，通过教学交流、下校指导、专家讲座、观摩并参与演出等活动，实现教育资源的优化共享，促进了两所联盟校的自身发展及持续发展，同时也提高了三校合唱团在学生、家长、区里的知名度。我们共同参与了大量的演出、观摩活动。例如：教师旁听了杨鸿年老师、吴灵芬老师、唐少伟老师、桑叶松老师、蓬勃老师等专家的合唱排练，师生与家长共同参了庆祝金帆建团25周年的联盟校合唱专场演出，三校师生及家长观摩了史家小学金帆合唱团在中山音乐堂举行的专场音乐会……

金帆合唱团的孩子们除了日常的排练演出和比赛以外，还担当了很多的接待外宾工作，新闻和媒体记录下了他们活泼可爱的身影。2013年10月《新华网》《中国青年报》刊登了我校合唱团参与的"四川巴塘少年儿童合唱团走进北京校园活动"的报道。2013年12月《新华网》《光明日报》《CCTV》报道了我校合唱团参加的"普特融合　让生命充满温暖和梦想"文艺演出活动。2014年5月《人民日报》刊登了迎"六一"北京市史家小学举行"红领巾相约中国梦"，史家金帆合唱团负责仪式的开场节目。

创建优质的教育生态　点燃多彩的天文梦想

——史家小学金鹏科技团建设

史家科技教育作为学校素质教育的一个主渠道，通过跨学科联动，以课程建设为基础（科技类的校本必修课和选修课），以科技实践活动为载体（主题鲜明、全员参与），以学生社团建设为发展，达到共同培育学生科学素养和实践能力的目标，并使学校科技教育成为全国科技教育示范的窗口。

天文教育结合了科技、历史、艺术、文化等内涵，它不仅仅是知识的学习，更是提升学生的综合素养的有效载体。金鹏天文团，就是为在天文方面有潜质的孩子搭设平台，为培养天文科技人才打好坚实的基础，创建国内一流的天文教育基地。

一、健全的组织管理是实施科技教育的保障

学校科技教育工作由王欢校长担任组长，教学处、德育处、行政后勤等部门协同管理，科学老师、班主任及各学科教师共同实施科技教育活动的三级管理模式。

史家小学科技教育有健全而完善的规章制度，仅天文类的规章制度就有十项。确保了课程、活动、社团的顺利实施与发展。

科技教育由范汝梅副校长主抓，教学处、德育处、大队部共同推进科普教育全面开展。郭志滨主任负责推进各级各类科技比赛及校本教材的研发和落实。张培华老师担任天文团的执行团长，杨春娜老师负责各级各类科技比赛及校本教材的推进。

二、科学的支持保障系统促进科技教育长久发展

1. 制度顺畅资金保障

作为东城区第二科技馆，近三年科技投入到位。科技教育资源不仅为我校学生使用，更为周边 11 所学校的师生共享。三年来接待外校学生10217 人次，培训外校教师 3500 人次。

2. 注重教师队伍建设

我们通过教师培训、人才引进和专家聘请三种形式，构建了专兼职结合、校内外结合的师资团队。

目前我校专职科技教师 10 人，负责科学课程和天文等校本课程建设与实施。

兼职科技教师：51 人，涉及语文、品社、品生、美术、劳技、信息、英语等多门学科。主要负责学校的科技实践活动和其他特色科技校本课程的构建。

为提升天文教育的整体水平，学校成立了"张培华天文教育工作坊"，主持带动学校及史家学区科学教师共同开展天文教育工作。

3. 物质条件

我校科技活动场地 2950 余平米，其中史家基地（资源中心）：420 平米，屋顶课堂 1220 平米，地下科技馆 1000 平米。其中，天文教育设备设施齐全，现有 100 余平米的航天教育展厅和近 400 平米的学校天文馆，可满足学生参观、学习或授课活动。此外，一区广场、阳光广场以及教学楼顶都是校内开展天文观测的场地；礼堂、演播厅和史家书院都是开展天文讲座、授课以及天文展示活动的场地。

4. 校外资源

我们组建了天文校外专家指导团，三年来利用校外资源开展天文活动80 余次。其中，去天文教育资源单位 23 次，如国家天文台、中国运载火箭研究院、北京天文馆、天文爱好者杂志社等，并充分利用这些资源单位的

场地和设备。积极开辟学生天文观测实践的场地，同时开展了大量的、丰富的参观、考察、知识学习、技能训练、天文摄影、天文制作、天文研究等丰富多彩的天文和航天活动。孩子们的足迹遍布辽宁、河北、内蒙、安徽、浙江、四川、云南、宁夏、甘肃、青海等地。

三、教育渠道

随着天文教育的深入开展与实施，我们逐渐摸索出了一整套独具史家特色的天文教育模式。

创新天文教育渠道：形成了天文课程、实践活动、天文社团三位一体的综合化教育体系。

创新活动组织与管理模式：形成了学生、家长、教师共同参与组织与管理的三主体模式。

创新活动内容：天文教育内容涵盖了天文科学、天文文化和天文艺术三个领域。学校长期开展以天文知识教学、天文观测实践、天文摄影创作、天文课题研究、天文发明创造、天文历史拓展、天文绘画制作等内容的综合性天文活动，寻求天文科学与文化艺术的结合，提高了学生的综合素质。

天文科学与文化艺术相结合

创新活动形式：包含了学习、实践与研究三个层次。

（一）课程

除了国家规定课程"科学"外，我校科技类校本课程达到 21 项，涉及天文、DI、机器人等多个项目，其中天文校本课程已成为进入课表的必修课程。全校三四年级每周一节天文课，近三年我校累计天文课 2304 节。

除了必修的天文校本课程以外，一二年级利用社会大课堂到北京天文馆与"综合实践活动"主题教育相结合，天文课的学习场地从小教室变为社会的大课堂。三至六年级利用每天午休半小时的时间，开展班级进入学校天文馆的课程学习。此外，我们还开设了天文类选修课，如天文摄影、天文知识、天文发明、天文制作、科幻画、小行星搜索等课程，为热衷天文的孩子，提供了可供选择的优质天文校本课程。

在不断积淀的基础上，2014 年，学校正式出版了《史家小学——天文》教材，这本书结合我校学生的学习特点，由教师和学生自主开发。

（二）实践活动

科技实践活动是科技教育实施的突破口，而我校开展的科技实践活动曾经连续七年在全国青少年科技创新大赛中获得一等奖，两次获得十佳奖，成为全国科技实践体验活动的实验基地。现在，每年一个主题的科技实践活动已经成为学校科技教育的一项传统活动。而且也成为孩子们最喜欢的一项大型活动。由于我们的科技实践活动是全员参与的以普及为主，兴趣为核心，生活为基础、实践探究为形式的系列活动，因此使得每一个孩子、每一个班级、每一位教师，都能够参与其中。不仅培养了学生良好的科技意识和实践能力，更是将科技教育的思想、方法渗透给每一位教师、每一个学科中。在七个全国创新大赛优秀科技实践活动一等奖的成绩，有两项就是出自于语文学科出身的班主任之手。可见，史家小学科技实践活动是学校全面开展科技教育的重要渠道。

天文教育活动则是众多的科技实践活动中最重要的组成部分。每年，学生们不仅参加北京市天文观测竞赛，天文知识竞赛、航天演讲比赛、还会参加全国天文摄影竞赛等多个比赛并且在各项比赛中频频获奖。

（三）社团的建设

史家小学天文社团建设遵循着自主性、实践性、灵活性、多元化的原则。它不同于兴趣小组、兴趣班或选修课，更接近大学社团，是学校诸多科技团体中建设有特色、工作有创新的学生社团。

1. 建设理念创新的社团

中小学天文社团对社团成员都有一定要求，都要经过选拔。而史家天文社的大门是开放的，没有任何业绩上的限制，只要学生愿意参加社团活动而且遵守社团的章程，就可以进入学校天文社。我们的理想是让学校每一个爱好天文的学生都能成为这个组织的一员，目前史家小学正式注册的成员为 127 人。

史家天文社的学生不仅是教育资源的享用者，还是教育资源的建设者。同学们自己撰写天文馆解说词、自己设计天文馆 LOGO，自己制作天象节目。他们的作品在学校天文馆、学校科技馆、学校电视台展示，不仅自己尝到了成功的体验，也丰富了学校的天文教育资源，更激励着其它同学向他们学习，创造出更好的教育资源。

史家天文社的活动内容非常丰富，不仅包括常规的天文知识讲座、天文观测和天文竞赛，还创造性地增加了大量新颖的活动。例如，天文馆影片的制作、天文节目的编制、天文馆讲解词的撰写、天文馆 Logo 的设计、天文馆匾额的题写、天文纪念品的设计与制作等等。这些活动看似杂乱无章，但是其核心非常明确，就是要提高学生的综合素养：一是科学素养，二是人文素养。

2. 建设属于学生的社团

史家天文社机构设置完备，各部门负责人均由学生担任。组织部负责组织策划和管理、宣传部负责后期宣传和资料整理存档、影像部负责摄影摄像记录活动过程、技术部负责仪器设备的操作和管理等等。这种自主管理的模式调动了学生的积极性，各种特长都在我们社团内得到了充分的发挥。喜好美术的同学设计了天文社的 LOGO，喜欢语文的同学在活动中写主持词和串词，喜欢表达的同学主动承担起讲解任务，英语有特长的同学写出了各项说明的英文解说词……社团中的每个同学都在展示着自己的个性特长，这让社团的氛围有序而热烈，家长反馈学生对天文社的评价"我喜欢天文社团，我喜欢天文社团中的每一个人！"。

3. 建设注重实践的社团

史家天文社活动以实践为主，这也是它深受孩子喜爱的原因之一。国家天文台考察、古观象台参观、校园内观测、大型实践活动开展、学校天文馆服务……特别是天文观测、天文摄影、实践，不仅是同学接触大自然学习天文知识、锻炼观测能力的机会，而且可以培养同学们的交往合作能力、创意表达能力、自我管理能力，培养他们的耐心、恒心、细心和好奇心。我们社团的足迹遍布北京周边，全国各地，甚至还曾赴美国友好校交流，让社团的成员们在读万卷书的同时行万里路、交天下友，获得全方位的成长。这种外出天文实践活动每年都会保持在 20 次以上。

史家天文社的组织形式、活动内容灵活多样，活动主体多元，学生、家长和教师共同参与，形成了合力。这让史家天文社得到了稳定的发展和不断的壮大，我们有信心在小学天文社团建设上做出特色，在培养自己校内学生的同时发挥辐射作用。

（四）学校文化建设

科技校本课程、天文特色课程、科技实践活动、天文社团活动……为学校营造了浓厚的科技教育氛围。

学校的科技教育主题区域，是孩子们每天的活动天地。史家传媒电视台每周的科技新闻播报，向同学们传递各种科技活动信息，这里同样是小天文爱好者展示自我的平台。

在航天教育展厅、学校天文馆及学校的宣传栏、校史展中，以照片、展板、相册、视频及实物的形式展示着学校天文教育成果。独特的天文文化建设，浓厚的科技教育气息，吸引更多学生加入天文社，从而使学校的天文教育活动步入到一个顺畅、良性的循环中，天文社团的成员生生不息，队伍不断壮大。

四、成绩与效果

我校学生每年参加北京市天文观测竞赛，在全国性的天文摄影竞赛、北京自然知识竞赛中的天文知识竞赛以及北京市航天演讲比赛中均取得了好成绩。

1. 学生方面

近三年我校学生在北京市创新大赛中获得一等奖 10 个，在金鹏科技论坛获得一等奖 8 个，其中天文、航天项目有 5 个一等奖。

仅 2013 年以来，全国天文竞赛二等奖一个，三等奖一个；我校学生的文章、天文摄影作品分别在《天文爱好者》杂志发表；6 名学生获得了小行星搜索发现认证；2013 年 8 月学生王佳琪获得全国创新大赛三等奖；2014 年 8 月我校学生王玥琳获得全国创新大赛一等奖。

史家小学天文社不仅培养了众多学生获奖，也为初中校提供了科技特长生源。三年来，我校的天文社成员分别进入了人大附中、北京四中、海淀实验、北京二中、北京五中等名校。

2. 教师方面

我校老师积极参与全国课题《校本课程和谐发展促进创新人才培养的行动研究》及北京市课题《基于学习优势的小学生基本学习能力培养的策略研究》。

2013 年科学教师集体编写的《造梦空间》一书由中国发展出版社出版发行。2014 年张培华教师编著的《"天宫 S 号"的故事》一书由中国发展出版社正式出版发行。张培华老师主编的《史家小学科技校本课程——天文》也即将由中国发展出版社出版。

2012 年，张培华老师的作品《新型月相演示仪》在全国创新大赛教师自制教具评比中获得二等奖，北京市一等奖。2013 年，张培华老师在国际小行星搜索活动中获得辅导教师认证；梁彤老师获得全国教师创新教具三等奖；张培华、杨春娜老师荣获北京市天文优秀指导教师。2014 年，张培华老师在青少年科学摄影竞赛（全国）中获得伯乐奖。

3. 学校科技成绩

我校连续两届北京市科技示范学校、两次北京金鹏科技奖；荣获北京金鹏科技团和全国十佳科技创新教育学校的称号。学校连续七年获得全国创新大赛科技实践活动一等奖。

五、辐射作用

我校作为中国科协资源中心、东城科技教师培训基地、东城朝东建学区学生科技活动基地，发挥着引领和辐射的作用。三年来，我校先后接待了台湾、山西、内蒙、贵州、辽宁鞍山及全国十佳科技学校的教师来校听课学习、交流。仅 2013 年 9 月至 2014 年 9 月接待 65 批次，累计 1964 人次。科技老师还到内蒙、广东、北京延庆、顺义等学校献课。连续三年代表全国青少年参加了全国科普日的现场展示活动，展示了青少年的综合科学素养，受到国家领导人的赞誉。

1. 承办天文活动

近三年我校组织的天文类科技活动 80 余次，涉及学生 1 万多人次。还承办了市级以上天文活动，如：

2011 年 12 月组织国际天文科普读物的首发式"我和英国天文作家面对面"天文科普活动；

2013 年 5 月承办了国际小行星搜索颁奖仪式；

2013 年 10 月组织承办了国际天文学联合会支持的项目"诗意星空"的启动仪式；

2014 年 9 月承办了第 27 届国际宇航员大会社会活动日的活动，来自加拿大的航天员克里斯、美国航天员杰里罗斯和布鲁斯、中国航天英雄杨利伟四位国际航天员走进了史家，与孩子们同上一节太空课。

2. 学校带动

我校与延庆二小、朝阳区兴隆小学在天文项目上成为手拉手学校。三年来，我们还承担起了培养学区校、兄弟校教师培训 56 人次，指导外校开展天文活动的任务 16 次，多次带领外省、外地学校师生开展天文观测活动，发挥了引领和辐射作用。同时指导外区、外校学生在科技竞赛中获得了好成绩。

3. 社会影响

三年来媒体报道累计 180 余次。其中中国教育报、中国教育台等国家级媒体报道 86 次，2013 年发现小行星引起了社会轰动，2014 年世界宇航员大会的天文成果展示也通过各大媒体的宣传产生了积极的社会影响。

六、关于科技教育的再思考及规划

天文是所有学科中最能触及人心灵的科学，也是适合小学培养学生综合素养的一个优质科技项目。为此，我们全力打造适宜开展天文教育的环境，培养优秀的天文教育师资，潜心开发符合学生需求的天文课程，且积累了一些经验教训。这些成绩的取得离不开方方面面的支持与鼓励，因此，在今天，我们也愿意将这些教育资源向更多的学校开放，让更多的孩子在天文实践活动中，学会观察、思考，掌握科学的方法，提高科学素养和人文精神。

史家人将全面推进科技天文教育学区化教研、天文活动学区化联动、天文社团学区化招募等措施，为更多的孩子享受到优质天文教育做贡献，为科技教育均衡化发展做贡献。为更多的孩子点燃科学的梦想，将是史家人不断努力的方向！

学习型组织理论视阈下的学校教师队伍建设

党的十六大以来，历次报告中都有建设学习型社会的明确阐述。刚刚胜利闭幕的党的十八大继续关注学习型社会建设问题，再一次把学习摆到了社会发展的战略高度。对于学校组织而言，构建学习型学校、加强教师队伍建设不仅是时代发展的呼唤，更是深化教育改革、促进教师专业成长的内在需求。

20 世纪 90 年代以来，史家小学秉承"和谐"教育理念，形成了鲜明的和谐教育特色。近年来，随着学校办学规模和教师队伍的不断扩大，史家的和谐教育传统会不会被稀释，全体教师能否切实贯彻和谐教育思想，正确面对各种教育思潮的冲击是摆在我们全体史家人面前不容回避的问题。

学习型组织理论为我们解决以上问题提供了强大的理论支撑。学习型组织理论不单单是一种学习理论，更多的是一种新型的管理理论。彼得·圣吉在《第五项修炼——学习型组织的艺术与实践》一书中提出：学习型组织是全体组织人员能全身心地投入并持续增长学习力的组织；是能让组织人员体验到工作中生命意义的组织；是通过学习能产生创造自我、创造未来能力的组织。倡导"以人为本"、强调"团队合作"的学习型组织理论和史家小学历来所倡导的"和谐教育"理念具有高度的契合性。学校将该理论引入到学校管理及教师队伍建设工作中，"学习型组织"理论和"和谐教育"理念相得益彰，为学校的发展注入了新的活力。

一、构建核心价值　建立共同愿景

共建共享的共同愿景是一种共享价值观，是同一组织内部全体成员共同享有、支持和遵从的价值观念体系。它对一个组织的运行和发展有着极为重要的基础性意义。① 因此，史家小学在注重在传承史家和谐教育传统的基础上，建立和完善全体史家人的共同愿景。

在史家小学，我们敬佩每一个孩子的生命力量，尊重每一个孩子的成长过程。我们深知：我们给后代留下什么样的世界取决于我们给世界留下什么样的后代。今天史家赋予他们的，正是明天他们给予世界的。"为了孩子健康快乐成长"，为每位学生注入成长的基因，已经成为全体史家人的核心价值追求，这就为学校建立全体史家人的共同愿景奠定了良好的价值基础。

在此基础上，学校确立了史家人所共享的办学愿景，即"把学校办成让家长放心地把孩子和孩子的未来托付给我们的学校"。围绕该愿景，学校坚持"三全三爱三服务"的办学宗旨，并在多年的教育教学实践中形成了"人与社会、人与人、人与知识、人与自身、人与自然"为框架的和谐育人体系。

能否深刻体察学校内部不同成员的情绪，把各种不同的价值观资源统合到组织所倡导的共建共享的共同愿景之中去，实现价值观资源的有效整合，是学习型组织的生命线。② 因此，学校努力构建和谐统一的学校愿景、团队愿景、个人愿景体系，从而实现个人价值、团队价值和组织价值的一致性。学校倡导各个教研组确立符合史家和谐教育理念及共同愿景的团队愿景。例如，学校数学组确立的共同愿景为"让优秀成为习惯"，语文组确立的团队愿景为"教师成就学校、教师成就学生"。鲜明的团队愿景使得各个教研组形成各具特色的团队文化，使得团队中每一个教师的教育生命力焕发。此外，学校将教师的"十二五"个人规划和学校的"十二五"发展规划结合起来，帮助其结合自身发展情况建立合适的发展愿景，努力造就一支师德高尚、业务精湛，结构合理、充满活力的高素质教师专业队伍。

二、树立史家精神　改善心智模式

心智模式是每个人在心灵深处已经形成的思维方式和对待事物的态度。

---

① ②　刘能杰："共建共享的共同愿景是学习型组织的生命线"，《求知》，2011（4）.

在教育教学过程中，心智模式体现为教育者所持有的教育假设，这些教育假设即为教师的学生观、教师观、教学观、课程观、质量观、评价观，这些教育观念共同构建了教师的心智模式。目前我们所倡导的新课程改革实为一种教育观念和心智模式的变革，例如，新课程改革倡导"改变课程过于注重知识传授的倾向，强调形成积极主动的学习态度，使获得基础知识与基本技能的过程同时成为学会学习和形成正确价值观的过程"。因而，教育的变革最终要在教师的心智模式的转变中得以真正落实。

2012 年，学校在史家核心价值的基础上，提出要树立"史家精神"，改善教师的心智模式。学校通过开展教师专题访谈、走访史家老教师，深入挖掘史家文化传统，不断反思和总结"和谐教育"理念，不断审视和改进我们自身的教育教学行为，明确了在"和谐教育"理念指引下的学生观、教师观、教学观、课程观、质量观、评价观，确立了以"和谐"为本质的"史家精神"——"一切为了孩子，一切为了明天"。

今年 10 月，学校召开了《卓行教育　立新和谐——史家小学和谐教育实施二十年暨卓立校长从教五十年庆典活动》。老校长、老校友、各界教育人士齐聚一堂，共话"史家精神"。活动现场发布了汇集"史家精神"之精华的《和谐教育丛书》。作为一个承载学校二十年教育实践和老校长五十年教育智慧的学校仪式，此次活动大大强化了教师对"史家精神"的组织记忆和价值认同。

围绕"史家精神"，学校组织全体教师开展了改善心智模式的修炼活动，学校召开了系列研讨会："我对和谐教育的理解"、"在日常工作中如何体现和谐教育"、"史家和谐教育的学生观、教师观"等。教师系列研讨活动的开展，老师们学会了不断检视自己的心智模式，不断反思自己对教育教学的理解，学会否定和抛弃不符合和谐教育理念的教育理念和行为，从而促进心智模式的不断转变。

三、开展知识管理，重新组织学习

知识是学习的最重要的对象，知识管理则是促进组织学习的重要手段。知识共享和交流是知识管理的本质。2010 年的学校一项调查显示，在寻找教学和其他资源时，90.9% 的老师会上互联网搜索，60% 的老师会上学校的资源库搜索，49.1% 老师会购买书、杂志、音像资料，43.6% 的老师会询问同事，25.5% 的老师会在图书馆查找。从以上数据看出网络搜索是老师的第一选择，老师之间的知识共享只排在第三位，大量的隐性知识还没有被挖掘，学校的知识管理还有很大的上升空间。为此，学校重新规划和管理学校的知识资源，依靠信息化手段创建了"史家小学知识管理平台"，搭建了汇聚在职教师、退休老教师、学校校友和学生家长教育智慧的"史家智库"和学校多年来各种教育出版物集合的"史家文库"，为开展组织学习创建了良好的条件。基于此，学校开展了多种形式、多种层次、多种内容的学习活动。

1. 价值引领，树立"教师领袖"

教师领袖是学校精神文化的人格化身与形象缩影，能够以其特有的感染力、影响力和号召力为学校成员提供仿效的榜样。学校以卓立校长、张效梅老师的经典史家人形象为典范，倡导全体教师做"品行端庄的文化人"。卓立校长在史家小学工作了 48 年，为史家小学的发展倾注了全部心血，其儒雅的教师形象让史家教师深受感染。张效梅老师是北京市首批特级教师，她用生命中最宝贵的年华为史小奠基，在她身上体现出师德高尚、教学严谨的典型的史家小学的教师形象。两位"教师领袖"起到良好的"价值导向、师德垂范、示范辐射"作用。学校还特别设立"教育家卓立奖"，弘扬老一辈史家人的教育家风范，传承史家教育的质感与温度。

2. 文化浸染，举办"史家讲坛"

史家讲坛汇集了来自文化界、教育界、传媒界、企业界等各界精英的教育智慧和教育艺术。开坛以来，史家人与各界名家共叙教育、共话和谐，我们聆听了著名收藏专家马未都先生对"和谐教育"的解读；领略了正邦集团董事长陈丹带来的品牌的力量；和著名媒体人杨澜共享成功和成长之道；和著名教育家孙云晓共同探究良好习惯和健康人格的培养；和富华国际集团总裁赵勇先生共同探究"成长的核心要素"；和著名表演艺术家濮存昕品味艺术、畅谈人生；和著名学者阎崇年畅谈"为师为学"之道；和国学专家雷原教授"共享做人做事的智慧"。我校优秀教师万平和谷莉也登上了史家讲坛，分享她们的教育感悟。讲坛的开办为广大教师带来心灵的启迪、思维的开阔。

3. 载体创设，搭建学习平台

学校教师队伍是多层次的，处于不同发展阶段和不同发展水平的教师有着不同的发展需求和学习需求，为此学校为不同群体的教师积极创设适合其发展的学习载体。

（1）成立"特级教师工作室"。学校充分发挥特级教师的引领作用，成立特级教师工作室，带动优秀教师群体，开展互为资源的研修活动。

（2）成立"骨干教师工作坊"。骨干教师是学校教育教学的中坚力量。学校倡导"工作坊"式的教师研修模式，目前，学校形成了各具特色的8个"教师工作坊"，即"茶艺校本课程工作坊"、"低年级段数学教学策略工作坊"、"科技校本课程工作坊"、"史家传媒工作坊"、"书法校本课程工作坊"、"数独工作坊"、"形体校本课程工作坊"、"英语合作学习工作坊"。在骨干教师工作坊中，骨干教师充分发挥其引领作用，组建互为资源的教师共同体，形成富有活力的教师研修团队。

（3）成立青年教师社团。为弥补青年教师教育教学经验不足的状况，学校为每位青年教师配备师傅，进行新老教师结对，充分发挥老教师引领、示范、带动作用，营造有利于青年教师专业成长的良好氛围。此外，学校在青年教师中成立了"阳光悦读会"，共读"一本好书"，感悟教育人生。学校成立"青年班主任研究会"，通过聘请经验丰富的班主任作为社团顾问，共享育人经验。

（4）构建多维立体校本教研模式。为了能够使我们的校本教研做到扎实有效，多年来我们探索建构了多维立体的校本教研模式：落实校本教研的管理模式——"三级教学管理与监控"，即以教学处——学科组——教研组为核心的三级校本教研平台。在教研中充分发挥各级平台的作用，使管理的重心更多地转向方向引导、发现经验、同伴互助，为教师成就事业提供机会。

（5）开展全员行动研究。行动研究所倡导的"从教学中来"，"在教学中开展"，"到教学中去"的原则是和学习型组织理论所倡导的"工作学习化"、"学习工作化"在本质上是一致的。学校以 15 项立项科研课题为依托，让教师的学习活动渗透在日常的教育教学工作中去。

以上学习平台的搭建，有效促进了隐性知识和显性知识在学校里的共享和流通，增强了学校的知识管理水平，实现了个人知识和组织知识的同步增长。学校将进一步整合各个学习平台，成立"和谐教育研究会"，开展史家教师培训和培训者培训，拓展学习型组织建设范围，把和谐教育的精神和理念带给全国更多的教育工作者。

当前，创建各种类型的学习型组织呈现出一种繁荣的景象。但建设学习型学校不是仅仅在学校前面贴上学习型的标签而已，也不是学习型组织理论简单的迁移性研究。① 在史家小学，学校以"和谐教育"理念为指引，以构建史家小学核心价值体系为基础，以树立"史家精神"为契机，从学校的价值内核角度切入学习型组织建设，从而调动了教师对教育理想的渴望与追求，提高了教师的理性自觉，改变了教师的心智模式，激发了自我超越的主观愿望，实现了组织价值和个人价值的共升。

教育学者叶澜曾指出："没有教师生命质量的提升，就很难有高的教育质量；没有教师精神的解放，就很难有学生精神的解放"。史家小学将继续开展学习型组织建设，探索教师主动和谐发展的道路，真正实现"把学校办成让家长放心地把孩子和孩子的未来托付给我们的学校"的办学愿景。

---

① 苏红："论学习型学校的制度基础"，《当代教育论坛》，2008（10）．

以东城区小学课程资源中心为平台
探索学区资源共享新机制

均衡发展是义务教育的战略性任务。近年来，在党的教育方针政策指引下，从国家到地方政府，都把促进教育均衡发展，实现教育公平提高到战略高度。教育均衡发展有两条路径，一是自上而下的政府行为，即政府进行教育资源的调控和配置。二是自下而上的学校行为，即通过优质学校的资源共享行为，促进区域教育的均衡发展。史家小学将这两条路径有机结合，在北京市东城区教委的领导下，以东城区小学课程资源中心（史家小学基地）为平台，以校本课程资源共享为切入点，开展实践研究和探索，创设学区资源共享的新载体，探索学区资源共享新机制。

一、问题提出

作为对国家课程和地方课程的重要补充，校本课程是我国新一轮基础教育课程改革凸显的新型课程形态，随着新课改的不断深入，越来越多的学校进行校本课程开发的尝试与探索。但是，课程资源的缺乏成为了校本课程开发过程中遇到的最大的困难，使得课程改革设想难以真正落实。

课程资源的缺乏在很大程度上源于区域内教育资源配置的不均衡。纵观国内新课程改革及推进教育均衡的实践经验，区域内资源共享是缩小课程资源差异和促进教育均衡发展的有效形式。2003 年以来，北京市东城区在国内较早试行了"学区化管理"模式，通过学区内教育资源的融通，变学校资源为学区资源，努力实现硬件资源、课程资源和人力资源的共享。

史家小学是东城区"朝阳门－东四－建国门"学区的一所优质教育资源校，在多年的教育实践中，形成了以"人与社会、人与人、人与知识、人与自身、人与自然"的和谐为基本框架的和谐育人思想体系。在和谐教育理念的引领下，学校积极进行校本课程的开发与实践，取得了诸多教育教学成果。作为优质品牌学校，史家小学有责任和义务发挥学校优质教育资源的辐射作用，为学区内其他学校的校本课程开发提供资源支持，从而推动东城区"学区化管理"实践，促进教育均衡发展。

因此，如何通过载体创设和机制创新促使优质教育资源在学区内实现共享，促进教育均衡发展，成为史家小学发展过程中面临的重要课题。

二、研究过程

（一）建设构想

2009 年初，通过对已有校本课程的梳理与总结，史家小学初步形成了学科拓展、创新体验、人文素养、健康教育等四大门类、近 20 余门校本课程，积累了较为丰富的校本课程开发与实施的实践经验。

在东城区的学区化管理实践中，面对学区内优质教育资源相对分散，缺乏校际资源共享的有效载体的现实状况，成立一个课程资源聚集与共享的实体机构，成为学区内各校进行校本课程开发的迫切需要。

为此，史家小学提出了将学校育芳分部改造成"东城区小学课程资源中心（史家基地）"的建设构想，即以史家小学的课程资源为主体，以融通共享的方式，引入社会和学区优质课程资源，实现优质教育资源的统筹利用，为各个学区校整体落实三级课程体系、实现课程资源学区共享提供了实践场所，形成学区化管理、校际深度联盟的有效途径，从而让"校本"资源走向"学区"共享。

（二）载体创设

该构想一经提出，得到了东城区教委的高度重视和支持。区教委拨付专项资金支持课程资源中心的硬件建设，对育芳分部原有教室进行大规模改建和扩建。史家小学作为课程资源中心的建设者、管理者，总体协调和安排课程资源中心的各项工作。我们本着科学性、必需性、开放性、实践性、互动性、趣味性原则，搭建了对学生创新精神、实践能力培养具有基础意义的 17 间专业教室 3 块特色活动场地，包括机器人实验室、家艺活动室、陶艺活动室、创新思维工作室、植物组培实验室等，为学区各校提供了需要的、但尚不能自我实现的课程资源。

东城区小学课程资源中心（史家小学基地）管理结构图

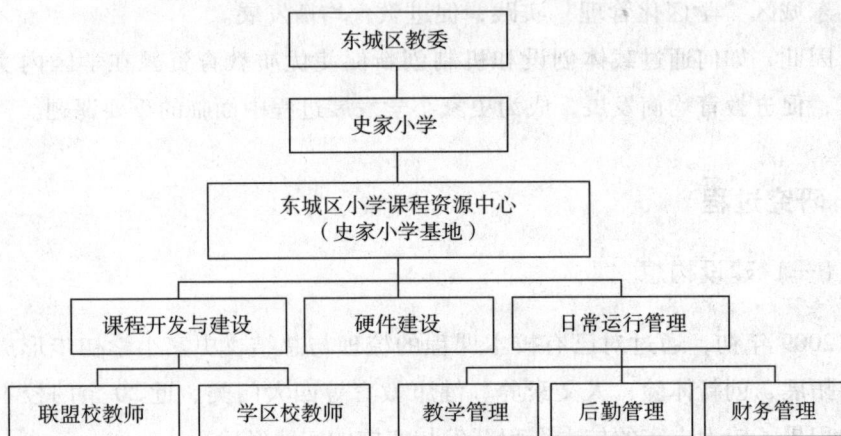

图1 课程资源中心管理结构图

经过近一年的建设，2009年11月，东城区小学课程资源中心（史家基地）进入试运行阶段，主要面向东城区"朝阳门－东四－建国门"学区的东四七条小学、新鲜小学、东四九条小学、回民小学、遂安伯小学、新开路小学、东总布小学、西总布小学、丁香小学、春江小学，共计11所学校全面开放。

图2 课程资源中心专业教室和场地

（三）资源聚集

如何开发和整合课程资源，一直是课程资源中心运行初期所探究的重要问题。在课程资源中心，我们尝试由从知识的角度理解课程转变为从学习者的角度理解课程，从而赋予了课程资源以新的内涵。因此，课程资源中心吸纳了来自于史家小学、学区校、家庭和社会的多种课程资源，为学区内各所学校的学生成长创造了良好的发展平台。

1. 学校资源的整合

为最大程度发挥学校资源的育人功能，我们将史家小学本部的多种教育资源纳入到课程资源中心的统一管理中。如史家书院、史家传媒、史家科技馆、健康人格教育基地，和课程资源中心共同面向学区全面开放，使得整个学区的学生能够享受到史家优质的教育资源。

2. 学区资源的引入

学区内各校有着众多优秀教师资源。在课程资源中心的师资队伍建设中，我们通过"小小联动模式"，聘请史家小学、东四九条小学、东四七条小学等60余名有专长的小学教师作为兼职教师；实施"中小联动模式"，聘请学区内中学教师资源到资源中心任教，从而在资源中心整合和共享整个学区教师的教育智慧。

3. 社会资源的引进

课程资源中心聘请科研单位、资源单位、专业团体、高等院校的专家为学生成长提供智力支持。我们与中央电视台、故宫博物院、国家博物馆、中国科技馆、中国美术馆、首都博物馆等几十余家资源单位建立长期合作关系，让学生视野超越学校的围墙，享受整个社会的优质教育资源。

4. 家长资源的开发

课程资源中心还充分发挥史家小学丰富的家长资源优势，开展"传媒文化与史家文化"、"企业文化与史家文化"、"博士论坛"、"史家讲坛"等主题家长论坛，陆续为1000余名家长颁发了成长导师证书，聘请家长中的专业人才为学生授课。来自金融、传媒、外交、建筑设计等各行各业的家长进入课程资源中心课堂，为学生带来视野的开拓与生命的拓展，让整个学区校的学生享受史家近 8000 位家长的教育智慧。

（四）课程研发

2010 年，随着课程资源的集聚，我们将工作重点转移到课程研发中来。在课程开发过程中，我们探索实施校际协作机制，即成立校本课程开发校际协作组，组织各个学区校教师形成课程研发团队，积极研发符合学区学生发展需求、并可以实现校际间共享的校本课程。

作为组长校，史家小学引领学区校教师组建 9 个互为资源的研修团队，带动 600 多名学区校的教师，以《校本课程和谐发展促进创新人才培养的行动研究》等多项立项课题为依托，针对课程开发和实施中的"真问题"，展开教师培训和行动研究，进行课程研发。

在此过程中，形成课程开发的基本流程：调研——分析亮点汇聚资源；组织——依据特长分工协作；培训——专业学习厘清问题；研磨——互动交流达成共识；试水——课例观摩形成终稿。

课程研发的校际协作机制的运行，最大化地整合了各校的课程资源，减少了重复和浪费，提高了课程内容安排合理性，并使得校本课程的校际共享成为可能。

三、研究成果

2010 年底，通过前期的资源聚集和课程研发，课程资源中心的学区共享课程体系及配套资源运行机制基本建成。

（一）构建学区共享的优质课程体系

课程的开发与实施是一种价值选择和价值创造的过程。课程的建构如果没有一定的价值取向，便会导致课程内容的混乱与无序。基础教育的"基础性"价值源于课程对于学生的生存、生活和生命的发展具有重要的奠基作用。在课程资源中心，我们相信"教育要让孩子掌握生存的能力，端正生活的态度，促使生命的完善"。在此基础上，课程资源中心对史家小学原有的学科拓展、创新体验、人文素养、健康教育等四大门类校本课程进行内容调整和结构完善，构建了符合学区学生"生存、生活、生命"价值的优质课程体系。课程内容由建设初期的 20 余种扩充至 33 种。

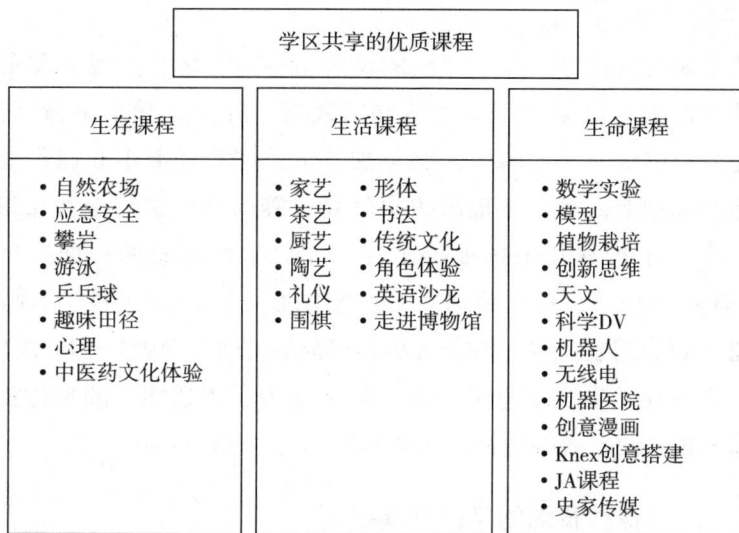

```
┌─────────────────────────────────┐
│        学区共享的优质课程          │
└─────────────────────────────────┘

┌──────────┐  ┌──────────────┐  ┌──────────────┐
│  生存课程  │  │   生活课程    │  │   生命课程    │
├──────────┤  ├──────────────┤  ├──────────────┤
│ • 自然农场 │  │ • 家艺  • 形体 │  │ • 数学实验     │
│ • 应急安全 │  │ • 茶艺  • 书法 │  │ • 模型        │
│ • 攀岩    │  │ • 厨艺 • 传统文化│  │ • 植物栽培     │
│ • 游泳    │  │ • 陶艺 • 角色体验│  │ • 创新思维     │
│ • 乒乓球   │  │ • 礼仪 • 英语沙龙│  │ • 天文        │
│ • 趣味田径 │  │ • 围棋 • 走进博物馆│ │ • 科学DV      │
│ • 心理    │  │              │  │ • 机器人      │
│• 中医药文化体验│ │              │  │ • 无线电      │
│          │  │              │  │ • 机器医院     │
│          │  │              │  │ • 创意漫画     │
│          │  │              │  │ • Knex创意搭建 │
│          │  │              │  │ • JA课程      │
│          │  │              │  │ • 史家传媒     │
└──────────┘  └──────────────┘  └──────────────┘
```

图3　学区共享的优质课程体系

1. 生存课程

生存，是人类的一种本能的需求。课程对有关人类生存的基本知识和基本技能的关注，使得学生获得"活"下来的基础。在课程资源中心我们设置《自然农场》《应急安全》，让孩子懂得如何立足于变化多端的生存环境。我们通过《攀岩》《游泳》《乒乓球》《趣味田径》《心理》《中医药文化体验》等课程让学生懂得身心成长的规律，掌握必备生存技能。

2. 生活课程

人类在有了生存的基础后，则就有生产、物质享受和文化活动，即为"生活"。无论是杜威的"教育即生活"还是陶行知的"生活即教育"，这些学说都强调学生生活与课程的重要关系。贴近生活的课程设置能使学生获得当下儿童生活的情感体验，同时为未来生活储存能量。我们设置《家艺》《茶艺》《厨艺》《陶艺》《礼仪》《围棋》《形体》《书法》《传统文化》《角色体验》《英语沙龙》《走进博物馆》等系列课程，让学生由外到内地感受生活。这些丰富的生活课程并非单纯追求课程形式的花哨与热闹，其真正意义在于培养学生的生活情趣和生活态度，更重要的是让孩子在与同伴或家人的互动中懂得了当下及未来生活的意义和价值。

3. 生命课程

促使生命的成长与完善是课程的最大价值。人的生命是完整的，资源中心的课程设置不仅立足于学生认知的发展，并促进学生生命知情意行、身心智趣的有机统一。人的生命又是独特的，课程资源中心课程的设置在面向全体的基础上，对于显现出拔尖创新素养的学生进行个性化指导，注重让每一个学生找到其张扬独特个性、绽放生命光彩的一面。我们设置《数学实验》《模型》《植物栽培》《创新思维》《天文》《科学 DV》《knex 创意搭建》《机器人》《无线电》《机器医院》《创意漫画》《JA 课程》《史家传媒》等，让学生实现思维能力、创新能力、表达能力的整体提升，并从中不断发现自我，寻找生命的成长点。

（二）创设课程资源的学区共享机制

为保障优质教育资源在整个学区的统筹利用，课程资源中心创新工作机制，通过"多师制"、"菜单课程"、"套排课表"、"走班走校"等方式，实现学区内师资队伍、硬件资源、课程资源的学区共享。

1. 多师制

"多师制"是课程资源中心的师资构成机制。在课程的实施过程中，课程资源中心充分发挥各个学区校及资源单位的师资优势，形成了以史家小学教师、联盟校教师、学区校教师、外聘专业教师、家长义工为主体的多元师资构成。

2. 菜单课程

课程资源中心的课程开发过程中，在移植史家小学校本课程之外，我们还引进学区校、资源单位、蓝天工程的优质课程，例如，遂安伯小学的民俗课《兔爷》，东四九条小学的校本课《智能机器人》，资源单位天福茶庄的《茶艺课》，JA 国际青年成就组织的《JA 小小企业家》，蓝天博览课的《传统工艺》《植物栽培》等都纳入到课程资源中心的课程体系之中，形成

东城区小学课程资源中心（史家小学基地）师资构成图

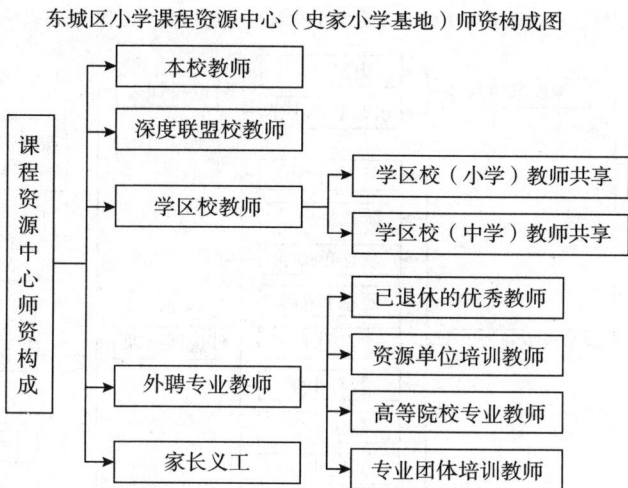

图4　课程资源中心师资构成图

了涉及多个学科领域，共计30余种的"菜单课程"。学校层面，各学区校在组织学生到资源中心上课时，遵循"非必须不去"的原则，以"点单"的方式，优先选择那些在校内尚不能实现的学习内容，最大限度实现了课程资源的学区共享。学生层面，课程资源中心组织学生进行自主选课，充分赋予学生自主选择的权力和空间。

3. 套排课表

课程资源中心实行"套排课表"制度，即按照联盟校、学区校、全区三个层次进行整体进行课程安排。学期初，资源中心征集各学校课程需求与意向，在各校自主选择的基础上，整体规划场地、时间、课程、师资，最终形成"学区选课汇总表"。各校在课程资源中心的统一协调下，共享一张课表，从而确保课程资源最大限度地利用和共享。

4. 走班走校

"走班"、"走校"制是课程资源中心教学管理的模式，即打破校际、班级界限，学生根据自己的兴趣、爱好自主选课，跨校、跨班与兴趣相投的同伴广泛组成新的学习共同体。这种新型教学管理模式，一方面尊重了学生个体差异，彰显了学生学习自主权，让学生享受更为"适合的"教育；另一方面，提供了更为宽阔的学习交流平台，扩大学生交往范围，培养了同

东城区小学课程资源中心（史家小学基地）运行基本工作流程

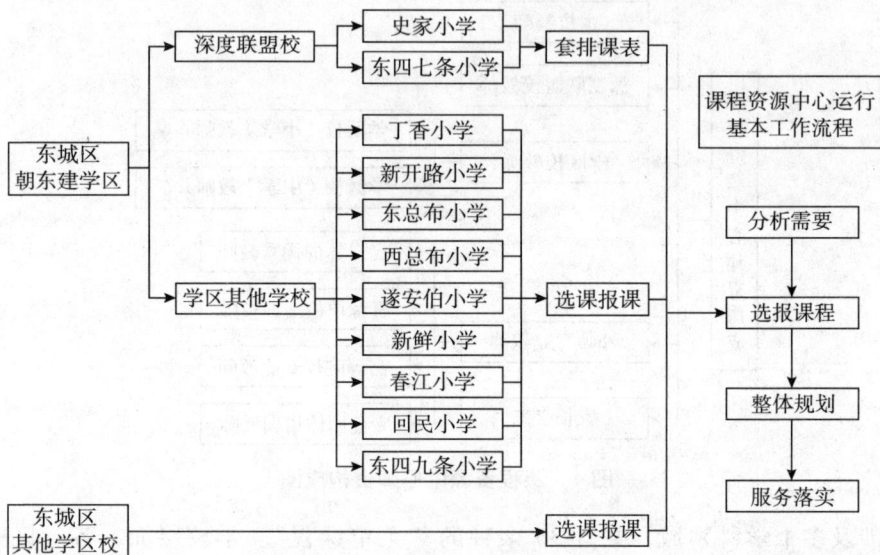

图5　课程资源中心运行基本工作流程

图6　学区选课汇总表

伴之间应有的团队精神与合作意识，促进学生交流表达、视野开拓能力的提升。特别是对于每个年级只有一个班的学校，走班走校的方式更是加大了同学间的相互影响，实现课程内容之外的更大价值。

四、效果分析

随着各项研究成果的不断完成，2011 年，课程资源中心进入正式运行阶段，并且资源辐射范围不断扩大，受众学校从"朝阳门－东四－建国门"学区扩展至"东华门－景山"学区以及"东直门－北新桥"学区。学生上课人次从 2009—2010 学年度的 6000 余人次增长至如今的每学年近 2 万人次，课时数由 1000 余节增长至近 5000 节。

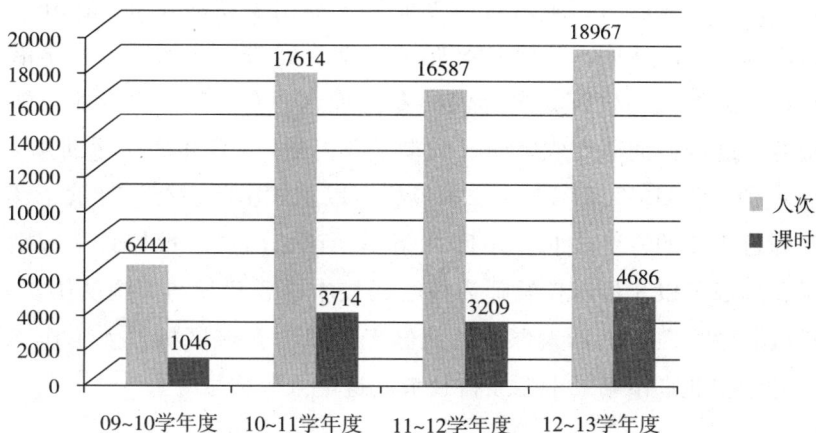

图 7　课程资源中心上课人次及课时变化

在史家小学及学区校教师的共同努力中和课程资源中心的良好运行下，史家小学及各学区校呈现出了学生成长、教师发展、学校受益的良好局面，学区各校教育质量差异在不断缩小。

（一）学生在资源共享中提升创新素养

课程资源中心的课程异于传统的以知识传授为主的课程，更为强调学生的动手和操作能力的培养，注重营造独立思考、自由探索、勇于创新的良好环境。课堂教学有效保护了学生的好奇心和求知欲，培养了学生的兴趣爱好。得益于丰富的课程设置，以及创新的课堂教学方式，学生们的创新潜质得以激发，在这里我们培养出了机器人世界杯竞赛冠军、全国科技创新大赛中一等奖、首批中国少年科学院小院士、首届北京市科学建议奖等，众多的学生在各类科技、艺术竞赛中获得奖项。学生们的课程学习成果也得以集结出版，我们出版发行了《健康娃娃小人书》《科学锻炼　健康成长——少年儿童科学锻运动指导手册》，学生的创新潜能得以充分展示。此外《"雏鹰建言行动"优秀建言集锦》、《科普微童话》等正在筹划出版中。

（二）教师在资源共享中实现专业成长

校本课程的开发与实施对教师专业素养提出了新的要求。在互为资源的学区教师研修团队中，学区校教师的专业自觉进一步增强，教学潜能和专长得以充分挖掘与发挥，老师们的专业理念、专业知识、专业技能得以整体提升。老师们的研究成果如《我动手我揭秘》《学生安全手册》《揭秘科技馆》《厨艺ABC》等17套校本教材得以正式出版发行。受益于课程开发与实施过程中的专业成长，东四九条小学评选出了一批校骨干级别的专长教师，形成了以8位专长教师为核心的校本课程建设与实施队伍。其中，在课程资源中心负责机器人课程的武健老师成为东城区机器人工作室指导教师，并荣获北京市第二十七届科技节先进个人等称号等。

（三）学区校在资源共享中实现内涵发展

在课程资源中心的建设过程中，我们以校本课程建设为切入点，将课程建设与学校文化建设、教师发展、学生成长进行全方位结合，带动了各学区校的内涵发展。东四九条小学形成了以机器人综合技术、多米诺探究活动为核心的校本课程体系，被评为了"东城区科技教育示范校"。汇文一小在北京市创新大赛中，荣获科技实践活动优秀奖等。史家小学分校也获得北京市课程建设一等奖，并进行了课程活动的展示。东四七条小学荣获了东城区综合评价先进学校称号，并成为素质教育均衡发展示范校。

得益于课程资源中心的良好运行，史家小学的三级课程体系得以不断完善，形成以"书本课程、行动课程、数字化课程、个性化课程和特色活动课程"为主体的和谐课程体系。学校近年来荣获全国科技教育十佳学校、全国艺术教育先进单位、北京市科技教育示范学校、北京市金鹏科技奖等多个国家级、市区级先进称号。学校舞蹈团、合唱团、科技团分获北京市中小学规格最高的艺术、科技团体称号——"金帆舞蹈团"、"金帆合唱团"、"金鹏科技团"。可以说，在课程资源中心的共谋、共建、共享中，史家小学和各个学区校实现共赢、共发展的良好局面，真正落实"学区化"管理的实践内涵。

受课程资源中心模式的启发，2011 年初，东城区在"安定门交道口"学区成立了第二家课程资源中心——"帽儿课程活动中心"，收到了良好的实践效果。在 2013 年启动的义务教育综合改革中，东城区计划在其余六个学区建立这样的资源中心，构建学区共享课程，推广"多师制"、"菜单课程"、"套排课表"、"走班走校"等资源共享的"史家经验"。

五、政策建议

（一）创设优质教育资源的区域共享载体

义务教育的公共产品（或准公共产品）属性，决定了优质教育资源不是属于某一所学校的而是应服务于所在学区乃至整个区域教育的。作为优质学校，应树立教育资源共享的观念，主动服务于学区和区域教育的发展，共享其优质的硬件资源、师资资源、课程资源等。教育主管部门则应积极创设资源共享载体，成立可聚集和共享区域内优质教育资源的实体机构，打破校际资源壁垒，减少教育资源的重复建设和盲目发展。

（二）探索校本课程的区域共享机制

校本课程是一所学校优质资源的集中体现，校本课程的开发和实施往往集合了学校内外的优质的师资力量、物质支持和组织保障。但是，由于缺乏统筹管理，学校间的校本课程开发容易呈现无序状态，从而造成教育资源的严重浪费，而校本课程开发与实施中的资源共享可以有效避免这种情况的发生。在倡导教育均衡发展及"学区制"管理的政策背景下，有条件的学校应在校本课程的研发和实施中进行校际协作和资源共享，构建适合区域学生发展的校本课程体系，将校本课程的开发与实施范围由"校本"扩展至"区域"。

六、研究反思

党的十八届三中全会通过的《中共中央关于全面深化改革若干重大问题的决定》指出，要"大力促进教育公平、统筹城乡义务教育资源均衡配置"，并提出"试行学区制"的设想。可以说，史家小学把校本课程作为优质资源共享的切入点，创设学区教育资源共享的新载体，探索教育资源共享的新型机制，为实施"学区制"积累了宝贵经验。

但是，本研究还存在一些局限和不足，所构建的学区共享的优质课程体系还有待完善，所总结的课程资源的学区共享机制还有待改进，并且能够符合学区学生发展实际的课程评价制度还有待建立，能够促进创新素养形成的人才培养模式还有待进一步探索。课程资源中心还将试行为学区校量身订制"套餐、桌餐、自助餐、点餐"等校本课程的方式。总之，课程资源中心将在日后的实践中不断调整和完善，促进学区资源的融通共享，不断扩大资源辐射范围，推进教育的均衡发展。

参考文献

[1] 顾明远. 教育均衡发展是教育平等的问题是人权问题. 人民教育，2004（4）

[2] 袁振国. 建立教育发展均衡系数切实推进教育均衡发展. 人民教育，2003（6）

[3] 钟启泉. 课程的逻辑. 上海：华东师范大学出版社，2008

[4] 杨东平. 教育公平的理论和在我国的实践. 东方文化，2000（6）

[5] 钟兴. 搭建片区联动平台实现教育资源共享. 课程教材教学研究（小教研究），2009（Z5）

[6] 赖红英. 学区内中小学共享教育资源和师资. 中国教育报，2008（2）

[7] 郭元祥. 课程的转向. 课程·教材·教法，2001（6）

[8] 王欢. 用和谐奠基生命的底色. 北京教育（普教版），2003（1）

[9] 刘扬. 北京市中小学校教育资源共享问题研究. 北京：北京师范大学，2005

用心打造一个美美与共的教育广场

——史家小学、东四七条小学通过深度联盟"一长执两校"
推进义务教育优质均衡发展情况

提升基础教育均衡化水平，离不开特定的社会发展主题。在当代中国，坚持"发展才是硬道理"的本质要求，就是要坚持科学发展，着力改善民生，在共同发展、共同分享、共同富裕中不断推进国家现代化，营造创新、绿色、协调、共享、共赢发展的和谐社会，并向全面建成小康社会的目标持续进发。因此，为增进人民福祉、促进社会公平做好教育均衡发展工作，是我们义不容辞的时代责任。今年教师节前夕，国务院发布《关于深入推进义务教育均衡发展的意见》，明确指出："发挥优质学校的辐射带动作用，鼓励建立学校联盟……提倡对口帮扶，实施学区化管理，整体提升学校办学水平……共同实现教师专业发展和教学质量提升。"党和国家的提倡和鼓励，进一步坚定了我们克服困难推动品牌发展、增强品牌辐射的信心和决心。长期以来，北京市、东城区两级政府对两校深度联盟建设给予了很大的关心和支持，为我们开展相关工作指明了方向，指出了路径。当前，两校不断推进教育均衡发展和学校规范化建设，并依托课程资源中心将均衡效应拓展至"东四朝阳门建国门"学区的 11 所学校，已基本形成"1 + 1 + 11"的良好发展格局。

到过史家小学中高年级校区的人们都知道，这里毗邻寸土寸金的朝内大街，土地资源非常有限，整个校园立体布局，既有楼顶操场，也有地下场馆。校园中有一个不大的人造盆地，敞亮通透，环境良好，每棵树都属不同的品种，每朵花都有不同的名称，是孩子们学习游戏的乐园。史家人把这里称为"阳光广场"。阳光广场，是史家人运用自己的智慧延展七彩阳光，为孩子健康成长营造自然生态的杰作！

那么，我们的教育发展何尝不是如此？在特定时期和特定地域，教育资源总是有限的。而如何利用有限的教育资源创造无限的教育价值，则需要我们教育工作者投入无比的热情，生发无穷的智慧，作出艰辛的探索。2008 年 4 月，史家小学、东四七条小学在北京市东城区教委的领导下结为"深度联盟校"。四年多来，两校以《北京市中小学校办学条件标准》、教师基本功标准和学科学业质量标准为主要政策依据，在不断推进规范化建设的基础上逐步强化联盟校建设，在义务教育均衡发展方面进行了有益的探索和尝试。特别是自 2011 年 2 月实施"一长执两校"以来，我和书记携手两校教职工共同努力，让七彩阳光不仅照耀着史家小学，也照耀着七条小学。可以说，我们正在着力打造一个共享成长的教育广场，让更多孩子自主利用优质资源，让更多家长自觉缓解择校担忧。

教育广场，是一个基于资源共享促进学生成长的教育空间。在物理形态上，表现为共享的课程、活动、场馆等；在制度内容上，表现为联盟学校、学区制、蓝天工程等；在精神实质上，则聚焦为教育均衡、共享成长。公共性、发展性、适切性和共存性是教育广场的四个主要特性。

就公共性来说，教育广场是共享资源最集中的地方，也是公益属性最鲜明的地方。作为一个全部资源立体开放的公共空间，我们的教育广场旨在为到来的每个学生提供适合的教育资源。在深度联盟建设中，我们秉持"优质资源共享、教育均衡发展"的理念，全面推动两校在教师资源、课程资源、德育资源和硬件资源方面的共享共进。通过教师互派、师徒结对、专题共研、"大年级组制"、联合家校活动、跨校学生活动、学生"走班"上课等多种形式，史家小学的优质教育资源得到了深度挖潜，七条小学的固有教育资源得到了迅速扩充，从而有效提升了每个学生对教育资源的实际拥有率和利用率。

就发展性来说，教育广场的内在运行机制具有强大的生命力。在深度联盟建设中，史家小学与七条小学拥有共同的校长和书记，并专门成立"联盟指挥部"负责调度两所学校的教育、教学、行政以及后勤工作。同时，两校的领导班子在学校发展规划、办公流程、相关制度等方面已经达成共识，并构建了管理共促、研训互动、质量同进、项目合作等深度联盟的长效机制。并且，作为一个不断拓展的教育均衡化发展空间，我们的教育广场已经依托课程资源中心惠及东城区"东四朝阳门建国门"学区的 11 所学校，而且全区小学也带着学生漫步在我们的教育广场开展体验性实践活动。

就适切性来说，教育广场对促进全体学生的全面发展具有潜移默化的作用，是不同学校对不同学生进行素质教育的公共课堂。我们认为，"为每个学生提供适合的教育"，关键在于关注每个学生的个体差异，并尽可能地提供多样性的教育资源。由此，在我们的教育广场中，既有立足学生身心智趣发展的多种活动资源，又有"史家书院"、"健康人格教育基地"、"史家传媒"、"课程资源中心"和"史家科技馆"等综合性的资源平台，尽可能地适切每个学生的不同成长需求。

就共存性来说，教育广场中的不同学校之间相互独立，相互尊重，各美其美，美美与共。史家小学与七条小学拥有不同的发展历史、组织结构、教师队伍和校园文化，这些都没有在深度联盟中淡化和消泯，反而能够共存互补、协同发展。七条小学学生以非京籍务工人员随迁子女为主，在工作安排上往往一人多岗，管理跨度较小，且管理层次较少；史家小学学生数量多、规模大，在工作安排上往往多人一岗，管理跨度较大，且管理层次较多。深度联盟后，两校继续保持各自的生源特色、师资特色和管理特色，并打造出各臻其善的校园文化。以"七奇启气"为生发点的七条小学阳光校园文化与以"和谐教育"为特色的史家小学和谐校园文化，共同促进了两校学生的和谐发展、阳光成长。

基于以上四个特性，我们认为，教育广场赖以存在并发挥其资源优化效应的关键在于"均衡多联、师资集成"。自深度联盟以来，我们不断细化优质均衡的实践层面，目前已经基本确立"均衡八联"，即理念联通、机制联运、课程联建、科教联合、活动联办、师生联动、品牌联创、效应联升。同时，两校以多种形式持续强化教师通联。史家小学有 17 名市区级骨干教师与七条小学的 18 名青年教师结成师徒，涉及教学管理、信息技术、语文、数学、英语等 20 多个学科。师傅们已给徒弟上了上百节示范课，两校以专题研讨、课题研发、规范说课等形式联合开展的教研活动达到了数百人次。此外，两校还进行教师互派。史家小学派出了 10 名骨干教师到七条小学任教并带班，七条小学则派了 3 名干部和 10 名教师，到史家小学交流。截至目前，两校教师之间听课上百节，涉及教师 70 多人次，涉及学生 500 多人。由此，我们在东城区《深化学区化管理，实施学校联盟建设工作方案》、

《关于进一步推进义务教育均衡发展的实施意见》、《关于进一步深化教育改革建设国际化、现代化教育首善区的意见》等有关政策的总体指导下，根据"不求所有，但求所用"的原则，坚持"扩充'增量'，盘活'存量'"的策略，促进教育公平，推动区域均衡，为东城区在深入促进义务教育优质均衡发展中创新机制、资源融通、大力实施精品特色战略增色添彩。

四年多来，在史家小学、七条小学全体教师的共同努力下，以深度联盟校为依托的教育广场建设工作，取得了学校受益、教师受益、学生受益的良好成效。在学校建设方面，自深度联盟以来，七条小学获批各种发展经费925.18万元、联盟专项经费49万元，为根本性改善办学条件、大幅度提升教学质量奠定了宽厚的财政基础。同时，在史家小学的帮扶下，七条小学成立了"小学生行动公益社"，并初步形成了以"七奇启气"为主要特色的校园文化。学校还荣获了东城区综合评价先进学校称号，并成为素质教育均衡发展示范校。史家小学继续保持良好的发展态势，特别是自"一长两校制"以来，共获得国家级表彰7次，市级表彰18次，区级表彰30次；在教师发展方面，七条小学近一年内评出了12名校级骨干教师，并在全国白板课程大赛、北京市优质课展评活动、东城区"东兴杯"比赛中都取得前所未有的好成绩。史家小学自"一长两校制"以来教师获得国家级荣誉100多人次、市区级荣誉180多人次，科研论文获国家级奖励90多人次，市区级奖励280多人次；在学生成长方面，共享的优质课程体系为两校学生创新人格的发展奠定了坚实基础。在课程学习中力求学业成就的同时，两校学生还在各类各级比赛中竭智尽力、奋勇拼搏，取得了优异成绩。仅2011—2012学年，就获得国家级奖励150多人次、省市级奖励480多人次、区县级奖励1400多人次。由此，我们以多维立体的实践全面响应了北京市在推动小学规范化建设方面"一手抓硬件建设、一手抓师资水平的提高，使小学教育发展更加优质均衡"的政策要求，并以扎扎实实的工作明确回答了基于首都标准的"什么样的学校是合格的学校、什么样的老师是合格的老师、什么样的学生是合格的毕业生"的三重设问。

"让每一所学校、每一名学生都精彩"，这是北京市推进义务教育区域统筹特色发展的时代呼唤。我们将努力通过以深度联盟校为依托的教育广场建设工作，为东城区乃至北京市群峰连绵的教育景观增添整体的宽度和厚度！

携手播种一片生机勃发的史家教育

——北京市东城区史家学区建设的思考与实践

推进义务教育综合改革，促进区域教育优质均衡，已经成为当今中国的时代强音。在北京市东城区，促进区域教育全面优质化、品牌化，实现老百姓"人人上好学"的愿望和教育从"有教无类"到"优教无类"转变的政策引领，以及在实施学区制中以"学校深度联盟、优质教育资源带、九年一贯制实验学校等方式"为途径推进区域教育"由优质资源共享转变为优质品牌共享"的政策号召，为东城教育的发展创造了无限可能、创生了无尽梦想，时刻激励与感召着每一个东城教育人为办好人民满意的教育而不懈努力。

多年来，史家小学十分注重发挥优质教育资源的辐射作用。在过去的学区化建设中，已基本形成"1＋1＋11"和"2＋2＋2"的良好发展格局。自今年年初以来，在从"学区化"向"学区制"的事业推升过程中，我们又全面启动了涵盖"入盟入带一贯制"多项改革任务的史家学区建设工作。

史家学区以现代化、国际化、品牌化为主要发展方向，致力于形成一种优质均衡发展、全面和谐成长的教育新生态。然而，相对于过去的办学模式，史家学区的管理层级增加了，亟需机构的扁平化；部门叠合增多了，亟需职能的协同化；校址离散增大了，亟需沟通的即时化；师资规模增长了，亟需价值的共通化；生源范围增容了，亟需测控的灵敏化，等等。我们必须直面如何在秉持史家和谐教育的基础上高效地整合资源、协同机制、共识理念等一系列难题。对此，我们围绕"和谐"的价值理性，以"种子计划"为核心战略，统摄运行机制及工作任务，着力发掘每一粒种子的生长点，着力创拓一片无边界的史家教育。

以下，我从理念、战略、机制、任务等四个层面对史家学区的发展内涵作一些阐述。

一、史家学区的建设理念

让学区建设理念成为各校师生的文化共识，是做好学区各项工作的精神起点。在史家教育的生成中，我们既注重学校文化的历史性，又强调学区发展的现实性，提出了"和谐＋无边界"的教育理念。"和谐"是史家小学一贯秉承的教育理念，也是中国传统文化的重要内核。史家学区将继续传承与发扬史家品牌的"和谐"内涵，始终坚持"为了孩子，为了明天"，通过各种创新开放的手段打破限制教育发展的传统阻隔，真正开创一个无边界教育的学区模式。在史家学区建设中，"无边界"意指打破时间、空间、人际和专业的多维边界，以实现史家教育五个优质，即优质的课程、项目、教师、资源和机制。史家学区建设不能因循各校原有的职权划分和层级管理方式，而应充分体现学区组织对教育发展的适切性和应变力，在打破边界、重构管理的无边界教育中不断克服规模与效率的矛盾。在史家学区建设中，无边界的核心要义是突破各种教育要素的固有边界，按照和谐发展的现实需求形成新的能力单元，并使之以更加灵活的方式进行动态聚合，从而形成种子生长所必需的"叶绿体"。作为"能量转换站"，叶绿体不断地以内含的叶绿素进行光合作用，为史家教育的生成与发展提供源源不断的生命力量。

二、史家学区的发展战略

搭建一个均衡、开放、创新的战略体系，是学区各项工作高效持续运转的内在需要。为此，我们制定了"五年期、三步走"的战略步骤，初建期（2014～2015）重在制定标准、形成体系，发展期（2015～2017）重在打造精品、树立标杆，成熟期（2017～2019）重在提升品牌、优质均衡。在战略步骤的基础上，我们丰富了史家小学"种子计划"的主体内容，使其升格为学区建设的核心战略。史家学区教育以"和谐"为起点，以培养"和谐的人"为目标。基于内部突破，致力于形成"五大和谐支柱"、"五大基本意识"和"五大基础能力"，从而夯实基础教育的基础；基于外部打破，致力于形成包括优质的课程、优质的项目、优质的教师、优质的资源、优质的机制在内的"五大优质"，为每一粒种子的生长内蕴优质的教育生态。从"和谐"到"和谐的人"，史家学区教育体系尤如一粒鲜活饱满的种子，深深植根于每一个孩子的幼小心灵中，伴其一生、惠其一生。

三、史家学区的运行机制

一个合理的制度体系是学区各项工作顺利推进的内在支撑。史家学区总体运行模块主要分为三个层次，包括战略层、基本业务层和组织管理层。战略层制定学区战略规划，把握学区整体运行与发展方向，保证组织整体的协调运作；基本业务层保证教育、教学、教科研等核心业务的有序开展和监督反馈；组织管理层是学区各项工作有序运行与开展的基础保障。具体讲，一是成立学区管理委员会，由本人、书记、史家实验学校的陆军校长、史家小学的陈凤伟、范汝梅、金强校长6人共同构成学区决策管理中心，从机构设置上强化史家学区概念和史家学区人的概念；二是每位学区校长负责一个校区，各校区设一名执行校长。学区校长与校区校长密切联系，向各校区贯彻学区整体发展规划，并将各校区落实情况及时反馈给学区管理委员会，以便学区及时改善、服务校区；三是成立六个学区大年级组，校长、书记带领学区各校长，每人直接下沉到一个学区年级组，服务一线工作，优化部门配合，有效化解年级组工作层级上报、无人统筹的实际困难。在此框架中，我们消融了各科、各班、各部门、各校区的边界，促进了管理层级的扁平化。以管理委员会为决策中心、大年级组为执行主轴的运行架构，旨在为史家教育的发展确立一种统分结合、纵横结合、收放结合的管理新生态。其中，战略规划、重大决策、核心管理、文化建设等全局布划"统"一在学区，各校区"分"别保留教育特色及其执行的灵活性；学区领导按照不同模块对校区实行"纵"向管理，同时每人"横"向支持一个大年级组的工作；教育督导、人事管理、基础建设、财务总控等核心职能"收"在学区，教务管理、总务协调、电教支持等辅助职能"放"在校区。在此基础上，我们确立了贯穿于"统分"、"纵横"、"收放"管理全过程的学区运行机制，具体包括协同机制、流动机制、复盘机制、荣点机制和榜样机制。五大机制共同联动地推进学区建设的"理念互联、机制互动；课程互联、课堂互动；活动互联、科教互动；师生互联、管理互动；校区互联、品牌互动"。

四、史家学区的具体任务

史家学区的各项工作任务决定了史家教育的理念、战略和机制的具体实现形式。今年暑假，我们把教育"空档期"变为规划"满档期"，初步确立了学区发展的理念、战略、机制和任务。特别是我们明确了包括战略发展与规划、运行支持、教育、教学、教科研、督学、人力资源、财务、行政后勤、外部资源、信息技术等 11 大类工作的具体流程，并按学期形成了学区重点工作计划表。计划表从学区、校区、学科三个层面，渐近分化却综合贯通地呈现了各项重要任务，特别是确立了学区定方向、校区定重点、学科定步骤的任务梯级，确保学区决策点科学、校区执行点明确、学科生长点多样。当前，各项具体工作主要从校区建设、教师发展、学生成长等方面横向展开。

（一）携手推动校区建设

校区建设是学区工作的基础。基于史家教育的理念、战略、机制、任务体系，我们旨在形成一幅学区建设主题鲜明、校区发展特色显著的史家教育地图。在具体实现路径上，我们主要从价值构成、运行管理、环境设置等方面携手推动校区建设。

一是打开各校区原有的价值边界，实现理念上的共通共融。如史家实验学校遵循教育规律，寻找与史家小学的理念交叉点，生成了与史家校区互通互融的新理念"和谐、生态"。史家七条小学依托原有以"和谐"为生发点、"七奇启气"四个字为辐射轴的价值建构，在学区发展中形成了一个以学校内涵发展为统领的办学价值具化实施框架。各校区都紧紧围绕学区教育理念不断地磁化边界、聚合观念，进而整体地生成一个充满生命活力的学区教育价值体系，即"一个基础、两个向度、三个层次、四个立面、五个支柱"。

二是打开各校区原有的管理边界，实现运行中的互联互动。如一年级校区统筹分班，并由史家干部、各学科教师整体进驻；原史家老校的二年级校区由原遂安伯小学宋菁校长主管，在校区文化、课程、教学方面已经与高年级部融为一体；史家小学范汝梅校长主管来到中高年级校区的原遂安伯小学学生，通过全面细致地工作使孩子们迅速融入了新的学习生活环境，遂安伯的老师们也呈现出一派昂扬向上的精神面貌。在统筹各校区管理的基础上，我们引入了平台化管理概念，通过协同机制有序协调和有效管理各校区的运行；通过流动机制帮助学区整体统筹内部资源；通过复盘机制强化各项工作的效果监督；通过荣点机制和榜样机制不断提升教师干部的工作积极性和主动性。特别是我们明确，协同机制旨在促进全体教师形成学区整体归属感，保证工作有序、沟通有效、合作主动。具体讲，在组织层面，学区统一办公、校区协调配合；在制度层面，学区统一制定、校区协调执行；在教育特色层面，学区统一目标、校区协调实践；在管理队伍层面，学区统一意识、校区协调管理；在重大活动层面，学区统一策划、校区协调执行。由协同机制提领，五大机制共同促进了运行体系的整体联动。

三是打开各校区原有的校园边界，实现环境上的统规统建。今年暑假，我们借助校园改造的契机，对史家实验学校和遂安伯小学进行了从建筑风格到场馆功能的重新设计，使两个校区在整体外观上与史家小学达成形似，在精神内涵上与史家小学达到神似。在总体风格一致的前提下，低年级校区突出幼小衔接特色，高年级突出综合发展特色，七条校区突出百姓文化特色，作为史家升级版的实验校区突出国际化、现代化特色。各校区共同孕育出多样统一的史家校园环境文化。

（二）携手推动教师发展

教师发展是学区工作的关键。基于学区建设的整体理念，我们从道德品行、人文修养、专业素质、职业精神等维度立体托举全体教师的综合发展。在具体实现路径上，我们主要从教研联合、培训集成、活动同步等方面携手推动教师发展。

一是打开各校区原有的教研边界，实现教师专业发展的融合。我们在联合教研中定方向、定标准、定重点,规定各学科每周开展一次组内教研,每月开展一次学区教研,每月与区教研中心对接开展一次学科活动。同时,我们规定学区教研要做到有主题、有内容、有记录、有反馈。自学区成立以来,我们启动了各学科学区联合教研活动 25 次,微课与翻转课堂、课堂常规习惯养成等学区教师专题培训 5 次。主管教学的学区副校长深入各校区听课 30 多次,各学科区级教研员走进学区指导教学 10 多次。相对于着眼干部、教师、学生的基础流动,联合教研重在思想、资源、项目的深度流动,因而迅速集纳了学区教师的教育教学智慧,为各校区的发展奠定了坚实的智力基础。

二是打开各校区原有的培训边界,实现教师职业成长的融合。我们依托区教师研修中心的专业力量对入选学区"专家名师工作室"和"骨干教师工作室"的教师进行"双导师制"培养;我们即将与北京师范大学合作启动中层以上干部的领导力培训项目,提高管理效率,助力职业发展;我们已经与国家博物馆签订了三年合作协议,依托"导师制"的人文培训项目为教师提供专业化成长的深度引导和高端引领;我们还将在区教委与教研中心的指导下,与中国教育学会、国子监等专业机构共同兴办史家教师培训学院,全面提升学区教师的专业品质、职业素养和教育幸福。特别是我们将聘请国内顶尖专家与遴选出的部分教师实现"一对一"师徒结对指导,并通过专著出版、专题研讨、全国巡讲等方式,多方开启名师成长之路。

三是打开各校区原有的活动边界,实现教师团队建设的融合。近半年来,我们举办了"定位方向 全家同行——学区教师迎'七一'近郊健行活动"、"齐步并进展新貌 同心共为拓均衡——学区教师全员军训活动"及先后由李希贵校长、于丹女士、舒乙先生主讲的"史家讲坛"等一系列教师活动,有效地打开了各校区教师的沟通边界,增进了各校区教师的理解互信。当前,整个学区洋溢着一股团结奋发、拼搏向上的工作氛围,呈现出师德发展、师能提升和师情畅达的蓬勃发展态势。

(三)携手推动学生成长

学生成长是学区工作的核心。我们要求全体教师做好基于学习优势的学生学习力研究，着力培养健康、阳光、自主的史家学生。在具体实现路径上，我们主要从课程搭设、课堂生成、社团活动等方面携手推动学生成长。

一是打开各校区原有的课程边界，实现课程资源的优质融合。我们搭建了书本课程、行动课程、数字化课程、个性化课程、特色活动课程等五大课程，特别是我们在个性化课程中关注学生的个体差异，发展学生的兴趣特长，开发了包括艺术类、体育类、科技类和思维训练类等丰富的个性化课程，其中史家小学的金鹏科技团、金帆舞蹈团、金帆合唱团已发展为精品化课程，其他校区的个性化课程也在逐步精品化、品牌化。同时，我们实施了"我的课后三点半"项目，以多元课程为放学后的孩子们搭建一个精彩无限的成长空间；我们创设了"妈妈读书会"、"爸爸运动队"等亲子活动课程，实施了由家长自主备课、讲课，为孩子们的成长开辟全新领域的"星期六课程"；我们搭设了以"走近国学"、"史家书院"、"漫步国博"为主题按低中高年段逐层拓展的国学课程，同时与国家博物馆签订了共建博物馆课程的合作协议；我们还与北京八大博物馆共同拓展学区课程的实施空间，让博物馆成为校园的一部分。在联合社会力量进行课程设置的创新工作中，我们有效地实现了各种教育资源的拓展与聚合。

二是打开各校区原有的课堂边界，实现课堂主题的快速聚焦。在课堂教育的主题生成中，我们着力打开各种要素之间的边界，使相应的信息和能量能够自由地流动。在各类课堂上，我们同步聚焦学生的"创新思维"和"创意表达"；在教学过程中，我们聚焦学生的"专注"表情；在教育过程中，我们聚焦学生的"绽放"神态。我们在持续地收集"专注"和"绽放"的精彩样本的同时，也在以"创新思维"和"创意表达"为中心不断地融化原有教育要素的多重边界，创生全新的生长点，汇聚多样的成长力。

三是打开各校区原有的社团边界，实现社团活动的全面生发。从学区建设筹备期开始，我们举办了"体育助力梦想 健康成就未来——学区春季运动会"、"相同的舞台 共同的未来——学区开学典礼"、"太空探索'0'距离——'航天员进史家'科技实践活动"等一系列学生联合活动，促进了各校区学生的共同成长。特别是我们充分发挥各个学生社团的资源生发作用，在机器人、科学 DV、科技创新、智能发明、仿真模型、天文摄影等 13 类 49 个科技类社团，合唱团、管乐团、舞蹈团、习书苑、画社、工艺、摄影、篆刻等 30 多个艺术类社团，以及红领巾传媒社团、阳光公益社等多个德育类社团的共同活动中，让孩子们充分地绽放个性、共享精彩。

教育改革响彻时代。在史家学区建设中，还有许多工作有待我们深化，还有许多领域有待我们开拓。如何进一步提高价值体系的自洽性、强化结构体系的功能性、增加运行体系的协调性、凸显任务体系的重点性，这些都是我们需要进一步认真思考的问题。我们深知使命光荣、责任重大；我们深感壮志在胸、信心满怀！我们将不断地创新教育改革举措，不断地丰富教育均衡形式，不断地在自己的岗位上切实推动东城创建世界城市教育窗口区的各项工作，让东城区乃至北京市切实成为学校精品特色发展的一块高地，以及学生健康快乐成长的一片热土！

梦想的道路，始于道路的梦想。史家人的教育梦，是让更多孩子共享更加优质的资源的教育梦，是让更多教师共享更加出彩的人生的教育梦，是让更多学校共享更加和谐的发展的教育梦。史家人的梦中有一片绿意盎然、生机勃发的教育天地！

一个教育世界　多种课程形态

——从1.0到4.0的史家和谐课程

　　"这是一个正在变化的世界。现在，新技术信息每两年增加一倍，意味着大学一年级所学知识在三年级时就有二分之一过时了，纽约时报一周的内容相当于十八世纪的人一生的资讯量。2010年最急需的10种职业在2004年时根本不存在。四大前沿科技（纳米技术、生物技术、信息技术和认知科学）的聚合将会加快技术进步速度，并可能会再一次改变我们的物种，其深远的意义可以媲美数十万代人以前人类首次学会口头语言。这将是一个变化迅猛的世界。"

　　《世界教育创新峰会"2030年的学校"调查报告》显示：教师、讲座或强制课程将被淘汰，今后传统实体学校不再是学生接受理论知识的地方，相反，它将成为一种社交环境。传统"教室"将变身为未来"会议室"，学生在此开展协作学习，为未来职业生涯做好准备。

　　时代瞬息万变，未来扑面而来。对此，课程要随着社会的改变而改变。基于"立德树人"的教育根本任务和"社会责任感、创新精神、实践能力"的人才基本属性，在史家教育中，我们致力于培养适应时代变化、全面和谐发展的人。而作为和谐育人实践的重要载体，史家和谐课程则依托"种子计划"的整体架构，尽可能地为每一个孩子的健康快乐成长注入和谐发展基因。在具体实践中，我们不断推动课程内容的丰富和课程形态的跃变，从课程1.0到课程4.0，尽可能地让史家和谐课程呈现出一种多元并存、和谐发展的基本态势。接下来，我就讲一讲在史家教育中共存的四种课程形态。

　　课程1.0形态，表现为秧田式的班级学习，这是现代学校教育中最为常见的组织形式。比如，我们常规的"书本课程"仍然采用这种课堂形式。为弥补其固有缺陷，我们通过创设民主和谐的心理、物理环境，保护激发

学生的好奇心、求知欲，不断突破课本和教室空间的局限。

在课程1.0形态中，我们致力于学生基本知识和基本能力的培养，重点关注学生"专注"的学习状态，以及深度理解的能力、概要和系统思维的形成。在确保国家课程中书本知识学习的同时，学校开发了"美德""国学""国际化""健康""科技"等系列书本课程，引导学生在课内和课外与书为伴，使学生在捧起书本、拿起笔头、专注阅读的过程中，通过国家教材夯实基础、校本教材拓宽视野、广泛阅读养成习惯。

课程2.0形态，表现为菜单式的小组合作学习。在史家小学课程资源中心我们搭建20余间专业教室及特色活动场地，创设以生存、生活、生命为主要维度的专题学习内容。

在课程2.0形态中，我们关注学生在掌握生存能力，增长生活品味，完善生命境界的同时学会合作、学会交流。我们设置《自然农场》，配备果汁制作生产线、营养树，让学生知道日常饮食的搭配、吃喝的讲究，使学生在关注舌尖上的学问的同时获得活着和生存的基本能力；开设《应急安全》，创设在家庭、学校、社会、野外等 80 余种应急安全情境，让孩子懂得如何在自护与他护中立足于变化多端的生存环境；设置《家艺》《厨艺》《陶艺》等课程，培养学生的生活情趣和生活态度；设置《JA 课程》《机器医院》《创新思维》《创意搭建》等课程，拓宽学生视野，点燃学生身心智趣的活力，激活生命整体发展的动力。在丰富的课程中，学生们创造了许多出乎意料的精彩。

课程 3.0 形态，表现为在综合空间的自主学习。通过对教室进行合理的功能分区，我们设置集自主学习、探究学习、集中学习、非正式学习等多种方式为一体的综合空间。我们创建了史家书院、史家科技馆、史家天文馆、史家人格教育基地、史家传媒中心、史家睛睛体验中心等一系列新式教育建筑。

例如，史家书院融书法教学、小书虫阅读、传统文化、国际交流等多种功能为一体，成为学生自主课程开发的重要载体。依托史家书院，我们开发了学生当老师、家长当助教的学生自主课程，学生分别就"古琴文化"、"砚台里的故事"、"中国古建筑"、"中国茶艺"等自选主题精彩开讲。其中，一位三年级学生讲述中国砚台 4000 年的历史演变过程，并设计多个互动操作环节，课堂气氛十分活跃。

史家天文馆分为"圆梦"、"探梦"、"造梦"和"追梦" 4 大区域。通过创设一个仿佛置身宇宙的环境氛围，实现了航天成就展示、天文教学、学生自主探究等综合功能。在学校天文社团，学生自主开发课程，高年级学生在老师的指导下制作的"天象节目"成为了低年级学生的天文课程。面对孩子们的创造力和自主能力，老师们也不禁感叹：学生从课程资源的享用者变为课程资源的创造者。

史家睛睛体验中心分为"体验黑暗"、"寻找光明"、"多彩世界"、"预防干预"四大部分，可实现眼科医院和健康教室的多项功能。在这里，同学们以创意漫画的形式从眼睛的功能、眼睛的结构、影响视力的因素、爱护眼睛的方法、眼睛受伤的急救等多个层面开发了自主课程，并形成校本教材公开出版。

史家传媒中心整合原有设备、配备现代化的教育设施，可实现广播、导播、电视转播、网络直播、远程交流等多项功能。以此为载体，我们开发"红领巾电视台"社团课程，学生开展自主管理，形成编播组、设备组、制作组和培训组，负责每学期80余次的电视直播任务。

"教育必须要经过精心的设计，但是好的教育不应该看见设计的痕迹。"在课程3.0形态中，我们强化了学生自主发展意识，给予了自主发展空间，培养了自主发展能力，让学生在自主与选择之中获得生命"自主性"发展的资本。

课程4.0形态，表现为无边界空间的多样化学习。在这里，学生的学习可以随时随地发生，无边界的真实生活世界都是课程的实施场所。家庭、博物馆、图书馆、科技馆等社会资源让学生视野超越学校的围墙。

因此，基于教育空间的创新、学习方式的变革，我们进行课程建设的革新，构建了无边界的史家课程：即外部打破时间、空间、内容、人际的边界，内部突破学生思维和学习方式的边界，从而使学生实现对世界的整体认知和思考。

无边界的课程4.0形态呈现出融合性、开放性、自主性的课程品质。下面，我以学校课程实施的相关案例，进行具体阐述。

案例一：国博课程——社会资源的课程化开发

在课程建设中，学校将课程开发的优势与社会大课堂的资源优势整合，进行社会资源的课程化开发。在前期广泛合作的基础上，2013年，我们与国家博物馆签署了《漫步国博—史家课程》的合作项目，共同研发学校的博物馆课程。

国博课程分为4个模块36个主题，涉及小学国家级课程所有学科，在学科内在价值与学生生活世界的有机融通中，为孩子的可持续发展提供了不一样的学习资源、学习环境、学习方式。

课程实施中，学校给予充足的时间保障。我们将国博课程的课时与地方课程和综合实践课进行整合、套排，占用其中的8课时。同时确保教师每月一次的教研培训，每学期一次外出学习和多次的博物馆学习。其次，给予完善的组织保障，组建博物馆课程领导小组，课程开发组，教研组，与国博建立"跨领域教育协作体",确保课程开发质量。

在国博课程中,学生学习方式发生深刻变革。学习不再是碎片化、条框化的认知。博物馆课程带领学穿越古今,直面鲜活的历史文化。例如,对中国文字的学习,离不开将之放置于中国历史文化长河甚至人类文明发展过程中进行考量。教师引导学生从文字的萌芽——刻画符号、文字的雏形——甲骨文,到青铜器上的金文、竹简上的小篆,以及隶书、楷书、行书的系列演变,感受人类文明从简单认知到规则形成的发展过程。再结合纸质印刷时代到电子时代文字载体的转变和文字传播的历史,使学生感受中华文明的传承与发展。受课程影响,学生在国际交流活动中,从中国汉字演变的角度设计学校对外交流礼品。其中的 8 个字运用了多种字体。

对于服装款式的学习,国博课程以中国服饰文化发展为主线,选取不同时期的展品,让学生了解服装的基本功能,以及各朝代、各民族特色的服装款式,进而懂得服装款式所折射出的社会发展、文化礼仪及文明进程。根据课程内容,学生创作纸模服装,表现了他们对中国服饰文化的情感认同,以及知识与能力的综合运用。

可以说,在国博课程里,不仅需要各学科知识的联动,也需要主题分类的学习,但是以文化器具为线索,促使学生形成贯穿古今的思维方式,多角度认识真实世界的哲学思想才是课程的最大价值。学生在国博课程中形成的利用社会资源自觉开展学习的生命状态,让我们想到雨果的一句话:脚步不能到达的地方,眼光可以到达,眼光不能到达的地方,精神可以到达。我们无边界的课程就是与未来接轨,体现时代的发展,在不留痕迹的课程设计中引领学生成长。

案例二:社团课程——学校活动的课程化开发

在整体培养目标和具体实施方案指引下,学校六年生活中分阶段、成系列的常规仪式类、特色活动类、社会实践类的活动课程,全方位地塑造着学生的品行、修养和人格。其中,学生社团活动课程、家长社团活动课程,突破教与学的边界、学校与社会的边界,成为课程 4.0 形态的重要组成。

例如，在"阳光公益社"，社团成员自主搭建公益社组织结构、制定实施制度，设置遍布全校每个班级的"微善小队"。并形成志愿者服务手册，设置课程目标、组织课程内容、实施课程评价，开展有组织、有计划的公益项目。公益社还以"班级社区"的自组织形式发布了多项校园公益学习项目，制定公益活动实施方案、实施流程和效果评价的方法，引起了全校学生积极主动参与。

在课程 4.0 形态中，我们充分关注家长课程资源的开发，使得家校活动升级为学校特色课程。我们依托家长社团中前沿的教育资源，开设了拓展学生视野的"星期六课程"。

在星期六课程中，经过前期的家长自主申报、学校审核课程内容，家长和学校共同开展"制定课程目标、选择教学方式、设计课程海报、组织学生选课"等一系列课程开发工作。家长开发的"视觉盛宴——揭秘立体电影"、"千年飞天梦"、"科技大爆炸"等星期六课程，吸引了大批学生和家长共同走进课堂。在课程实施中，家庭与学校、家长与教师、教与学的边界被打破。从学生离开座位围在讲台前专注的状态中，我们发现学生在自主选择与自主交流中获得无边界的成长空间。课程结束后，学生制作精美的学习小报展示学习成果，并在"星期六课程学习手册"中写下"所有的星期六课程我都愿意参加"的感叹。

孩子的成长离不开父母的共同陪伴，我们认为"母传德、父传责"，因此，我们还创设了由妈妈组织选书、读书的"妈妈读书会"，挖掘每一本书的育人价值；组织开展爸爸带领成长的"爸爸运动队"，让孩子在强健体魄中学会合作、学会尊重、认识规则。

得益于和谐的课程设置，以及创新的教学方式，学生的学习习惯、学习方式得以改进；学习能力和自主意识得以提升；创造精神、实践能力和社会责任感得以培养。可以说，培养"和谐的人"的育人目标正在逐步实现中。

在多种形态并存的课程中，孩子们收获了教育的价值。在《中医药》课程中，学生学习中医穴位的按摩，并在家庭中进行实践。可能孩子按的穴位不太准确，却会"按暖人心"。在学校历次大型运动会上，激烈的赛事之后呈现在我们眼前的是片纸不留的万人座椅，让人们感叹"精彩在离场后延续，美德于点滴间传承"。在《天文摄影》课程中，孩子们在收获精美的天文摄影作品的同时，坚韧的意志品质也得以形成。"斗转星移"这幅作品就是一位女同学在山顶零下 10℃ 的环境中，纹丝不动曝光 45 分钟拍摄的。同样的意志品质在学生社团课程中也可以发现。在国外演出中，不满十岁的孩子体现出的"坚韧执着、乐观守纪、尊重荣誉、超越自我"的金子般的品格让人动容。

在多种形态并存的课程中，孩子们收获成长的印记。在科技课程中，老师将学生在课程中制作失败的作品一一陈列出来，并分析形成原因，使学生能够在失败中听到成长的脚步声。在学校设立的书法"成长墙"上，我们发现孩子歪歪扭扭稚嫩的笔画，成长为"章法布局均匀，行笔不拘一格，笔法生动飘逸"的书法作品。一颗颗饱满的种子已经开始萌芽。

在多种形态并存的课程中，孩子们收获成长的梦想。在《史家传媒》课程的学习中，黄晋元同学历时半年拍摄、剪辑了时长 40 分钟的微电影《极限追捕》。在"史家传媒课程"的颁奖礼上，黄晋元接过最佳导演的奖杯时，无比激动地发表自己的获奖感言：将来我一定会成立自己的"老黄电影公司"！

史家和谐课程立足当下、面向未来。未来不是我们创造的，而是属于身边孩子们的。我们给孩子留下什么样的世界，取决于我们给世界留下什么样的孩子。今天我们给予他们的，正是明天他们给予世界的。我们将不断地拥抱时代的变化，不断地呼应成长的需求，不断地创拓精彩的课程，让每一个孩子在形态丰富的课程中获得生命的滋养，让每一个孩子在变化万千的世界中绽放无限的可能！

后　记
POSTSCRIPT

　　北京史家小学是一所闻名全国的学校，每年都有数以百计来自海内外的教育界人士到此参观学习，史家小学的教学经验和发展模式更是受到普遍赞誉。史家小学倡导并力行的"和谐教育"办学思想丰富了我国素质教育的内涵，具有重要的研究价值。为此，2013年年底，国务院发展研究中心课题组走进史家小学，历时10个月，完成了这本《共享好教育　托起中国梦》。

　　本书是国务院发展研究中心学者和北京史家小学教师共同研究、探索的成果。课题组查阅了大量关于史家小学的文献资料；走访了学校的诸位行政领导和各个管理部门；与50余位教师进行了座谈；深入课堂，了解孩子们的所思所想；与学生家长沟通，听取他们对学校教学的意见——在充分调研的基础上，列出写作提纲。史家小学为此做了扎实的基础性、服务性工作，为课题组提供了极大便利。老师们亲自参加提纲讨论，与课题组共同研究确定写作框架，对初稿提出宝贵的修改意见。在编辑出版过程中，课题组与史小老师一道打磨标题、修改句式、确定案例、甄选图片、设计版式……所有这些努力使本书顺利出版。

　　虽然直接执笔编写本书的研究人员只有六七位，但在全书的写作过程中，得到了国务院发展研究中心众多学者的支持和帮助。陶平生、王宾、邓郁松、张琦、张力、刘理晖等研究人员参加了写作提纲的讨论和修改，提出许多颇有价值的意见，并被吸收到本书的写作之中。在此，一并致谢。

　　本书不仅是史家小学和国务院发展研究中心合作的成果，还部分吸收了从事教育研究工作的人士的意见和建议。北京科技大学杜学敏老师、北京师范大学汪明博士、刘颖和陈智敏硕士研究生，在本书成稿过程中，多次参与讨论，提供大量专业方面的指导，对本书的写作起到了重要的作用。对他们的帮助表示感谢。

　　中国发展出版社对本书出版给予了积极支持，我们深表谢意。

　　史家小学的教学实践帮助我们加深了对我国基础教育思想和教育理论的认识。尽管我们已竭力在本书中对史家小学的和谐教育思想进行了理论概括和阐述，以此印证和总结什么才是好的教育，但鉴于专业水平、研究视野、认知能力等因素，难免挂一漏万，不足之处，敬请谅解。真诚希望广大读者提出宝贵意见。

柏晶伟

2014 年 12 月